JN439788

철학적 리터러시 연습을 위한 에세이들

김명우 · 김은철 · 오용득 · 하진욱

김명우 日本 東京大學, 철학박사, 現 동아대학교 초빙교수, 동양철학, 사회문화 분야 강의 및 연구

김은철 독일 Würzburg 대학 박사과정 수료 , 現 동아대학교 외래교수, 논리학, 과학기술론 분야 강의 및 연구

오용득 동아대학교 철학박사, 現 창원대학교 외래교수, 논리학, 서양철학, 해석학, 정치경제 분야 강의 및 연구

하진욱 동아대학교 문학석사, 現 동아대학교 외래교수 및 신라대학교 예술연구소 연구원, 글쓰기, 미술사, 예술론, 조형예술론 분야 강의 및 연구

철학적 리터러시 연습을 위한 에세이들

지은이/ 김명우 김은철 오용득 하진욱
펴낸이/ 최명자
펴낸 곳/ 책펴냄열린시

600-013 부산광역시 중구 중앙동 3가 14-1
전화 051-464-8716
출판등록번호 제 02-01-256호
출판등록일 1991년 2월 4일

1판 1쇄 2009년 3월 20일 발행

값 14,000원

ISBN 978-89-87458-66-3 03800

■ 머리말

영어 단어 'literacy'는 알파벳의 글자 하나하나를 의미하는 라틴어 'littera' 혹은 'litera'에서 유래한 낱말로, '글자를 읽고 쓰는 능력'을 의미한다. 물론 단순히 글자를 읽을 줄 알고 쓸 줄 안다는 것은 읽은 글의 내용을 이해하고 자신이 생각한 것을 서술할 수 있다는 것까지 의미하지 않는다. 그러나 글자를 읽고 쓸 수 있는 능력을 갖춘 사람만이 읽은 것을 이해할 수 있고 자신의 생각을 서술할 수 있다는 것은 두말할 나위가 없다. 이것은 글자를 읽고 쓸 수 있는 능력이 곧 잠재적인 이해능력과 서술능력이 된다는 것을 의미한다. 그리하여 'literacy'는 점차 이해능력과 서술능력이라는 의미까지 갖게 되었다.

그렇다면 '철학적 리터러시'는 철학적인 이해능력 및 서술능력을 의미한다. 여기서 '철학적'이라는 것은 어떤 것인가? 일반적으로 이 말은 '철학이라는 학문의 성격을 갖는'이라는 의미로 이해할 수 있을 것이다. 그렇다면 '철학이라는 학문의 성격'은 어떤 것인가?

밝음(哲)에 관한 학문으로서의 철학이든 'philosophia'의 번역어로서의 철학이든 간에 철학은 근본적으로 지혜를 갖고자 하는 태도와 관련되어 있다. 동서양을 막론하고 태고부터 인간은 지혜를 얻으려고 노력해왔다. 그것은 지혜롭지 못한 것보다 지혜로운 것이 자신의 삶에 더 좋을 것이라는 확신 때문이었다. 그러므로 철학은 '더 좋은 삶(better being)'을 살기 위한 활동이라고 할 수 있으며, 이것이 하나의 활동이라는 점에서 '철학하기'(영어로는 'philosophize')라고 수 있다.

철학하기가 더 좋은 삶을 살기 위한 활동이라면, 사람이라면 누구나 이미 철학하고 있다고 보아야 할 것이다. 말하자면 사람이라면 누구나 더 좋은 삶이 어떤 것인지를 생각하고 그렇게 생각한대로 살아가고자 한다는 것이다. 그렇다면 '철학자'라고 불리는 사람들은 누구인가? 그들도 역시 철학자라고 불리지 않는 다른 사람들과 마찬가지로 더 좋은 삶에 대해 생각하고 그렇게 생각한 대로 살아가고자 하는 한 사람일 뿐이다. 그러나 역사상 널리 알려진 철학자들의 경우를 보면 그들이 생각한 것을 다른 사람들이 배우려고 했다는 점에서 다른 사람들과 차이가 난다.

이와 같이 뭇 사람들이 널리 알려진 철학자의 생각을 배우려고 했다는 것은 이 철학자의 생각이 자신들과 같은 일반적 수준에서는 잘 생각할 수 없는 것을 생각했다고 여겼기 때문일 것이다. 실제로 유명한 철학자들의 생각을 살펴보면 항상 눈에 보이는 것(현실적인 것)만 생각하지 않고 눈에 보이지 않는 것(가능한 것)까지 생각했다는 사실을 확인할 수 있다. 대부분의 사람들이 눈에 보이는 것, 현실적인 것만 보고 생각한다는 것을 고려하면 이러한 점은 확실히 유명한 철학자들에게 배울만한 태도로 보인다.

이렇게 본다면 '철학적'이라는 것은 철학자들처럼 매사에 현실적인 것뿐만 아니라 가능한 한 모든 차원에서 생각될 수 있는 가능한 것까지 생각할 수 있는 태도와 관련되어 있다고 말할 수 있다. 이를 위해서는 다른 사람들의 생각한 것을 배워서라도 내가 미처 생각하지 못한 것을 보충해야 할 것이고, 또 지금까지 내가 생각한 것에 혹시 부족한 점이 없는지를 끊임없이 반성해야 할 것이다. 전자는 다양한 책을 읽고 이해함으로써 어느 정도 해결할 수 있을 것이고, 후자는 내가 생각한 것을 논리정연하게 쓰고 다른 사람들과 나눔으로써 어느 정도 해결할 수 있을 것이다.

이러한 점에서 이해능력과 서술능력으로서의 리터러시는 '철학적' 이라는 수식어를 붙이지 않더라도 그 자체로 철학하기의 능력이라고 할 수 있다. 그럼에도 불구하고 이 저서의 제목에 굳이 '철학적' 이라는 말을 쓴 것은 리터러시가 '단지 읽고 쓰는 능력' 이라는 원초적인 의미로만 이해될는지도 모른다는 우려 때문이었다.

앞에서 보았듯이 리터러시는 항상 더 좋은 삶을 추구하는 인간의 삶에 필수적인 능력이다. 특히 민주적인 절차에 따라 운영되는 공동체 내에서 살아가는 한 구성원이면서도 동시에 스스로를 자기 삶의 주체로 세워야 할 오늘날의 우리에게는 더욱 그러하다. 그럼에도 불구하고 사실상 우리 사회에서는 오랫동안 이 능력의 중요성이 인식되지 않고 있었다. 그러나 다행이도 최근 우리 사회에서 이 리터러시의 중요성에 대한 인식이 널리 확산되고 있다. 고등학교 과정의 논술교육이나 대학교 교양과정의 글쓰기 및 토론능력 함양을 위한 다양한 교육이 이루어지고 있는 것도 같은 맥락에서 이해할 수 있을 것이다.

그런데 리터러시가 결코 인간으로서 타고난 능력이 아니라는 점은 자명하다. 인류의 역사에서 보나 혹은 한 개인의 성장과정에서 보나 간에 리터러시는 후천적으로 습득하는 능력이다. 후천적으로 습득하는 능력이 모두 그렇듯이 리터러시의 함양을 위해서는 끊임없는 훈련과 연습이 필요하다. 그럼에도 불구하고 우리 사회에는 리터러시의 중요성에 대한 인식이 늦어서인지 아직 이를 훈련하고 연습할 수 있는 수단들이 충분히 마련되어 있지 못하다. 이를 인식한 공동저자들은 철학적 리터러시 연습을 위한 안내서를 펴내자는 데 의견을 모으고 오랫동안의 공동 작업을 거쳐 이 저서를 출간하게 되었다.

이 저서는 정치 · 경제, 사회 · 문화, 과학 · 기술, 예술 · 미디어

분야의 여러 주제들에 대해 저자들이 쓴 에세이들로 구성되어 있다. 독자들은 이 에세이들을 통해 '읽고 이해하기', '생각하고 쓰기', 장차 자신의 견해를 발표하고 다른 사람들과 토론하기 위해 '반성하고 정리하기'의 능력을 단계별로 연습하는 동안 누적적으로 리터러시의 능력을 함양할 수 있을 것이다. 앞에서도 말했듯이 리터러시는 끊임없는 연습과 훈련을 요구하는 것이어서 결코 하루아침에 함양될 수 없는 능력이다. 지나친 연습이 때로는 능력향상에 걸림돌이 될 수도 있다. 그러므로 조급하게 생각하지 말고 조금씩이라도 꾸준히 연습하는 것이 중요하다.

이 공동저서에는 각 영역별 20편씩 모두 80편의 에세이가 실려 있다. 정치 · 경제 분야의 에세이들은 오용득이, 사회 · 문화 분야의 에세이들은 김명우가, 과학 · 기술 분야의 에세이들은 김은철이, 예술 · 미디어 분야의 에세이들은 하진욱이 썼다. 이 에세이들에 대한 책임은 기본적으로 개별 저자들에게 있지만, 함께 윤독하고 토론하는 과정을 거쳐 완성한 것이기에 더 근본적인 책임은 공동저자 모두에게 있다고 해야 할 것이다.

2009년 3월 1일

'문화독해운동 이마고' 학술연구원에서 공동저자 일동

사회 · 문화영역

정치 · 경제

과학 · 기술

예술 · 미디어

사회 · 문화

빗자루와 악마의 연회

15세기에서 17세기 사이, 유럽에서는 50만 명이 **'마녀'** 혹은 마법사라는 죄목으로 화형당한 것으로 추정된다. 그들의 죄목은 이러하다. **'악마'**와 계약을 맺은 죄; 빗자루를 타고 하늘을 날아다닌 죄; 불법적인 악마연회에 참석한 죄; 악마에게 예배한 죄; 악마의 꽁무니에 입 맞춘 죄; 얼음같이 차디찬 성기(性器)를 지닌 남성 악마인 인큐비(Incubi)와 성교(性交)를 한 죄; 여성 악마인 서큐비(Succubi)와 성교한 죄.

여기에 보다 현실적인 죄목이 추가된다. 이웃의 암소를 죽인 죄, 우박을 불러온 죄, 농작물을 망친 죄, 아이들을 유괴하여 잡아먹은 죄.

그러나 악마연회에 참석하기 위해 공중을 날아다닌, 단 한 가지 죄만으로 수많은 마녀들이 화형당했다. 〈중략〉

그들은 그녀의 두 손을 밧줄로 묶어 공중에 매달았다 —이 고문은 스트라페이도(strappado)라 한다— 그녀는 소리를 지르기 시작했고 고백을 할 테니 내려놔 달라고 애걸했다. 땅에 내려지자, 그녀는 "아버지, 저들을 용서하옵소서. 그들은 자기들이 하는 일이 무엇인지를 모르옵나이다."라는 말밖에 하지 않았다. 다시 고문이 시작되었으나 그녀는 의식을 잃을 때까지 자백을 하지 않았다. 그녀는 감옥으로 이송되어 11월 7일에 세 번에 걸쳐 **'스트라페이도'** 고문 —점점 더 무거운 물체를 달아— 을 당했다. 세 번째 매달려졌을 때 견디지 못해 그녀는 고함을 질렀다. 그녀는 다시 땅에 내려졌고 '악마와 사랑'을 즐겼다고 고백했다. 수사관들은 이에 만족하지 않고 더 많은 자백을 강요했다. 그녀의 몸에 더 무거운 물건을 묶어 천정에 매달고 자백하라고 강요했다. 〈중략〉

그 당시 마녀광 비평가인 요한 메토이스 메이파르트는 고문실에서 본 다음과 같은 광경들을 망각할 수 있다면 얼마나 행복할까라고 기술하고 있다.

나는 몸통에서 떨어져 나온 손발, 머리통에서 빠져나온 눈알들, 다리에서 떨어져 나온 발목들, 관절에서 뒤틀린 힘줄, 몸통에서 뒤틀린 견갑골, 부풀린 동맥, 밀려진 정맥, 천정까지 끌어올려졌다가 바닥으로 동댕이질 쳐 지고 빙글빙글 회전시키고 머리를 거꾸로 하여 공중에 매달리는 희생자들을 보았다. 나는 고문자들이 피의자들을 채찍으로 후려치고 회초리로 두들기고, '**스크루**'로 손가락을 찌부러뜨리고, 무거운 물건을 몸에 묶어 공중에 매달고, 굵은 밧줄로 꽁꽁 묶고, 유황으로 지지고, 뜨거운 기름을 온 몸에 바르고, 불로 그을리는 모양들을 보았다. 간단히 말해서, 나는 인간의 육체가 얼마만큼 폭행당할 수 있는가를 목격한 대로 묘사하면서 이에 대해 개탄해 마지않는다.

마법광란이 일고 있었던 도처에서 고문에 의해 작성된 자백들을 판결 전에 확인하는 절차가 있었다. 그래서 마법사례의 기록 속에는 항상 모종의 형식이 포함되어 있었다. "ㅇㅇㅇ는 자유의 의지에 따라 고문에 의해 자백한 사실들을 확인함." 그러나 메이파르트가 지적하는 바, 이런 자백들은 진짜 마녀와 가짜 마녀들을 구별하는 데는 하등 가치가 없는 것들이었다. 그는 의문을 제기한다. 법정의 의자에 앉기 전에 "마르가레타, 그대는 자유의지에 따라 고문으로 되어 진 자백을 추인하겠는가?"라는 형식이 도대체 무슨 의미가 있는냐고. (마빈 해리스 지음, 박종렬 옮김, 『문화의 수수께끼』, 한길사, 2000)

* 다음에 나오는 낱말의 의미를 이해하고 주어진 텍스트를 다시 읽어 보자.

마녀(魔女, witch) : 일반적으로 '여자의 모습을 한 악마'를 가리키는 의미이다. 유럽에서는 11세기 이전까지 마녀에 대해 관대하였다. 초기 가톨릭교회에서는 하늘을 나는 마녀 자체를 부정하였는데, 기원 후 1000년에는 날아다니는 존재 자체를 믿는 것조차 금지하였다. 그 당시 가톨릭교회의 공식발표에서는 날아다니는 마녀가 있다고 하는 것은 악마가 조작한 환영에 불과한 것이라고 하였다. 그러나 1480년에는 날아다니는 존재가 없다고 믿는 것을 오히려 금지하였다. 공식적으로 교회는 마녀가 환영에 불과하다고 주장하는 사람들을 오히려 악마와 결탁한 자라고 발표하였다. 특히 가톨릭교회가 주도하여 성지회복이라는 미명하에 실시한 십자군원정의 실패 이후 사회불안으로 인하여 교회에 도전하는 세력이 발생하자, 이러한 사회적 분위기를 타개하고 극복하기 위하여 이른바 이단적 신앙에 공격을 가하기 시작하였는데, 유럽에서는 15세기에서 18세기 초기까지 격렬한 '마녀 사냥'을 전개한다.

악마(惡魔) : '인간에게 해를 끼치는 나쁜 귀신(鬼神)'의 의미이다. 한자로는 惡(악할 악)과 魔(마귀 마)로 구성되어 있는데, 전자는 '악하다, 추하다' 등의 의미가 있다. 후자는 마술, 요술, 악귀 등에 사용되고 있다.

산스크리트어로는 'māra'라고 하는데, 수행자들의 수행을 방해하는 내면의 모든 방해물(식욕, 수면욕, 성욕 등)을 가리키는 상징적인 의미이다. 서양에서는 우리들의 내면을 떠나 바깥에 악마가 존재한다고 보았으나, 인도에서는 악마라는 것이 '인간의 내면적인 갈등'을 글자로 표시한 것에 불과한 것이다.

서양에서는 소문자의 'devil'과 대문자로 사용되는 'Devil'로 구분된다. 전자의 데블은 '데몬(demon)'이라고도 하는데, 지역과 민족에 따라 여러 가지 형태로 나타난다. 대표적인 것으로 몽마(夢魔)나 흡혈귀(吸血鬼) · 마녀 등이다. 이들은 중세시대의 귀신연구나 악마연구의 대상이 되었다.

본래 데몬은 그리스어의 다이몬(daimon)에서 유래한 말로, 고대 그리스에서 다이몬은 신에 가까운 존재 또는 신과 인간과의 중간적 존재를 의미하였다. 이것이 나중에는 인간을 보호하는 영혼(守護靈)으로서 능력이나 성격 등 인간의 신들린 상태나 부분을 나타내는 데 사용하게 되었다. 기독교에서는 악령 · 악마 또는 이교도의 신을 가리킨다.

한편 데블이 대문자로 사용되는 경우는 사탄(Satan)과 같은 의미이다. 원래 사탄은 '루시퍼'라는 이름의 대천사(大天使)였다. 그러나 신이 부여한 시련을 견디어내지 못하고 인간세계에 떨어졌기 때문에 '타락한 천사'로 전락하였다. 가톨릭에서는 '악의 천사 사탄'이라고 불러 '착한 천사 미카엘'과 구별한다. 사탄(데블)은 자기의 모습을 바꾸는데, 『구약성서』의 「창세기」에서는 뱀으로 모습을 바꾸어 하와(이브)에게 금단의 열매를 먹게 하여 인간이 죄를 짓게 만든다. 아자 아자 화이팅 붉은 악마!

스트라페이도(strappado) : 죄인의 손을 뒤로 묶어 매달았다가 갑자기 바닥으로 내동댕이치는 고문을 말한다. 중세시대의 기록에 의하면 유니우스(Johannes Junius)라는 사람은 유언에서 악령에게 혼을 팔았다고 시인하라며 갖은 고문을 받았는데, 손을 뒤로 묶고 공중에 매달았다가 땅에 내동댕이치는 스트라페이도를 여덟 번이나 당했다고 기록하고 있다.

스쿠루(screw) : 손가락을 비트는 형틀을 말한다. 영어의 사전적인 의미에는 '나사로 죄다' '비틀다, 죄다, 구부리다' 등의 의미가 있다.

텍스트 이해를 위한 배경지식 설명

마녀 사냥이 발생한 배경은 무엇인가?

유럽 전역에서 15세기에서 17세기 사이에 마녀사냥이 널리 일반화 된 것은 무엇 때문인가? 문화인류학자인 마빈 해리스는 크게 두 가지 이유를 제시하였다.

첫째는 정치적, 경제적 이유이다. 그 당시 마녀 사냥을 전문적으로 담당한 고문자들이나 수사관들이 존재하였는데, 로마 교황청에서는 이들 고문자들이나 수사관들의 수사 및 일체의 용역비용을 마녀의 가족에게 강제로 부담시켰다. 게다가 마녀의 가족들은 화형 전에 열리는 재판관들의 연회비용과 화형용 나무단의 비용도 부담하게 했다. 특히 지방 관리들이 열렬하게 마녀사냥에 몰두한 것은 마녀들의 혐의를 받은 자들의 전 재산을 몰수할 권리가 주어졌다. 따라서 마녀사냥의 권한을 가진 수사관과 지방 관리는 엄청난 경제적 이득을 챙겼다.

둘째는 종교적 이유로, 그 당시의 사회적 변동에 대한 가톨릭의 저항으로 볼 수 있다. 당시 로마 가톨릭은 이교 종파들이 일어나자, 기존 체제에 대한 전복적인 움직임을 제거하기 위해 종교재판소를 설치하였다. 종교재판소의 추적이 시작되자 이교도들은 비밀조직을 만들어 지하로 숨었다. 이교도들이 지하로 숨어버려 수사가 원활하게 이루어지지 않게 되자 교황의 수사관들은 이교도들에게 자백을 강요하고 고문을 사용할 수 있도록 교황 알렉산더 4세에게 고문권을 요청하여 승낙을 얻었다. 그리고 이교도와 비슷한 행위를 일삼는 마녀들에게도 수사권이 점차로 확대되었다. 드디어 1484년 인노센트 교황은 교서를 내려 독일 전역의 마녀들을 검거하기 위해 종교재판권 마저 허락한다. 이를 계기로 유럽 전역에서 마녀사냥이 본격적으로 시작되었다.

마녀사냥은 가톨릭교회 입장에서는 일석이조의 기회였다. 이른바 사회 혼란의 책임을 가상의 적(마녀)에게 돌려서 교회에 대한 불만을 억압할 수 있었다. 또한 방법적으로 고문 등의 가혹 행위를 동원함으로써 일반대중의 공격성을 발산시키자는 의도도 있었다.

특히 이단 등의 사회 불만 세력이 저항할 수 있는 잠재 에너지를 분산시킴으로써 기동성을 떨어뜨리려는 역할도 담당하였다. 게다가 일반 시민들을 서로 의심하고 감시하고 싸우게 하여 불신을 조장할 수도 있었다. 이것은 사람들을 소외시키고 공포에 몰아넣었으며 무기력하게 만드는데 충분하였다. 그 결과 지배 계급에 의존하도록 유도했으며 사소하고 지엽적인 문제에도 분노하고 좌절하도록 만들었다.

이처럼 마녀사냥은 사회계급의 타파를 부르짖고 교회와 사회제도에 맞설 수 있는 능력을 잘라버리는 효과가 있었다. 다시 말해 사회적 혼란의 이유를 딴 데로 돌리기 위한 기득권자들의 정치적, 종교적 작품이라고 할 수 있다. 이러한 마녀사냥은 오늘날에도 이름과 형태를 바꾸어 다양한 차원에서 벌어지고 있다.

광란의 역사는 언제까지 계속될 것인가?

〈함께 생각하기〉

—인류의 역사에서 종교라는 이름 아래 저질러진 광란의 역사적 사례를 한 가지씩 이야기 해보고, 이러한 광란의 역사가 발생한 이유가 무엇인지 생각해 보자.

—종교적으로 광신하는 것과 건전한 신앙을 구별하는 기준은 무엇인가?

—종교적 다원화 시대에 다른 종교를 인정하고 함께 공존하기 위해서는 어떤 태도를 가져야 하는가?

동성애에 대해 우리들은 어떤 시각을 가져야 하는가?

인간의 일반적인 사랑 형태는 이성간의 사랑으로 알고 있다. 그렇지만 이성간의 사랑뿐만 아니고, 동성간의 사랑도 존재하는 것이 현실이다. 동성간의 사랑은 역사가 오래된 것으로 알려져 있다.

고대 그리스의 아테네에서는 동성애는 물론 **소년애**도 관행이었던 것으로 기록되어 있다. 심지어 세속의 사랑은 남성이나 여성을 가리지 않고 사랑하는 것이고, 천상의 사랑은 남성을 사랑하는 것이라고 말하고 있을 정도이다. 우리에게 잘 알려진 그리스의 철학자 소크라테스와 **플라톤(Platon)**도 동성연애자였다고 한다. 또한 마케도니아 출신의 알렉산더(Alexander) 대왕도 동성연애자로 동성애(同性愛, homosexuality)의 상대를 살해하고 자기의 정체성을 상실하여 결국 자살하였다고 알려져 있다. 게다가 로마시대에도 여전히 동성애는 그다지 부정한 것으로 간주되지 않은 것 같다.

기독교가 로마에서 중요한 위치를 차지하게 됨으로써 동성연애는 금지된다. 특히 중세시대의 대표적인 스콜라철학자인 **토마스 아퀴나스(T. Aquinas)**는 자연의 섭리에 역행하는 성행위를 하면 지옥에 떨어진다고 하면서, 죽음의 죄에 속하는 성행위를 수간, 동성애, 성 도착, 자위행위의 4가지로 분류하였다. 이러한 생각이 유럽의 중세사회를 지배하였으며, 근세에 들어와서도 계속해서 서양인의 관념으로 남아있었다.

오늘날에도 우리들은 여전히 동성애는 변태이거나 정신적 질환으로 간주하여 금기시하고 있다. 그러나 동성애가 단지 금기시하고 멀리해야만 하는 사랑으로 치부하기에는 너무나 우리들 가까이에 다가와 있다. 영국의 록 가수인 엘튼 존(Elton John)은 동성 간 결혼을 하였으며, 캐나다나 미국의 일부 주에서는 동성결혼 및 자식의 양육권도 인정하고 있다.[1] 또한 몇 년 전에 홍콩의 유명 영화배우 장국영(張國榮)이 동성애자의 상대로부터 버림을 받았다고 하여 호텔에서 뛰어내려 자살을 하기도 하였다. 최근 한국에서도 동성애자들이 활발한 움직임을 보이고 있다. 홍석천이라는 연예인이 자기가 동성애를 하고 있다는 사실을 밝히기도 하였으며[2], 게다가 한국 영화사상 최다 관객 수인 1천만을 돌파한 〈왕의 남자〉도 '동성애'를 소재로 하고 있다. 대학가에서도 동성애자 모임이 활발한 움직임을 보이는데, 연세대의 '컴 투게더', 서울대의 '마음 001', 고려대의 '사람과 사람 사이' 등이다. 또한 컴퓨터 통신에서도 동성연애자들이 '또 하나의 사랑'이라는 동호회를 만들어 공개적으로 자신들의 인권을 주장하고 있는데, 동성애자들에게 있어서 사이버스페이스(Cyberspace, 가상공간)는 일종의 **해방구** 역할을 하고 있다고 해도 과언이 아니다.

그런데 최근에 "일찍이 동성애로 성문화가 타락했던 **소돔과 고모라**가 하나님의 진노로 유황불 심판으로 망하였다. 또한 성경은 동성애를 엄격하게 금하고 있다."는 한국기독교총연합회의 성명 발표로 인하여 기독교인이자 동성애자였던 19세의 고(故) 윤현석 군은 자살을 택했다. 그는 "소돔과 고모라 운운하는 가식적인 기독교인들에게 무언가 깨달음을 준다면 난 그것만으로 죽는 게 아

1) 이제 동성애는 생물학적 다양성의 하나로 용인 받게 되어 네덜란드 · 벨기에 등 몇몇 유럽국가에서는 동성 간의 결혼이 합법화되었다. 그리고 미국에서는 매사추세츠주에서 동성결혼을 합법화하였고, 10여 개의 주에서 동성애자 차별금지법이 제정되는 등 세계적으로 동성애에 관한 사회적 인식이 변화하고 있는 실정이다.

2) 이런 것을 'comingout'(커밍아웃)이라고 하는데, 이른바 '자기의 성정체성을 밝히는 것'을 말한다.

깝지 않다고 봐요. 수많은 성적 소수자를 낭떠러지로 내모는 것이 얼마나 잔인하고도 반성경적이고 반인류적인지… 우리더러 죄인이라 하기 전에 자기네들이나 먼저 회개하고 이웃사랑 실천해야 할 거예요." 라는 내용의 유서를 남겼다고 한다. 동성애 때문에 한 젊은이를 자살로 몰고 간 이유는 무엇인가? 게다가 왜 이렇게 한국교회는 극렬하게 동성애를 반대할까? 그 근거를 기독교는 『성경』의 말씀을 들고 있다. "너희들은 절대로 동성연애를 해서는 안 된다. 이것은 추잡한 짓이다."(「레위기」 18장 22절)

만약 동성애가 우리 인간 사회의 도덕이나 윤리의 영역이라면 우리의 도덕이나 윤리가 한 권의 책에 담긴 내용에 의지하여 모든 판단을 정하는 것이 과연 올바른 것인가? 라는 의문을 가질 수밖에 없다. 예컨대 같은 『성경』에는 "굽은 갈라졌으나 새김질을 하지 못하는 돼지는 먹어서는 안 된다. 이런 짐승들은 다 부정하므로 먹지도 말고 그 사체를 만지지도 말아라. 그리고 물속에 사는 고기 중에서 지느러미와 비늘이 있는 것은. 너희가 무엇이든지 먹을 수 있다. 그러나 지느러미와 비늘이 없는 것을 먹어서는 안 된다."(「레위기」 18장 22절)라든지 "종류가 다른 실로 섞어서 짠 옷도 입지 말아라."(「레위기」 19장 19절)라는 기록도 있다. 특히 『성경』에서는 이익을 위해 돈을 빌리는 것도 죄라고 규정하고 있다.

그런데 이처럼 『성경』의 말을 그대로 지키려면 삼겹살이나 돼지목살을 먹은 사람, 또는 비늘이 없는 꽃게를 먹은 사람, 금융업에 종사하는 사람은 모두 죄를 짓는 것이다. 따라서 기독교 신자라면 돼지갈비집이나 해산물 식당, 은행 앞에서 매일 불매운동이나 영업방해를 해야 할 것이다. 게다가 혼합직물로 만든 옷을 입는 것을 금지한다면 비싼 비단을 살 수 없는 가난한 사람은 나체로 거리를 활보해야 할 것이다. 이런 이야기를 하면 대부분의 사람들은 앞의 내용은 요즘 시대에 맞지 않기 때문에 반드시 지킬 필요가 없다고 말한다. 이와 같이 동성애는 안 되고, 삼겹살과 꽃게탕은 먹어도 된다는 『성경』에 대한 이중 잣대는 잘못된 것이라고 해석할 수밖에 없다. 왜냐하면 자신의 윤리와 맞는 『성경』 구절은 받아들이고 자기의 윤리와 맞는 않는 구절은 받아들이지 않는 자기 자신만의 도덕기준으로 『성경』을 이해한다는 것은 논리적으로 맞지 않기 때문이다.

또한 어떤 사람은 동성애가 부자연스러운 것이라고 규정한다. 즉 동성애는 자연이 인간에게 부여한 성향을 거스른다는 것이다. 그런데 인간에게 자연스러운 것과 부자연스러운 것의 기준은 무엇인가? 인간에게 자연스러운 것은 대부분 비윤리적인 것이다. 예를 들면 인간들은 보통 욕망, 이기심, 탐욕, 미움 등에 자연스럽게 이끌린다. 그래서 인간은 비윤리적인 자연스러운 성향들을 통제하고 극복한 사람을 덕을 갖춘 사람으로 여긴다. 따라서 부자연스러운 것이 반드시 비윤리적인 것은 아니다.

특히 우리들 이성간의 섹스 기능을 생식 기능, 즉 출산이라는 목적으로만 생각하면 동성애는 특정한 신체부위를 잘못 사용하는 자연의 의도를 역행하는 것이다. 게다가 대부분의 성적 행위는 비윤리적 행위가 된다. 다시 말해 생식기능과 관련 없는 자위행위, 구강성교, 피임기구를 사용하는 것은 비윤리적인 것이다.[3] 이런 논리를 따른다면 신체부위를 자연스럽게 사용하지 않는 모든 행위, 즉 귀걸이, 코걸이, 목걸이의 착용도 모두 비윤리적인 행위로 치부할 수밖에 없다. 따라서 자연스러운 것과 부자연스러운 것의 기준은 단지 우리들의 사회적 습관이나 통념에 지나지 않는 것이다. 그러므로 부자연스럽다고 해서 동성애가 반드시 나쁘다고 할 수는 없는 것이다.

---

3) 가톨릭에서는 이런 성행위를 공식적으로는 전부 금지하고 있다.

또한 어떤 사람은 동성애는 더럽기 때문에 나쁘다고 한다. 만약에 더럽기 때문에 그 행위가 옳지 않다고 생각한다면 정원의 개똥이나 인분을 치우는 행위도 더럽기 때문에 옳지 않는 행위이다. 그러므로 더럽다고 해서 반드시 비윤리적인 것은 아니다.

어떤 사람은 동성애는 성병과 특히 **'에이즈'**를 확산시킨다고 생각한다. 물론 이런 생각은 부분적으로 타당하다. 그러나 에이즈 바이러스는 대부분 체액전이에 의해 전염되므로 동성애를 에이즈의 유일한 원인이라고 할 수는 없다. 이성성교를 통해서 에이즈에 걸린 사람도 상당히 많기 때문이다. 이성 간의 성관계보다는 동성애가 질병을 전파할 가능성이 훨씬 높은 것은 사실이지만, 그렇다고 에이즈를 발명시키는 주범은 아니다.

또한 어떤 사람들은 동성애가 감수성이 예민한 청소년을 타락시키고 비참한 삶을 살게 한다고 생각한다. 그러나 대부분의 경우 감수성이 예민한 청소년 시기에 이성과의 잘못된 성관계를 가졌기 때문에 불행한 삶에 빠지는 것이지, 반드시 동성애의 유혹에 빠져 나쁜 길로 가는 것은 아니다. 결국 그 사람이 비참한 삶을 사는 것은 그 사람의 선택 때문이지 동성애 때문은 아닌 것이다.

어떤 사람들은 동성애자가 이성애자보다 성적으로 문란하다고 주장한다. 물론 성생활이 문란한 동성애자를 비난할 수 있지만, 동성애 그 자체를 나쁜 것으로 규정할 수는 없다. 그리고 동성애자 부부는 대부분 평생 동안 서로에게 충실하게 살고 있다. 오히려 이성애자 부부의 성생활이 문란하다는 통계가 있다. 기혼인 남성들의 경우, 매력적인 여성과의 조건 없고 위험하지 않는 성관계를 제의 받는다면 90% 이상이 받아드리겠다고 대답한 자료가 있다. 따라서 동성애자가 성적으로 문란하다는 것은 근거가 없는 것이다.

어떤 사람은 동성애는 인간 사회 제도의 근간인 가족제도를 부정하여 결국 인류가 멸종할 것이기 때문에 비윤리적이라고 주장한다. 그렇다면 원칙적으로 평생 독신으로 삶을 유지하는 불교의 승려 또는 가톨릭의 신부나 수녀가 되는 것도, 가족제도를 부정하고 인간의 생식 기능을 수행하지 않기 때문에 비윤리적이고 비도덕적이라고 규정할 수밖에 없는 것이다.

지금까지 동성애에 대해 여러 측면의 비난을 가정하여 제시하고, 그에 대해 반론적인 입장들을 기술하였지만, 동성애가 비윤리적이고 반사회적인 행위라는 근거는 어디에서도 찾아 볼 수가 없었다. 오늘날 동성애는 단순히 도덕이나 윤리의 영역이 아닌, 문화와 인권의 영역에서 다루어져야 할 것이다. 나아가 다원주의 혹은 상대주의 가치관이 득세하는 오늘날 우리는 동성애 그 자체의 옳고 그름을 따지기 전에 동성애에 대한 생물학적 · 문화적 · 법적 · 윤리적 정당화를 검토해 볼 필요가 있다. 그러므로 나와 다른 생각을 가진 사람이 존재한다는 다양성의 인정과 사회적인 약자이자 편견에 시달리는 동성애자에 대해 관용(똘레랑스)이 필요한 시점인 것이다.(참고도서 : 『철학학교』)

* 다음에 나오는 낱말의 의미를 이해하고 주어진 텍스트를 다시 읽어 보자.

동성애 : '성애(性愛)의 대상을 동성(同性)으로 택하는 연애'를 말한다. 동성애의 원인에 대해서는 여러 가지의 학설이 있는데, 가장 최근의 학설로서는 유전이나 호르몬의 부조화 등의 생물학적 요인에 기인한다는 이론이다. 그리고 지그문트 프로이트는 성심리의 발달과정에서 일어난 갈등의 결과로 보았다. 한편 동성과의 만족스러웠던 경험이나 이성과의 불만족스러웠던 경험이 동성애를 강화한다는 이론도 있다.

일반적으로 남성의 동성애는 우라니즘(uranism), 남성 동성애자는 '게

이' 라고 한다. 여성의 동성애는 그리스의 여성 시인 사포의 이름을 따서 사피즘(sapphism)이라고 하고 여성 동성애자는 사포가 태어난 레스보스 섬의 이름을 따서 '레즈비언(lesbian)' 이라고도 한다. 우리나라에서는 '이반' 이라고도 한다.

수간(獸姦) : 짐승과 성행위를 하는 것을 말한다.

소돔(Sodom) : 『구약성경』의 「창세기」에 나오는 팔레스타인 사해(死海) 근방의 한 도시이다. 「창세기」에 의하면 성적인 퇴폐로 인하여 하느님의 노여움을 사서 고모라와 함께 불과 유황의 비가 내려서 멸망하였다고 한다.

고모라(Gomorrah) : 『구약성경』「창세기」에 나오는 사해 근방의 도시 이름. 「창세기」에 의하면 주민들의 도덕적 문란에 대한 하나님의 징계로 소돔과 함께 불로 멸망하였다고 한다.

에이즈(AIDS(Acquired Immune Deficiency Syndrome), 후천성 면역 결핍증) : 인간 면역 결핍 바이러스(HIV)에 의하여 면역 세포가 파괴됨으로써 인체의 면역 능력이 극도로 저하되어 병원체에 대하여 무방비 상태에 이르는 병을 말한다. 최초 감염에서 본격적인 증상이 나타나기까지는 평균 10년 정도 걸리며, 사망률이 대단히 높다. 대부분은 성적 접촉, 오염 주사기, 오염 혈액 공급에 의해 발병한 것으로 알려져 있다. 특히 아프리카 등의 개발도상국에서는, 에이즈 산모로부터 수직 감염 따위에 의하여 감염되는 경우도 많다.

톨레랑스(tolerance) : 다른 사람이 생각하고 행동하는 방식의 자유 및 다른 사람의 정치적, 종교적 의견표명의 자유를 존중한다는 프랑스 말이다. "내가 남과 다른 점을 인정받으면 남이 나와 다른 점부터 인정하라."는 것이다. 진정한 관용은 "강한 자가 약한 자를 먼저 인정하는 것"이다.

문화란 무엇인가?

과거에는 문화란 인간의 정신적인 활동 영역으로 국한시켜 사용하였다. 다시 말해 인간의 정신활동과 무관한 분야에 문화라는 말을 붙이지 않았다. 이른바 고급스럽고 귀족적인 분위기가 나는 학문이나 예술에 문화라는 말을 붙여 사용하였고, 그리고 그것을 즐기는 사람을 문화인이라고 불렀다. 따라서 문화는 특정계층이 즐기는 것으로 간주하였다.

그렇지만 오늘날 우리 주변에 '문화'라는 개념만큼 광범위하고 자주 사용되는 말도 없을 것이다. 이제 문화라는 말은 학자나 전문가 집단의 전유물이 아니라 누구나 사용하는 일상용어가 되었다. 게다가 오늘날 문화라는 개념이 사용되지 않는 분야는 거의 없을 것이다. 예를 들면 동양문화와 서양문화, 동양문화사와 서양문화사, 기독교문화와 불교문화, 외래문화와 전통문화, 청소년문화와 성인문화, 남성문화와 여성문화, 중산층문화와 노동자문화 등과 같이 대비되면서 사용되는 것과 단독적으로 사용되는 음식문화, 대중문화, 신세대문화, 세종문화회관 등의 실로 엄청나게 넓은 개념으로 사용되고 있다. 도대체 문화라는 개념은 어떤 의미를 가지고 있기에 이처럼 광범위하고 모든 분야에서 사용되는가? 그리고 문화를 사용하는 각 단어들에는 어떤 공통의 의미를 포함하고 있는가? 이런 의문점을 가지고 먼저 문화(文化, culture)의 의미에 대해 살펴보고자 한다.

문화(culture)의 사전적인 의미는 토양이나 식물을 '경작하다, 재배하다'라는 라틴어의 'colere'에서 유래한 것으로, 땅을 가꾸고 식물을 경작하고 동물을 키우는 행위를 의미하였다. 다시 말해 소를 키우고, 밭을 갈고, 꽃을 가꾸는 것이 문화라는 것이다. 인간과 자연이 어우러져 함께 자라는 것이 문화, 즉 생활 속에서 행하는 하나하나가 문화라는 것이다. 이런 영향에 의해서 지금도 영어의 농업(agriculture)이나 박테리아 배양(bacteria culture)이라는 말에 문화(culture)라는 개념이 사용되고 있다.

그러나 나중에는 식물을 경작하는 의미보다는 '마음을 경작하다'는 것으로 그 의미가 변화하였다. 다시 말해 인간의 정신적인 차원의 행위를 문화라고 규정하였다. 오늘날 문화[4]라는 개념은 크게 '넓은 의미'와 '좁은 의미'로 구분 가능하다.

넓은 의미의 문화라는 것은 '자연(自然, nature)'[5]의 반대 개념으로, '인간이 의도적으로 만든 것으로 야만적이지 않는 것'을 의미한다. 그러므로 의도되지 않는 단순히 본능적인 차원에서 행해지는 인간의 행위는 문화라고 할 수 없다는 것이다. 살기 위해 음식을 먹는다고 하더라도 '인간이 먹는다'는 그 자체는 문화가 될 수 없다. 인간이 음식을 먹더라도 어떤 의도(목적)에 따라 먹는 방식이 개입 할 때에 그것은 음식문화 또는 식사문화라고 할 수 있는 것이다. 예를 들어 한국의 대표적인 문화유산인 석굴암이나 팔만대장경은 인간의 작용과 조작이 들어갔기 때문에 문화재라고 한다. 반면 인간의 작용이나 의도가 가미되지 않은 들판의 국화꽃이나 바위 등은 자연물이라고 한다. 다시 말해 문화란 '자연상태의 어떤 것을 인간의 작용에 의해 변화시키거나 창조한 역사적 산물'인 것이다.

좁은 의미의 문화란 '마음을 가꾸는 것'을 의미하는 것으로,

---

4) '문(文)'이란 타고난 대로의 바탕인 '질(質)'과는 반대 의미이다. 즉 거치른(野) '질(質)'을 인위적으로 갈고 닦는 데서 문(文)이 이루어진다는 것이다.

5) 자연이란 '스스로(自) 그러한 것(然)'이라는 의미이다.

세련되고 순환된 형태의 인간의 정신이나 의식 활동을 가리킨다. 이 정의는 인간의 사고와 표현의 뛰어난 정수(精髓)라는 의미의 문화 개념으로, 물질적인 것이 아닌 정신적인 개념으로 문화를 이해하는 것이다. 다시 말해 문화라는 것은 고차적인 인간 활동의 결과물로, 이른바 학문 · 종교 · 예술 등이 여기에 포함된다. 학문이란 이성을 바탕으로 진리를 추구하는 인간의 활동이고, 종교는 인간의 의지나 행위를 바탕으로 선을 추구하는 활동이며, 예술이란 감성이나 욕망을 바탕으로 미를 추구하는 인간의 활동이다. 그러므로 문화란 학문(철학, 문학, 역사)과 예술(미술, 음악) 등의 뛰어나고 수준 높은 교양에 대한 지식과 실천을 통한 정신적 완성의 추구라는 열망을 담고 있다. 따라서 이 정의에 따르면 문화란 인간이 자아실현, 자기발전, 인간답게 삶을 유지하기 위한 활동이나 삶의 방식이다. 그리고 이 정의는 이른바 신문의 문화면에서 사용하는 '문화'의 개념과 동일하다. 왜냐하면 신문의 문화면은 정치 · 경제와 구별되는 정신적이거나 오락적인 주제를 담고 있기 때문이다.

그런데 서구사회에서는 좁은 의미의 문화 개념이 중요한 역할을 담당하였다. 예를 들어 중세유럽에서 근세로 넘어오는 과정에서 중요한 역할을 담당한 과학기술, 종교개혁, 르네상스는 각각 이성(학문), 실천(윤리), 감성(예술)을 바탕으로 이루어진 것이다. 또한 독일의 철학자 임마누엘 칸트는 『순수이성비판』에서 이성, 『실천이성비판』에서 인간의 행위에 대한 윤리문제(선악), 『판단력비판』에서 감성(미학)에 대해 논하였다.

한편 서구의 역사는 문화의 어떤 측면이 더 중시되는가 하는 것으로 설명될 수 있다. 고대 그리스의 철학자 플라톤은 인간을 '이성이 의지(실천)를 통해 감성을 조정하는 존재'라고 정의하여, 이성(학문), 실천(윤리), 감성(예술)중에서 이성(진리)을 중시하였다. 중세시대에는 인간의 이성이나 감성보다는 종교(선)가 중심이 되었다. 근대에서는 데카르트의 "나는 생각한다 고로 존재한다.(Cogito ergo sum)"라는 명제가 대변하듯이 다시 이성 · 합리성(진)이 중심이었다. 그러나 이 근세의 합리성(이성)을 바탕으로 한 과학기술의 발전, 관료제의 등장, 자본주의의 발전은 인간을 행복하게 만든 것이 아니라 오히려 인간을 소외시켰다.

최근 이성을 바탕으로 하는 근세의 정신을 비판하면서 등장한 것이 포스트모더니즘(탈근대)이다. 포스트모더니즘은 미(감성, 욕망의 해방)를 중시한다. 포스트모더니즘은 근세처럼 이성을 바탕으로 인간의 욕망이나 감성을 억제하거나 억압하기보다는 감성이나 욕망을 극대화함으로서 인간이 행복해질 수 있다는 입장을 취하였다. 이것은 기존의 이성으로부터 욕망의 해방으로 이어지는 이념이기도 하다. 다시 말해 이성 중심의 기존의 틀을 파괴하는 작업인 것이다.

앞에서 언급한 것처럼 문화를 정신적이고 수준 높은 교양의 의미로 이해한다면, '엘리트 의식'이나 하나의 특정 집단(서구사회, 문화)이 다른 집단(비서구사회, 비문화)보다 우월하다는 신념을 제공하는 빌미가 될 수도 있을 것이다.

다시 말해 이것은 문화를 '사회의 발전 과정'으로 보는 입장과도 관련이 있는 것이다. 이처럼 문화를 사회의 발전 과정으로 보는 것은 계몽주의 완성과정을 문화의 과정으로 보는 관점이다. 그래서 서구사회에서는 문명화나 서구화의 전개를 문화의 전파라고 보는 입장이 존재하는 것이다. 다시 말해 서구의 문화(서구화)를 야만적인 다른 지역에 전파하여 교화시키는 것(제국주의 문화관)을 문화라고 보는 것이다. 이 입장의 이론적인 근거는 찰스 다윈의 '진화론'[6]이나 허버트 스펜서의 '사회진화론'[7]이다[8].

또 다른 문화의 정의는 문화인류학이나 사회학의 입장으로, 문화란 '특정집단에 의해서 공유되는 생활양식 또는 삶의 방식'이라는 설명이다.[9] 인간이란 자기가 속해 있는 사회의 질서나 규범, 다시 말해 생활양식을 따르기 마련이다. 예를 들어 한국 사람은 한국어를 사용하고, 일본 사람은 일본어를 사용하듯이 언어가 다르다. 게다가 한국인과 일본인은 관습이나 윤리, 사회제도, 전통 등의 생활양식이 다르다는 것이다. 이 생활방식의 차이를 문화라고 하는 것이다. 다시 말해 각 문화의 고유성, 즉 차이(자기와 다른 것)를 인정하자는 입장이다. 이런 입장을 문화 다원주의(문화

---

6) 다윈의 진화론은 자연도태설이다. 이른바 모든 동물은 단세포 생물에서 진화하여 발전하였다고 보는 관점이다. 다시 말해 적자(適者)는 살아남고 부적자(不適者)는 자연에 의해서 도태되는 것(적자생존)이다.

만약에 우리가 자연도태설을 받아드린다면, 인간은 진화의 과정에서 가장 적자로서 발전하여 온 만물의 영장으로 간주 될 수 있다. 이른바 인간 중심주의이다. 단순한 것에서 복잡한 것으로, 낮은 것에서 높은 것으로 진보한다는 것은 현재의 인류가 자연 속에서 살아남아 완벽한 생물로 발전한다는 것을 함축하고 있다. 그렇다면 현재의 인류가 자연 속에서 살아남아 오히려 자연을 지배하는 것은 그 만큼 인간이 최적자라는 것을 증명하는 것이며, 동시에 현재의 발전된 서양의 산업문명이 과거의 낙후된 농업 문명을 지배하는 것은 서양문명이 최적자라는 것을 보여주는 것이다. 이런 경우 진화론은 인간중심주의 · 제국주의 · 인종주의 · 백인우월주의 · 종족주의 등의 온갖 전도된 우월 의식의 진원지가 되는 것이다. 그러나 자연 도태의 진화론이 동물로부터 인간이 발생하였다고 한다면 인간의 우월의식은 열등의식으로 변하게 된다. 동물로부터 진화된 인간이란 '털빠진 원숭이'로서 한갓 동물에 불과하게 된다.

7) 이 입장은 찰스 다윈의 '진화론' 적인 이론을 인간의 사회생활에 적용시킨 이론이다. 그들은 인간사회도 생물처럼 하나의 유기체이며, 동물사회의 적자생존처럼 적응과 자연 도태를 통해 저급단계에서 고급단계, 단순사회에서 복잡한 사회, 열등한 사회에서 우등한 사회로 진화 발전한다고 한다. 따라서 이 이론은 우리 인류가 버리고 청산해야 할 이론들, 이른바 인종 차별주의나 제국주의 등의 사상적 토대를 마련하여 주기도 하였다.

8) 이 관점의 대표적인 사례가 백인에 의한 아메리카 대륙 침공과 인디언 말살정책이다. 다시 말해 문화를 소유한 백인들이 문화를 소유하지 못한 야만적인 아메리카 대륙을 침략해서, 그 곳에 이미 정착해 살고 있는 원주민인 인디언을 정벌하여 말살하여도 정당하다는 입장이다.

9) 에드워드 테일러(Edward. B. Tyler)는 "문화(문명)란 지식, 신앙, 예술, 법률, 도덕, 풍속 등 사회의 일원으로서의 인간이 획득한 능력과 습관의 총체"라고 하였다.

상대주의)[10]적 관점이라고 한다.

다음은 문화란 '의미를 만들어 내는 의미화의 실천'이라는 입장이다. 다시 말해 문화란 인간이 의미를 만들어 내는 실천의 장이며, 한 집단 내에서 의미가 생산되고 교환되는 실천들의 집합이라는 것이다. 예들 들어 들에 핀 한 송이의 카네이숀은 문화라고 할 수 없다. 이것은 하나의 자연물이다. 그러나 어떤 소년이 그 카네이숀을 꺾어 어버이날 자기 어머니의 가슴에 달아주었다고 한다면, 그 꽃은 문화이다. 그 카네이숀은 단순한 꽃이 아니라 하나의 의미를 담은 상징이자 의미이다. 그 의미란 '지금 키워준 어머니에 대한 감사'이다. 그런데 카네이숀과 어머니에 대한 감사와는 아무런 관계가 없다. 자연물인 카네이숀을 '감사'라는 기호로서의 카네이숀으로 바꾼 것은 인간의 의미행위이다. 그리고 카네이숀은 '감사'라는 이미 확립된 사회적 습관에 의해 의미를 갖는다. 자연물의 카네이숀이 '감사'로 변화한 그 의미작용, 그리고 그것이 가능하게 된 사회적 관습이 '문화'라고 보는 것이다.

따라서 '문화'를 다음과 같이 정의할 수 있을 것이다. 문화란

---

10) 프란츠 보아스의 제자인 루스 베네딕트와 멜빌 허스코비츠의 입장이다(보아스 학파). 베네딕트는 문화마다 하나의 독특한 체계를 이루고 있고, 각각 고유한 패턴이 있다. 그러므로 어떤 한 문화가 다른 문화보다 더 가치 있다거나 건강하다거나 정상이라거나 또는 우월하다고 말할 수 없다. 어떤 문화도 인간문제를 모두 해결할 수 있는 유일한 문화라고 주장할 수 없다.
허스코비치는 '사람의 판단은 각각 자신이 한 경험에 기초하고 경험은 각각 개인이 어릴 때부터 받은 교육에 의해 해석된다'는 것이다. 즉 우리의 판단은 우리 자신의 경험에 의존할 수 밖에 없고 우리 자신의 경험은 우리가 그 속에서 자란 문화에 의해 가능하게 되기 때문에 모든 판단은 문화 의존적이라는 것이다. 따라서 자신이 속한 문화가 아닌 문화에 대해서 가치평가를 할 수 없다. 이와 같은 주장에 따르면 문화 상대주의는 윤리 상대주의로 귀결된다. 각 사람의 판단이 문화에 매여 있다면 윤리적 판단조차도 문화에 매여 있을 수밖에 없다. 따라서 어떤 행위에 대해서도 보편타당한 판단이 될 수 없다. 모든 판단은 문화에 따라 상대적일 뿐이다. 그렇다면 우리들은 인도의 사티(šati)나 식인풍습 등을 접하고도 오로지 방관과 무관심으로 일관해야 하는가?

한 사회의 집단이 오랜 세월을 두고 자연과 싸우면서 자연을 변화시켜온 물질적, 정신적 과정의 산물이라고 할 수 있다.

* 각 문단의 요지를 한 문장으로 표현해 보자

** 각 문단의 요지들이 일정한 맥락에 따라 이어 지는지 확인해 보자.

*** 위에서 만든 글과 주어진 텍스트의 맥락이 일치하는지 확인해 보자.

대중문화란 무엇인가?

1970년대에만 하더라도 대학신문이나 고급잡지에 대중문화(영화, 드라마, 스포츠)에 관한 기사가 게재된다는 것은 상상도 못했다. 대학신문이나 고급잡지들은 시중에서 유행하는 난잡한 대중문화를 질책의 대상으로 삼았다. 특히 TV나 영화를 보거나, 서구문화의 대표적인 상징인 생맥주를 마시는 젊은이들에 대해 사회의 악이거나 민족문화를 헤치는 머리가 빈 놈으로 취급하기도 하였다. 그러나 오늘날 프로스포츠를 관전하거나, 영화배우 '이준기'를 좋아하고, 오락프로인 '무한도전'이나 '개그콘서트'를 시청하는 사람을 머리가 빈 놈으로 취급하는 사람은 아마도 없을 것이다. 지금은 이러한 현상을 비난하는 사람이 오히려 머리가 빈 놈이거나 시대착오적인 인물로 여겨질 것이다. 게다가 '왕의 남자'나 '무한도전'을 보지 않는 사람은 친구나 동료에게 따돌림당하거나 현실을 직시 못하는 사람으로 취급당하기 일쑤일 것이다. 이처럼 우리사회에서 대중문화는 우리 생활의 일부가 되었다. 우리들은 오늘날 이런 현상을 부정할 수는 있지만, 이 현상 자체를 부정할 수는 없게 되었다. 대중문화가 우리의 문화가 되었고 우리의 일상생활에 들어와 있는 지금, 우리는 대중문화에 대한 논의를 피할 수 없게 되었다. 대중문화가 우리들 일상생활의 일부분이 된 이상, 대중문화에 대해서 적극적으로 논의하고 이를 통해 능동적으로 그 문화를 수용하거나 거부하도록 할 필요성이 증대되었다.

우리들이 사용하는 '대중문화'[11]라는 말은 영어 'mass culture' 혹은 'popular culture'의 번역어이다. 대중(大衆)을 뜻하는 '매스(mass)'라는 말에는 고립 · 분산되어 있고 주체성을 가지지 못했으며, 비합리적이고 열등한 '집단'이나 '무리'라는 의미가 들어있다. 게다가 '우둔하고 천박하다'는 경멸적 의미도 담겨져 있다. 따라서 대중문화를 '매스 컬쳐'라고 할 때는 상업주의, 획일성, 저속성, 익명성 등의 부정적인 이미지가 강하다.

반면 파퓰러(popular)는 '인기 있는' '민주적인' 등의 중립적이고 긍정적인 의미가 강하다. 따라서 이것은 민주적 성격에 대한 기대와 희망도 동시에 담고 있다. 그래서 일반적으로 '파퓰러 컬쳐'라고 할 때는 '다수의 사람들이 향유하는 문화'의 측면이 강하다. 따라서 똑같은 대중문화의 현상을 부정적인 측면으로 볼 때는 매스 컬쳐라고 할 것이며, 긍정적인 측면으로 볼 때는 파퓰러 컬쳐라고 부르는 것이 적절할 것이다. 오늘날 서구의 대부분의 학자들은 대중문화라고 할 때는 매스 컬쳐보다는 파퓰러 컬쳐라는 개념을 주로 사용하고 있다.

그러므로 대중문화에 관한 책을 읽을 때는 글쓴이가 대중문화를 'mass culture'라고 썼는지, 아니면 'popular culture'를 사용했는지를 살펴볼 필요가 있다. 왜냐하면 글쓴이의 대중문화에 대한 시선을 감지할 수 있는 단서를 제공해 주기 때문이다. 결론적으로 말해서 이 두 개념의 차이는 그 본질에 있는 것이 아니라 대중이나 대중문화를 어떻게 보느냐에 따라 갈라지는 것에 불과한 시각의 차이에서 비롯된 것이라고 할 것이다.

이처럼 대중이라는 말을 어떻게 이해하느냐에 따라 대중문화의 가치에 대한 평가가 다양하게 나타날 수 있다. 우선 기존의 문화

---

11) 대중문화는 대중예술작품들이나 대중적인 오락물들(문화적 형성물), 그리고 이것들을 만들고 향유하는 생활방식(문화적 실천)을 통칭하는 말이다.

연구들(cultural studies)에서 제시하고 있는 대중문화에 대한 몇 가지 가치평가들을 살펴보기로 하겠다. 영국의 저명한 대중문화 연구자인 레이몬드 윌리암스(R-Williams)는 대중(popular)에 대한 네 가지 정의, 즉 '다수의 사람들이 좋아하는 것' · '저속한 것' · '사람들의 호의를 끌기 위해서 정교하게 만들어진 것' · '민중 스스로에 의해서 만들어진 것'이라고 정의하고 있다.

첫째, 대중문화는 '다수의 사람들이 좋아하는' 문화이다. 이 정의는 시청률이나 판매량에 따라 특정한 텔레비전 프로그램이나 특정한 도서 혹은 음반을 가장 대중적 문화로 규정하는 경우이다. 따라서 여기서는 문화적 재화의 수용자의 수치가 그것을 대중문화로 규정하느냐 아니냐를 결정한다.

둘째, 대중문화는 '고급문화가 아닌 저속한' 문화이다. 즉 대중문화는 고급문화에 비해 질적으로 낮은 '저속한 문화'라는 것이다. 이 경우 질적인 높낮이를 평가하는 기준은 다양하다. 문화적 형식의 복잡성, 도덕적 가치나 비판적 통찰력의 유무 등이 그 기준이 되기도 하지만, 특히 수용자들이 얼마나 쉽게 향유할 수 있느냐 하는 것이 가장 중요한 기준이다. 이 기준에 따르면, 많은 사람들이 이해하기 어려운 것이 고급문화이다. 실제로 어려움은 (무지한) 대중을 배제시키고, (고급 취향의) 관객의 배타성을 확고하게 해준다.

대중문화에 대한 이러한 규정은 엘리트주의에 입각한 규정이다. 고급문화는 개별적인 창조활동의 결과이자만, 대중문화는 일정한 형식에 맞추어 급속하게 대량으로 제작된 상품이다. 따라서 고급문화는 도덕적이고 미학적인 평가를 받을 자격이 있지만, 대중문화는 기껏해야 피상적인 사회학적 조사만을 받을 수 있을 뿐이다. 나아가 고급문화를 향유하는 사람들은 품위 있는 사람들이고, 대중문화의 향유로 만족하는 사람들은 그저 그런 사람들이다.

셋째, 대중문화는 '상품화된(사람들의 호의를 끌기 위해서 정교하게 만들어진 것)' 문화이다. 다시 말해 대중문화는 대중적 소비를 위해 대량으로 생산된 상품이라는 것이다. 여기서 중요한 것은 문화적 형성물을 대량으로 생산하는 이유가 대중들의 취향을 만족시키는 데 있다기보다는 오히려 생산자의 이윤추구에 있다는 점이다. 그리하여 생산자들은 대중들의 취향을 조작하기까지 한다. 대중매체를 이용하여 특정한 취향과 특정한 욕구만을 갖도록 유도한다는 것이다. 이러한 점에서 이 입장은 대중을 무분별하고 지각없는 수동적 수용자로만 본다. 대중은 "목구멍에 형편없는 쓰레기 문화들을 얼마든지 처넣어도 그저 받아 넘기기만 하는" 사람들이다.

넷째, 대중문화는 '우리의 문화(민중 스스로에 의해서 만들어진 것)'이다. 대중문화는 민속문화와 마찬가지로 부정할 수도 폄하할 수도 없는 우리의 사회적 현실이다. 대중문화는 항상 위로부터 주입된 문화가 아니라 우리에 의해 만들어지고 우리가 향유하는 우리의 문화이다. 우리는 대중문화를 통해 지나치게 합리적인 기성의 제도와 윤리에 대해 저항하기도 하고, 그동안 숨겨져 있었던 새로운 욕구를 개발하기도 한다. 물론 대중매체가 전해주는 문화적 자원들은 편협한 감이 있다. 그러나 그것들이 우리에 의해 소비되는 과정에서 새로운 의미를 이끌어 낼 대중의 능동성 또한 무시할 수 없는 것이다.

그러나 앞의 대중문화에 대한 4가지 정의는 다음과 같은 분명한 단점을 가지고 있다.

첫 번째 정의는 원인과 효과에 대한 설명을 생략한 현상 기술적 측면이 강하며, 대중문화의 개념을 지나치게 단순화한다는 단점을 갖는다. 예컨대 수적으로 적은 사람들이 선호하는 프로그램이나 책은 대중적인 문화가 아닌 것이 되어버리는 것이다.

두 번째 규정에도 뚜렷한 한계가 있다. 현재 고급문화로 분류되는 셰익스피어의 작품들은 16세기말이나 17세기 초 영국에서는 대중적 연극의 대본 이상이 아니었다. 또 오늘날 문화연구 분야에서 시도되는 대중예술에 대한 무수한 미학적 평가를 어떻게 볼 것인가? 이러한 점에서 특정 문화적 형성물에 대한 형식적, 미학적 평가는 문화적 형성물 그 자체에 대한 것이라기보다는 사회적인 역학관계에 따른 것이라고 보아야 한다.

세 번째 입장 또한 분명한 한계를 갖는다. 통계에 따르면, 새로 만들어지는 영화의 80~90%가 광고비조차 건지지 못하고, 새로 만들어지는 80%의 음반이 실패한다고 한다. 대중들의 분별력이 아니라면 이를 어떻게 설명할 것인가? 텔레비전 광고에서 좋은 상품으로 선전하는 상품들은 하나같이 잘 팔리는가? 과연 대중은 철저하게 수동적인 수용자일 뿐인가?

네 번째 입장도 한계가 역시 분명하다. 대중매체를 통해 형성되는 문화적 실천이 유행이 되는 현실, 베스트셀러가 광고의 형식이나 규모에 의해 결정되는 현실, 동일한 질을 가진 제품이지만 텔레비전에서 광고되느냐 그렇지 않느냐에 따라 신뢰도가 달라지는 현실을 어떻게 설명할 것인가? 우리는 대중조작으로부터 자유로운가? 우리는 과연 우리 자신이 그렇게 믿고 있듯이 분별력이 있고 능동적인 사람인가?

이처럼 우리가 대중문화라고 규정한 정의들은 많은 문제점과 모순점을 가지고 있다. 이것은 대중문화 자체가 복잡다단한 측면을 가지고 있다는 것, 대중을 보는 관점이나 시각차에 따라 많은 논란의 소지를 안고 있다는 것을 의미한다.

* 각 문단의 요지를 한 문장으로 표현해 보자.

** 각 문단의 요지들이 일정한 맥락에 따라 이어지는지 확인해

보자.

*** 위에서 만든 글과 주어진 텍스트의 맥락이 일치하는지 확인해 보자

성선설과 성악설

인간의 본성[12]이 선한가 악한가에 대한 인성(人性)의 문제는 고대 중국에서 중요한 문제였다. 인성을 어떻게 규정하는가에 따라 우리의 인생관 · 세계관뿐만 아니라 정치 · 경제 · 사회 등 모든 제도가 달라질 수 있기 때문이다. 예를 들어 고대 중국에서 성악설을 주장한 순자의 학풍을 이어받은 한비자와 이사는 강제성이 강한 법률로써 백성을 다스리는 법치주의를 통치 이념으로 삼았고, 반면 성선설을 주장한 맹자는 도덕정치의 이념으로 백성을 통치하고자 하였다.

고자 : 사람의 본성은 여울 물(湍水 단수)과 같다. 이것을 동쪽으로 터놓으면 동쪽으로 흐르고, 서쪽으로 터놓으면 서쪽으로 흐른다. 사람의 본성이 선하고 선하지 않은 구분이 없는 것은, 물이 동쪽으로 흐르는지 서쪽으로 흐르는지 구별이 없는 것과 같다.

(性猶湍水也, 決[13]諸[14]東方則東流, 決諸西方則西流. 人性之無分

---

12) 인성(人性)중의 성(性)이란 마음 심(心)과 날 생(生)으로 이루어진 글자이다.
생(生)이란 하늘이 부여하여(天之就) 태어나면서부터 함께 생긴 것(與生俱生)이다. 따라서 인간이 나면서부터 가지고 있는 것(生而有)이다. 다시 말해 인간이 나면서부터 지닌 자연스러운 속성이다. 자연스러움은 생리적인 것으로 보면 '생'은 '본능과 욕망'이다.
심이란 다른 자연 사물과의 차이점에 주목하여 해석한 것이다. 심에 주목하는 것은 인성을 윤리도덕적인 관점에서 치중하는 입장이다. 맹자는 성(性)이라는 글자에 생(生) 대신에 심(心)에 치중하여 해석하였다. 인간의 마음속에 인의(人義)의 덕(德)이 내재하여, 이것이 인간과 동물을 구별시켜주는 인간만의 본질로 보았다.

13) 터질 결

14) 저 : 於之

於善不善也, 猶水之無分於東西也. 고자편 상 2)

고자 : 타고난 것을 곧 본성이라고 한다.(生之謂性)

맹자 : 물은 진실로 동서(東西)의 구분이 없지마는 어찌 상하의 구분도 없단 말인가? 사람의 본성이 선한 것은 물이 아래로 흘러 내려가는 것과 같다. 낮은 곳으로 흘러내려가지 않는 물이 없듯이 그 본성이 선하지 않은 사람은 없다.

지금 물을 손으로 쳐서 사람의 이마 위로 튀어 오르게 할 수가 있고, 또 거세게 흘러가게 한다면 산에라도 올라가게 할 수가 있다. 그러나 그것이 어찌 물의 본성이겠느냐? 물에다 외부의 힘(형세, 물이 외부로부터 받는 힘)을 가하면 그렇게 되는 것이다. 사람이 선하지 않은 일을 할 수 있는 것은 그 본성 또한 이와 같이 바깥으로부터 영향(勢)을 받기 때문이다.

(水信無分於東西. 無分於上下乎? 人性之善也, 猶水之就[15]下也. 人無有不善, 水無有不下. 今夫水, 搏[16]而躍[17]之, 可使顙[18]過. 激[19]而行之, 可使在山. 是豈水之性哉? 其勢則然也. 人之可使爲不善, 其性亦猶是也. 고자 상. 2)

순자 : 인간의 천성은 악이다. 선한 것은 인위(人爲)에 지나지 않는다. 사람의 천성이란 타고 날 때부터 욕구(利)를 좋아한다. 이에 쟁탈이 벌어져 서로 사양하는 마음이 사라진다.(『순자』「성악편」)

15) 나아 갈 취
16) 손뼉칠 박
17) 뛸 약(躍)
18) 이마 상
19) 덧말 격. 흘러가는 물을 힘을 가하여 반대방향으로 역류하게 하는 것

앞에서 제시한 [1]과 [2]는 『맹자』의 고자편에서 맹자와 고자(告子)가 인간의 본성문제를 가지고 논쟁한 내용이다. 고자는 인간의 본성이 선(善)도 아니고 악(惡)도 아니라고 주장하는 반면 맹자는 인간의 본성이 선하다고 주장한다.

여기서 보듯이 고자의 입장은 선악 이전, 즉 도덕이전의 생리현상 그대로를 본성이라고 보는 입장이다. 그런데 맹자는 이러한 고자의 주장을 비난했다. 맹자가 고자의 주장을 비난한 것은 개(犬의) 본성과 소(牛)의 본성이 인간의 본성과 같다는 주장에 대한 것이다. 다시 말해 이것은 동물적 본능으로 인간뿐만 아니라 다른 동물도 모두 가지고 있는 생리적 본능이다. 그러나 맹자는 인간만이 가지고 있는 본성이 있다고 하였다.

맹자가 활약한 전국시대에 인성론에 관심을 가진 것은 무엇 때문일까? 그것은 인간의 본성을 규명하여 당시의 정치 및 사회적 원리를 확립하고자 하는 의도가 있었기 때문이다. 맹자가 성선설을 주장한 것도 그의 '왕도정치' 이른바 인정론(仁政論)이 성선의 당연한 결과라는 근거를 제시하기 위해서이다. 그리고 그는 이것을 바탕으로 도덕적 인간관을 확립하려는 목적을 두고 있었다. 그는 사람마다 각각 고유의 선한 요소를 선천적으로 가지고 있으며 또한 그러한 싹이 있다고 한다. 이러한 감정의 싹을 그는 '단(端, 실마리)' 이라고 불렀다. 그 증거로 제시한 것이 우물에 빠지려는 어린아이의 이야기이다. 어떤 사람이 우물에 빠지려는 어린아이를 보고 불쌍하게 생각하여 무의식적으로 달려가 구해주었다고 하자. 어린아이를 구해줄 때의 마음은 단지 어린아이가 측은하였기 때문이지 나중에 어린아이의 부모에게 보상을 받겠다든지 친구나 동네사람들에게 칭찬을 받기위한 것은 아니다. 어린아이가 우물에 빠지려는 모습을 본 순간 생겼던 마음, 이 마음을 맹자는 '차마 참지 못하는 마음(不忍人之心)' 이라고 부르고, 이것이 없으면 사람이 아니라고 하였다. 이것이 '측은하게 여기는 마음(측은지심)' 이다. 이외에도 자기의 잘못을 부끄러워하거나 남의 잘못을 미워하는 마음(수오지심), 사양하는 마음(사양지심), 옳고 그름을 가리는 마음(시비지심)도 누구에게나 있다고 하였다. 그러나 현실적으로 인간은 악한 행위를 수 없이 반복한다. 이 악한 행위는 어디에서 나오는가? 맹자에 따르면 인간이 나쁜 짓을 하는 것은 본래의 모습이 아니다. 나쁜 행위는 인간이 하지만, 근본적인 원인은 사람에게 있는 것이 아니라 외부의 환경에 있다고 하였다.

순자는 무엇 때문에 인간의 본성을 악하다고 보았을까? 순자는 인간의 본성을 원초적으로 가지고 있는 욕구라고 하였다. 다시 말해 맹자는 인간의 본성은 도덕성이요, 순자는 배고파하고 추워하고 성욕을 느끼는 인간의 자연적이고 생리적인 욕구에 주목하였다. 인간도 동물이기 때문에 언제나 욕구가 있다. 따라서 욕구가 충족되는 것을 좋아하고 충족되지 못하는 것을 싫어한다. 이러한 가치관으로 볼 때 인간의 욕구 충족이 선이라고 할 수 있고, 욕구가 충족되지 않는 것을 악이라고 할 수 있다. 그러나 욕구는 서로 충돌하게 된다. 이러한 점에서 순자는 이러한 욕구의 충돌이 사회적 혼란을 야기하는 원인이라고 보았다. 즉 인간에게는 누구나 생리적 욕구를 바탕으로 한 이기심이 있으며, 이 때문에 싸움이 벌어지는 것은 당연한 것이다.

그러나 실제로는 이와 정반대이다. 예를 들어 아버지와 아들이 함께 일한다고 해보자. 피곤하면 쉬고 싶은 것이 누구나 가지고 있는 사람들의 생리적 욕구이다. 그 생리적 욕구대로 한다면 아무리 아버지와 자식 사이라도 일을 하다 피곤해지면 서로 상대방에게 남은 일을 맡기고 자기는 얼른 쉬고 싶을 것이다. 그러나 실제 행동은 오히려 정반대로 나타난다. 아버지와 아들은 서로 먼저 쉴 것을 권한다. 물론 특수한 경우도 있겠지만, 대체로 아들은 아들

대로 아버지는 아버지대로 자신이 남은 일을 하려고 하고 상대방을 먼저 쉬라고 권한다. 그렇다면 인간의 본성인 악과 다른 선한 행위는 어디에서 나오는 것일까?

순자는 인간의 마음작용을 성(性) · 정(情) · 려(慮) · 위(僞)로 구분하였다. 성은 먹지 않으면 배고프고 자지 않으면 잠이 오는 등 생리적인 본성을 가리킨다. 정은 외부 사물과의 접촉에 의해 받아들여지는 감정적인 작용이다. 예를 들면 기쁨 · 슬픔 등과 같은 마음의 작용이다. 려는 외부로부터 받아들인 것을 판단 · 사고하는 작용이다. 위(僞)는 받아들여 사고한 후에 실행하는 실천적인 의지이다.

이 네 가지 마음의 작용 중에 인간이 본성에 위배하면서 선하게 사는 것은 네 번째의 마음 작용인 인간의 의지적인 실천이다. 사람들은 대부분 자신의 본성적 욕구와 반대로 행동하는 경우가 많다. 자기가 먹고 싶은데도 음식을 다른 사람에게 양보하거나, 자기가 앉고 싶은 데도 어른에게 자리를 양보하는 것은 자기의 본래 마음과 반대로 행동하는 것이다. 이러한 행위가 위(僞)이다.

다시 말해 순자는 인간의 본성이 악하다고 하여 인간의 본성대로 살자는 것이 아니고 수양과 자기 노력에 의해서 자연적인 인간의 욕구를 극복하여 인간의 본성을 변화시키고자 하였다.

맹자는 "모든 사람은 요순과 같이 성인이 될 수 있다."고 하였고, 순자도 " 누구든지 우(禹)와 같은 성인이 될 수 있다."라고 하여 표면적으로 두 사람의 의견은 일치한다. 그러나 맹자는 모든 인간에게 선한 본성의 실마리가 되는 사단(四端)이 있으므로 이것을 확충하면 누구나 성인이 된다고 하였다. 즉 맹자는 인간의 본성이 착하다고 하는 것을 인간의 내면에서 찾으려고 하였다. 반면 순자는 선천적인 도덕성을 근본적으로 부정하고, 후천적인 경험과 수양과 문화적인 노력에 의하여 인간이 형성된다고 보았다. 즉 인간다운 인간의 길을 외적인 조건에서 찾았다. 그리하여 그는 인간다움을 실현하기 위한 구체적인 실천 방법으로 예(禮)를 강조하였다. 그러나 순자의 예는 공자나 맹자가 말하는 내면적인 도덕성으로부터 발현되는 규범이 아니고 강제적인 외적 규범이었다.

* 이 글의 근본적인 물음과 답이 무엇인지 생각해 보자.
** 이 답이 나올 수 있는 근거를 찾아보자

하늘(天道)은 과연 어진 사람(仁人)을 돕는가

① 옛날 고죽국에 백이(伯夷)와 숙제(叔齊)라는 왕자가 있었는데, 아버지가 동생인 숙제에게 왕위를 넘겨주려고 하였다. 아버지가 죽자 숙제가 백이에게 왕위를 양보하니 백이가 말하기를 "아버지의 명이다." 하고는 달아나 버렸다. 숙제도 또한 왕위에 오르지 않고 달아나 버렸다. 그 후 백이와 숙제는 서백창(西伯昌, 주나라 문왕)이 노인을 잘 봉양한다는 말을 듣고 찾아갔다. 그러나 이미 서백창은 죽고, 아들 무왕(武王)이 목주(木主, 나무로 만든 문왕의 神主)를 수레에 싣고 은나라의 주(紂)왕을 정벌하러 가는 중이었다. 백이와 숙제가 말고삐를 잡아당기며 "아버지가 죽었는데 장사도 지내지 않고 전쟁을 일으키니 어찌 효라 할 수 있으며, 신하로서 임금을 죽이니 어찌 어질다고(仁) 할 수 있습니까?" 라고 말하였다. 이에 무왕 좌우에 있던 병사들이 그들을 죽이려고 하자, 여상(呂尙, 강태공 姜太公)이 "이 사람들은 의인이다." 고 하여 그들을 무사히 가게 했다. 무왕이 은나라를 평정하자, 백이와 숙제는 그것을 부끄럽게 여겨 주나라에서 나는 곡식을 먹지 않겠다며 수양산에 숨어서 고사리만 캐서 먹다가 결국 굶어 죽었다.

② 진(秦)나라 두 번째 황제인 호해(胡亥)가 신하를 보내어 몽염(蒙恬)에게 사약을 내렸다. 이에 몽염은 자신의 심정을 다음과 같이 피력하였다. "저의 집안은 선조로부터 자손까지 진(秦)을 위해 싸워 공신(功信)을 쌓은 지 삼대가 되었습니다. 지금 신은 비록 죄수의 몸으로 감옥에 갇혀있으나, 한때는 삼십만의 병사를 거느린 장수로서 진(秦)에 반역하기에도 넉넉한 힘을 가지고 있었습니다. 그러나 신이 반드시 죽음을 맞이할 것을 알면서도 의리를 지키는 것은 조상의 가르침을 욕되게 하고 싶지 않기 때문이며, 〈또한〉 선주(先主, 진시황제)의 은덕을 잊지 않았기 때문입니다.(중략) 지금까지 신의 집안은 대대로 두 마음을 가진 적이

없습니다. 일이 이렇게 된 것은 반드시 반역을 꾀하는 간신이 있어 저희를 모함했기 때문일 것입니다. (폐하를 잘못 이끌어) 안으로 군주를 욕보이려 하는 것임에 틀림없습니다.(중략) 신이 이같이 아뢰는 것은 결코 허물을 면해보고자 함이 아니라, 바른 간언을 올린 뒤에 죽고자 할 따름입니다. 원하옵건대 폐하께서는 만민을 위해 도리로 천하를 다스리옵소서."(중략)

몽염은 길게 한숨짓고 말한다. "내가 하늘에 무슨 죄를 지었기에 이렇게 죄도 없이 죽어야 한단 말인가?" 한참이나 하늘을 우러러보다가 탄식하며 말하였다. "나의 죄는 참으로 죽어 마땅하다. 임조(臨洮)에서 공사를 일으켜 요동(遼東)에 이르기까지 만리가 넘도록 장성(長城)을 쌓았으니 그 동안에 끊어 놓은 지혈(地穴) 지맥(地脈)이 얼마이겠는가! 이것이 나의 죄이다." 그리고 사약을 받고 죽는다.[20]

이 두 개의 글은 사마천(司馬遷, BC145~BC86)이 쓴 『사기(史記)』라는 역사책의 〈열전(列傳)〉편에 나오는 개인의 행적에 관한 기록이다. ①은 백이와 숙제라는 선인(善人)의 이야기이다. 백이와 숙제는 제후국인 주나라의 무왕이 천자국(天子國)인 은나라의 주(紂)를 치는 것은 군신간의 도리가 아니라고 반대한다. 그러나 무왕은 결국 은나라를 멸망시키고 주(周)나라를 건국한다. 이것이 도리에 어긋난다고 생각하여 백이와 숙제는 주나라 땅에서는 곡식을 먹지 않겠다고 하여 수양산에 들어가 고사리만 먹다가 결국 굶어 죽는다.

②는 진나라 시황제[21] 때에 활약한 몽염 장군에 관한 기록이다. 그의 집안은 대대로 오직 진나라에 충성하였다. 그런데 시황

20) 사마천은 "몽염은 진시황제의 야심에만 추종하여 만리장성이나 도로사업 등 거창하고 고된 공사를 일으켜 백성들을 노역에 시달리게 했기 때문에 죽음을 맞이했다."고 기록하고 있다.

21) 진시황제(秦始皇帝, The first of Empire)는 군현제도를 실시하고 만리장성의 축조하였으며 또한 분서갱유(焚書坑儒) 등을 일으킨 인물로 알려져 있다, 영어로 'china'는 인도인이 진(秦)을 'Cina'라고 부른 것에서 유래한 것이다.

제가 천하를 순시하던 중에 병이 깊어가자 몽염의 감독관으로 변방에 나가 있던 첫째 아들 부소(扶蘇)를 급히 불러들이라는 명령을 내린다.[22] 그러자 환관인 조고(趙高)는 재상 이사(李斯)와 시황제의 둘째 아들인 호해(胡亥)와 결탁하여 시황제의 칙서를 위조한 후 장자인 부소 대신 차자인 호해를 보위에 앉혀버린다. 그리고 그들은 부소에게 "불효하니 자결하라"는 거짓 명령을 내린다. 결국 부소는 거짓 명령을 믿고 자결한다. 그리고 그들은 그들에게 위협적인 존재였던 몽염 장군에게도 자결 명령을 내린다. 이 명령을 쉽게 받아들일 수 없었던 몽염 장군은 황제가 된 호해에게 자신의 억울함을 호소하는 글을 올렸다. [2]는 이 글의 일부이다.

흔히 '하늘(天道)은 선인의 편'이라고 한다. 그런데 위의 두 글을 보면 '도대체 하늘(天道)은 인간의 길흉화복(吉凶禍福)을 어떤 기준으로 결정하는가?'라는 의문을 가지지 않을 수 없다. 사마천도 『사기』에서 백이와 숙제를 기록한 후 "어떤 이는 하늘의 도가 친(親)하고 소원함이 없어 항상 선인(善人)의 편에 있다고 말한다."고 덧붙여 놓았다. 그렇지만 현실적으로 선인인 백이와 숙제는 고사리만 먹다가 비참한 죽음을 맞이하고, 오로지 주군에게 충성을 다한 몽염도 억울하게 죽고 말았다. 그렇다면 하늘(천도)은 선인의 편이 아닌가?

사마천도 이런 현실과 자신의 처지를 대비하면서 고민한 흔적이 『사기』 곳곳에 나타난다. 그 역시 인간의 덕행(德行)과 화복(禍福)이 항상 괴리(乖離)하는 사실에 크게 당황했다고 여겨진다. 그는 그 당시 사대부로서 죽음보다 치욕스런 궁형을 당하면서까지, 살아남아 『사기』라는 불세출의 역사서를 완성한다. 그 때 그는 친구 임안에게 보내는 편지에서 그 당시의 심정을 다음과 같이 토

22) "군(軍)은 몽염(蒙恬)에게 맡기고 함양에 돌아와 내 유해를 맞이하고 장례를 치르라."

로하고 있다.

> "저도 생명을 아까워하는 비겁한 자에 불과하지만 거취만은 분명하게 하려는 사람입니다. 천한 노예와 하녀조차도 자결할 수 있습니다. 저 또한 그렇게 하려 했으면 언제든 할 수 있었습니다. 그러나 그 고통과 굴욕을 참아내며 구차하게 삶을 이어가는 까닭은, 가슴속에 품고 있는 숙원이 있어, 비루(鄙陋)하게 세상에서 사라질 경우 후세에 문장을 전하지 못함을 안타깝게 여겼기 때문입니다." (중략)
>
> "하루에도 아홉 번 장(腸)이 뒤집히며, 집안에 있으면 정신이 몽롱해지고, 집을 나서면 어디로 가야 할지 알 수가 없습니다. 이 치욕을 생각할 때마다 식은땀이 등줄기에 흘러 옷을 적시지 않은 적이 없습니다."

앞의 인용에서 짐작할 수 있듯이 아마도 그의 유일한 삶의 위안은 자신이 스스로 궁형을 선택한 명분, 즉 『사기』의 완성에 전념하는 일이었을 것이다. 게다가 『사기』를 통하여 하늘(天)과 인간의 관계를 규명하고 고금(古今)의 변화를 관통하는 원리를 밝혀 스스로 독자적인 이론의 체계를 이루려는 역사적 사명도 있었던 것으로 보인다.

그리하여 그는 그 자신 냉혹한 정치적 현실로 인해 궁형을 받아 치욕스러운 삶을 살았고, 또 그와 같이 그렇게 살아가는 사람들의 삶을 생생하게 기록함으로써 개인적인 치욕감과 울분을 생의 진실로 승화시켰을 뿐 만 아니라 역사적 진실로까지 승화시켰다. 이러한 측면이 없었다면 『사기』는 단순히 역사의 기록 등을 통해 자연(천운)의 법칙을 매개로 정치적인 질서를 제시하고 문명적 가치의 보호와 전승을 목표로 한 역사책은 될 수 있었겠지만 인간의 삶 그 자체의 진실을 긍정하고 추구하는 '인간의 역사'는 되지 못했을 것이다. 결국 사마천은 하늘(天道)이란 각자의 위치에서 최선을 다하고 성실하게 살면서 그것에 만족하는 삶을 통해서만 자신을 드러낸다는 것을 밝히고 있는 셈이다.

* 이 글의 근본적인 물음과 답이 무엇인지 생각해 보자.
** 이 답이 나올 수 있는 근거를 찾아보자.

인간은 이성적이고 합리적인 존재인가

일반적으로 인간은 다른 동물과 특별히 다른 점이 있다고 한다. 그것을 몇 가지로 정리해보면 다음과 같다.

첫째, 인간은 주위의 환경에 수동적으로 적응하지만, 한편 이 환경을 능동적으로 **'변형'** 하기도 하는 존재이다.

둘째, 인간은 자연환경을 변형하기 위해 **'도구'** 를 만들고 사용하는 존재이다.

셋째, 인간은 **'문화적 욕구'** 를 가지고 있는 존재이다. 즉 인간은 성욕 · 식욕 등 동물적인 욕구뿐만 아니라 명예욕 · 권력욕 · 소유욕 등과 같은 문화적 욕구도 가지고 있는 것이다. 이 문화적 욕구는 문명발달의 원동력이 되었다.

넷째, 인간은 아주 복잡한 사회생활을 하며, 인간이 맺는 관계는 범위가 넓다. 이것은 인간이 **'의사소통수단'** 과 **'교통수단'** 을 이용해 아주 멀리 있는 사람과도 교류할 수 있기 때문에 나타나는 특징이다.

지금까지 말한 네 가지 인간의 특성은 무엇에 기인한 것인가? 이 물음에 대해 인간이 동물과 달리 **'이성'** 을 가지는 존재라는 사실에서 해답을 구하려는 사람들이 있다. 이들은 이성을 다른 동물로부터 인간을 구별시키는 인간의 '본질' 이며, 모든 인간이 선천적으로 가지고 있는 인간의 본성이라고 본다.

2천 5백여 년 전 옛날 그리스의 철학자 아리스토텔레스는 인간을 **'이성적 동물'** 이라고 정의하였다. 아리스토텔레스가 인간을 '이성적 동물' 이라고 말할 때 '이성' 이라는 것은 모든 인간이 태어날 때부터 타고난 천성이지만, 이것은 아직 실현되지 않은 잠재력이기 때문에 사회생활을 통해 계발되어야 하는 것이다. 따라서 인간이 이성적 동물이라고 하는 것은 반드시 인간이 사회생활을 영위하는 존재라는 것, 즉 '**사회 · 정치적 동물**'이라는 것을 포함하고 있으며, 나아가 인간이 사회생활을 영위한다는 것은 반드시 인간이 의사소통하는 존재라는 것, 즉 '**언어를 사용하는 동물**'이라는 것을 포함하고 있는 것이다.

또 17세기 프랑스의 철학자 데카르트도 인간의 본성을 이성이라고 했다. 그는 "나는 생각한다. 그러므로 나는 존재한다.(Cogito ergo sum)"라는 유명한 말을 남겼다. 이 말을 풀이해보면, 내가 존재하는 이유는 생각하기 때문이며, 내가 생각하지 않는다면 나는 존재하지 않는다는 말이다. 이것을 다시 다른 말로 바꾸어보면, 인간은 생각하기 때문에 인간으로서 존재할 수 있으며, 생각하지 않는 것은 더 이상 인간이라고 할 수 없다는 말이 된다. 그러므로 결국 데카르트는 생각하는 능력, 즉 이성을 인간의 본질이자 본성으로 본 것이다.

그런데 생각하는 능력 중에는 무엇이 좋고 무엇이 나쁜지를 판단하는 능력도 포함된다. 18세기 독일의 철학자 칸트는 좋은 행동과 나쁜 행동을 판정할 수 있는 기준이 인간의 이성능력에 있다고 보았다. 그에 따르면, 누구라도 사사로운 감정을 없애고 가만히 생각해보면 좋고 나쁜 것이 마음 속 깊은 곳으로부터 판정된다고 한다. 이처럼 '누구라도' 좋고 나쁨을 판정할 수 있다면, 이것을 판정할 수 있는 이성은 타고난 본성이라고 해야 할 것이다. 왜냐하면 만약 그것이 타고난 것이 아니라 살아가면서 교육을 통해 배운 것이라면 각 나라마다 교육내용이 다를 수 있으므로 '누구라도' 그렇게 똑같이 좋고 나쁨을 판가름할 수 없을 것이기 때문이다.

한편, 생각하는 능력으로서의 이성은 자연물을 가공하여 생활에 필요한 물건을 만드는 능력의 바탕이기도 하다. 인간이 생각한다는 것은 오래 전 과거의 일들을 기억할 수 있다는 것을 뜻하기도 하지만, 그것에 기초하여 미래에 일어날 일을 멀리까지 예상할 수 있다는 뜻이기도 하다. 그리고 그것은 실제로 일어나지 않았던 일을 상상하여 그려볼 수 있다는 뜻이기도 하다.

예를 들어, 옛날 원시시대 사람들이 땅을 파기 위해 꺾여진 나뭇가지를 사용하다가 더 단단한 돌을 나뭇가지처럼 만들어 사용할 줄 알게 되었다는 것은 아직 일어나지 않은 일을 상상하여 그려볼 수 있는 이성능력이 있었기 때문이다. 이처럼 이성능력은 자연물을 자기 마음먹은 대로 가공하여 생활에 필요한 물건으로 만드는 일, 즉 '노동'을 가능하게 하였다.

그런데 이 노동능력은 인간이라면 누구나 선천적으로 가지고 있는 것이다. 이것이 만약 배워서 생기는 것이라면 최초로 이 노동을 배워준 인간은 누구에게서 배웠는지 이해되지 않는다. 또 계속해서 새로운 것을 만들면서 인간의 문명이 점점 발달하는 것도 설명할 수 없다. 뿐만 아니라 이 노동능력은 다른 동물들에게서는 발견할 수 없는 인간만의 특별한 능력이기도 하다. 인간 이외의 어떤 동물들도 자연물을 자기 마음먹은 대로 가공하여 쓸 줄 모른다. 이러한 점에서 노동능력으로서의 이성은 인간의 본질이자 본성이라고 할 수 있는 것이다.

* 주어진 텍스트의 내용을 요약해서 써보자

자본주의의 확대와 대중문화

오늘날 대중문화가 이렇게 꽃을 피울 수 있었던 것은 자본주의와 밀접한 관계가 있다. 대중문화의 발생은 자본주의의 변신, 즉 서구 제국주의 팽창이 한계에 도달하자 문화를 상업화함으로써 새로운 시장을 창출했다는 데 기인한다. 이 때문에 일반대중이 문화시장의 새로운 소비자로 등장했다. 그런데 자본주의의 본질은 이윤추구이다. 따라서 자본주의는 이윤추구를 위해서 문화까지도 하나의 상품으로 규정하는 '**문화산업**'을 발전시켰다.

자본주의의 발전은 시장의 확대과정이라고 정의할 수 있다. 이 시장의 확대과정은 외향적 확대와 내향적 확대과정으로 분류 가능하다. 서구사회에서 자본주의의 외향적 확대라는 것은 식민지 개척을 통하여 독점적인 시장을 확보하고 식민지의 값싼 노동력과 원료의 공급을 제공받게 된 것을 말한다. 20세기 전반에 세계대전이 두 번 이나 발생한 것은 자본주의의 확대과정 중 선발 자본주의(영국, 프랑스)와 후발자본주의(독일, 이탈리아)의 대결이 전쟁으로까지 발전하게 된 결과였다.

자본주의의 내향적 확대라는 것은 문화를 상품화시켜 시장에 편입시키는 것을 말한다. 대표적인 것이 스포츠의 프로화이다. 즉 스포츠를 상품화시켜 시장에 편입시키는 것이다. 프로 야구나 프로 축구를 통해 우리는 이러한 사례를 쉽게 알 수 있다.

그리고 문화의 상품화 및 시장 확대 과정은 '**문화적 상징조작**' 이라는 방법을 사용한다. 즉 인기 있는 대중스타를 이용해 소비층을 확대하는 것이다(스타시스템). 예를 들어 액세서리인 목걸이, 의류의 유니섹스(uni-sex)모드, 화장품 등을 남성에게 판매하기 위해 대한민국에서 가장 인기 있는 이준기나 현빈을 이용하는 광고 전략을 사용하는 것이 그것이다. 이러한 스타 시스템은 소비층을 확대시키는 동시에 시장도 확대시키며, 아울러 이윤도 증가시키는 것이다. 이를 통해서 내용은 같고 형식만을 변화시킨 대중문화가 끊임없이 확대 재생산 된다. 그러므로 대중문화는 본질적으로 상업적일 수밖에 없다.

자본주의 확대과정은 또 다른 방식으로 설명 가능하다. 하나는 과학기술을 통한 외부적 확대 방식이고, 다른 하나는 정보화를 통한 내부적 확대 방식이다.

19세기에 세계를 지배한 것은 영국이었다. 영국이 세계를 지배한 것은 '바다'를 지배했기 때문이다. 오늘날에 세계를 지배하려고 하면 '우주'를 지배해야 한다. 우주개발에 관심을 갖는 것은 인간의 개척자 정신도 있지만, 지구에서 식민지 개척을 통한 외연적 확대가 한계에 봉착했기 때문이다. 따라서 외향적 확대를 유지하기 위해서는 우주를 선점해야 할 필요성이 대두되었다. 우주를 선점하기 위해서는 무엇보다도 먼저 정보화산업의 총화인 컴퓨터, 전화, 위성 기술 등을 확보해야 한다. 다시 말해 우주를 지배하기 위해서는 과학기술의 뒷받침이 필수적이라는 것이다. 이 때문에 오늘날 우주개발에 뛰어든 나라는 고도의 과학기술을 소유하고 있는 선진국뿐이다.

정보화를 통한 내부적 확대라는 것은 정보화를 통한 시장의 확대를 말한다. 인간사회는 증기시대를 거쳐 전기, 전화, 디지털 기술의 도입으로 정보사회가 되었지만 여전히 자본주의의 지배를 받고 있다.

자본주의 사회는 시장지배의 구조로 되어있기 때문에 '상업성'

이 '공공성'을 우선하는 사회이다. 그러므로 정보사회는 '상업성'을 기반으로 확장된다. 따라서 자본은 온라인 게임 등과 같은 돈이 되는 곳에 집중적으로 투자되는 것이다. 이는 오늘날 자본이 개인의 쾌락에 집중적으로 투자되는 하나의 이유라고 할 수 있다.

나아가 정보화 사회에서는 시장의 지배적 구조가 더욱 상승할 것이다. 오늘날 편의점이 인기가 있는 것은 기존의 시장이 시간적, 공간적으로 한계가 있었던 것에 비해 '24시간 영업전략'으로 시간적인 한계를 극복했기 때문이다. 더욱이 on-line 시장은 시간적 한계뿐만 아니라 공간적 한계까지도 극복하기 때문에 더욱 성장할 가능성이 있다.

산업사회에서 재화의 소유로 승패가 좌우되었다면 정보화 사회에서는 정보의 소유 여부로 승패가 좌우된다. 그래서 정보화 사회에서도 사회계층간의 양극화(부익부 빈익빈)현상이 더욱 극심하게 진행되고 있다. 그런데 정보는 새로운 가치를 재생산할 수 있는 수단이 될 수 있다. 때문에 이 양극화 현상은 결국 빈익빈 부익부 현상을 가속화 시키는 결과를 초래하게 되는 것이다.

이상을 종합하여 보면 자본주의 사회에서는 정보를 포함한 모든 것이 상품이 될 수 있다. 이처럼 모든 것이 상품화된다는 것은 인간의 노동력, 성, 그리고 나아가 인간 자체까지도 상품화 된다는 것을 의미하며, 인간이 인간성을 상실하는 이른바 인간소외 현상을 초래하게 된다. 'on-line'으로 대변되는 정보화 사회에서는 이러한 소외현상이 더욱 강화될 것이다.

* 주어진 텍스트의 내용을 요약해서 써보자.

대중문화에 대한 엘리트주의 관점

1989년 서울대학교 음악대학 교수였던 박인수가 대중가요 가수인 이동원과 함께 '향수'라는 노래를 불러 대중의 관심을 모았다. '향수'는 한국 전쟁 때 월북한 정지용 시인의 동명 시(詩)에 곡을 붙여 만든 것으로, 지금도 그 시대의 대중문화를 즐겼던 중년층에게 여전히 사랑을 받고 있는 노래이다. 그러나 정작 박인수 자신은 오페라 단체의 회원자격을 박탈당하기도 하였으며, 같은 클래식 음악을 하는 동료들로부터 혹독한 비난을 받았다. 박인수 교수에게 이런 비난을 한 정통클래식 음악가들의 뇌리에는 대중음악이 어떤 모습으로 비추었을까?

아마도 그들은 대중문화를 천박한 것으로 보고, 그것의 미적 가치를 전혀 인정하지 않는 전형적인 엘리트주의자들이라고 할 수 있을 것이다. 우리의 현실은 여러 가지 측면에서 이러한 엘리트주의자들의 관점이 지배적인 관점으로 자리매김하고 있다. 예컨대 초등학교부터 대학교에 이르기까지의 우리의 공식적인 예술교육(음악교육)은 전적으로 질 높은 고급문화(서구의 정통 클래식 음악)를 중심으로 이루어지고 있다. 게다가 문화(문화예술)에 대한 사회적 담론(언론보도, 비평 등)도 대부분 엘리트주의적 태도를 취한다.

이러한 엘리트주의에 따르면, 대중문화는 익명적 다수의 취향을 고려해서 생산되어야 하기 때문에 필연적으로 그 질을 하향평준화할 수밖에 없다. 대중문화에 대한 이러한 부정적인 관점은 '소수 엘리트주의자들'의 대중의 취향에 대한 불신에서 출발한 것이다. 이들은 대중문화를 대중의 저급한 취향에 맞추어 대량생산된 문화상품일 뿐이라고 규정한다.

이러한 엘리트주의적 입장을 대표하는 이론가는 미국의 대표적인 대중문화 비판론자인 드와이트 맥도날드(Dwight Macdonld)이다. 그에 따르면 과거의 민족문화는 하위계층 자신의 필요성에 의해 자발적으로 만들어진 문화였지만 오늘날의 대중문화는 기업인이 고용한 기술자에 의해 가공된 것으로 위로부터 강요된 문화이다. 그리고 대중은 수동적이기만 한 소비자들이라서 그들이 할 수 있는 것은 일방적으로 공급되는 대중문화 상품을 살 것인가 말 것 인가를 선택하는 정도일 뿐이다. 게다가 대중문화는 대중들이 끊임없이 저급화된 문화를 즐기도록 조작함으로써 고급문화를 향유할 수 있는 기회를 원천적으로 가로막고 있다. 그러므로 대중문화는 대중들의 문화적 향유를 위해 공급되는 문화 콘텐츠의 하나라기보다는 오직 이윤을 위해 대중들에게 지속적으로 판매되어야 할 상품으로서 만들어지는 것이라고 할 수 있다.

또 그는 대중문화를 '동질화(표준화)의 문화'라고 정의한다. 즉 대중문화는 세상에 다양하고 이질적으로 존재하는 문화를 획일화하고 동질화시킨다는 것이다. 예를 들어 고급교양잡지라고 자칭하면서도 이라크전의 비참한 모습과 하와이 와이키키 해변에서 몸매를 과시하고 있는 비키니 차림의 여인 사진을 같은 지면에 동일한 비중으로 취급하는 잡지도 있다. 이처럼 대중문화는 이질적인 문화 내용을 혼합하고 융합하여 표준화시킨다.

* 주어진 텍스트에 대해 비판할 점을 찾아보자.

** 위에서 찾은 내용을 활용하여 자신의 입장을 글로 표현해 보자.

이영자 소송 사건을 다시 생각한다.

〈이영자씨, 성형외과에 일부 승소〉
"피고들은 7천200만원을 지급하라"

서울지법 민사합의 23부(재판장 김문석 부장판사)는 23일 개그우먼 이영자씨가 자신의 지방흡입수술 등 진료기록을 공개, 명예를 훼손했다며 성형외과 의사 김모(43)씨 부부를 상대로 낸 손해배상 청구소송에서 "피고들은 7천200만원을 지급하라"고 원고 일부승소 판결했다. 재판부는 판결문에서 "의사는 환자를 치료하는 과정에서 알게 된 비밀을 누설할 수 없음에도 피고들은 이를 공개, 환자의 비밀을 보호해야 할 책임을 다하지 않았고 이씨로부터 협박당했다는 허위사실을 유포한 점이 인정된다"고 밝혔다. 이씨는 김씨 부부가 지방흡입 등 4차례 성형수술을 받은 자신의 진료기록과 수술내용이 담긴 사진 등을 기자회견을 통해 공개하고 연예프로그램 등에서 자신에게서 협박을 받고 있다는 등 허위사실을 유포했다며 지난 2001년 6월 7일 7억원의 손해배상 청구소송을 냈다.(서울/연합뉴스2003.4.23)

이제 재판부에서는 어떤 근거로 이영자씨에게 일부 승소판결을 내렸는지 살펴보자. 재판부는 '의사는 환자를 치료하는 과정에서 알게 된 비밀을 누설할 수 없다'는 것을 이영자씨의 일부 승소 판결의 중요한 근거로 제시하고 있다. 재판부에 따르면 이 의사는 치료하는 과정에서 알게 된 환자 개인의 진료기록을 공개해서는 안 된다는 의무를 어기고 대중매체를 통해서 일반인에게 공개함으로써 환자에게 피해를 주었다. 그리고 그는 "내 직업을 수행하는 동안이나 직업 수행 외에 사람들과 교제하는 동안 내가 보거나 듣는 것이 무엇이든 간에 그것이 널리 퍼져서는 안 되는 것이라면, 그 같은 것들을 거룩한 비밀로 준수하면서 결코 누설하지 않을 것입니다."라는 히포크라테스의 선서에 따른 관습적인 의사의 의무도 망각했다. 결국 그는 환자에 대한 비밀 준수의 의무를 어겼을 뿐만 아니라 이를 통해서 의사와 환자와의 신뢰관계를 무너뜨렸던 것이다. 이러한 근거에 따라 재판부는 이영자씨의 일부 승소판결을 내린 것이다.

그런데 이 사건을 다른 관점에서 보면 어떻게 될까? 손해배상 소송을 낸 당사자인 이영자씨 자신은 공영방송에 3차례 출연하여 운동과 식이요법으로 체중을 20kg 감량했다는 자기의 다이어트 성공사례를 시청자에게 소개했다. 그 방송을 시청한 시청자들은 이영자씨로부터 많은 감동을 받았을 것이다. 그녀의 사례는 특히 비만으로 고생하고 있는 사람에게는 커다란 희망을 안겨 주었을 것이다. 그러나 담당의사 부부의 폭로에 의해 이영자씨의 다이어트 성공사례는 거짓말이었음이 탄로 나게 된 것이다.

만약 담당의사 부부가 이영자의 거짓말을 그냥 묵인했다고 하자. 한국의 많은 비만환자들이 그녀의 말을 믿고 그녀의 다이어트 기법을 흉내 내었다면 얼마 만큼의 정신적, 시간적, 경제적 손해를 감수해야 했을까. 현재 한국의 비만환자가 100만 명에 육박한다고 한다. 만약 그 중에 1만 명이라도 그녀의 말을 믿고 한강 고수분지를 달리거나 식이요법을 했다면 그 피해는 실로 막대할 것이다. 그러므로 그 의사가 그녀의 거짓말을 폭로함으로써 1만 명이라는 엄청난 사람이 정신적, 물질적 피해를 예방할 수 있었다. 그렇다면 공인으로서 공영방송에 출연하여 거짓말을 한 그녀에게도 도덕적 책임을 물어야 하지 않을까? 이러한 관점으로 보면 이영자씨의 거짓말을 폭로한 의사의 행위는 도덕적으로 비난받을 이유가 없는 것이다.

* 주어진 텍스트에 대해 비판할 점을 찾아보자.

** 위에서 찾은 내용을 활용하여 자신의 입장을 글로 표현해 보자.

〈부록〉

히포크라테스 선서와 고대 인도의 의사선언

1. 히포크라테스 선서

나는 의사인 아폴론을 두고, 아스클레피오스를 두고, 히게이아를 두고, 피나케이아를 두고, 그리고 모든 남신과 여신을 두고, 그들로 나의 증인을 삼으면서 내 노력과 판단에 따라 이 선서와 이 계약을 이행할 것을 맹세합니다.

이 기술을 나에게 가르쳐 준 사람을 나 자신의 부모처럼 섬기고, 나의 생계에서 그를 짝으로 삼으며, 그가 재정적으로 궁핍할 때는 내 것을 그와 나누며, 그의 가족들을 나 자신의 형제로 간주하고 또 그들이 그것을 배우기를 원하면 보수나 계약 없이 그들에게 이 기술을 가르치며, 나 자신의 아들과 내 스승의 아들과 의사의 규범을 선서한 학생들에게만 교범과 구두 지시와 다른 모든 가르침을 전하고 그 밖의 다른 누구에게도 전하지 않을 것입니다.

나는 내 능력과 판단에 따라 환자를 돕기 위해 처방을 사용하지, 상해와 가해할 의도로는 사용하지 않을 것입니다.

또 나는 그렇게 하도록 요청받을 때라도 누구에게든 독약을 투약하지 않을 것이고, 그 같은 수단을 제안하지도 않을 것입니다. 마찬가지로 나는 어떤 여인에게도 낙태를 일으킬 약제를 주지 않을 것입니다. 그 대신 나는 내 생애와 내 기술 모두를 순수하고 경건하게 지킬 것입니다.

나는 결석으로 고통 받는 자에게, 참으로 칼을 대지 않을 것이고 대신 그 분야의 기능인에게 양보할 것입니다.

어떤 집에 들어가든지 나는 환자를 돕기 위해 들어갈 것이고, 모든 고의적인 비행과 피해를, 특히 노예이든 자유민이든 남자나 여자의 신체를 능욕하는 것을 삼갈 것입니다.

그리고 내 직업을 수행하는 동안이나 직업 수행 외에 사람들과 교제하는 동안 내가 보거나 듣는 것이 무엇이든 간에 그것이 널리 퍼져서는 안 되는 것이라면, 그 같은 것들을 거룩한 비밀로 준수하면서 결코 누설하지 않을 것입니다.

이제 내가 이 선서를 지켜 나가고 그것을 깨트리지 않으며 내 삶과 내 기술로 모든 사람 사이에서 영원히 명성을 얻게 되고, 만일 내가 그것을 어기고 맹세를 저버린다면 그 반대가 나에게 닥칠지어다.

요약하면 이 선서는 '**승인**'과 '**금지**' 양쪽을 담고 있다. 이 선서는 신들과 스승, 미래의 제자들에 대한 서약으로 시작한다. 금지사항은 환자에게 해가 되는 것, 독약, 유산, 수술, 환자나 그 가족과의 성적인 접촉, 환자를 치료하며 알게 된 비밀의 누설 등이다. 그리고 의사의 모든 행위는 순결과 거룩함으로 행해져야 한다.

2. 고대 인도의 의사 선서

네 자신의 목숨이 위태롭다 해도 전적으로 환자에게 헌신하여라.
생각만으로도 환자에게 해를 주지 말 것이며
늘 네 지식을 완벽하게 하도록 노력하여라.
남편이 없는 곳에서 여인을 치료하지 말 것이며
늘 적절한 복장을 갖추고 좋은 행동을 하여라.
환자를 볼 때는 그의 증세만이 아니라
그의 말과 생각에도 주의를 기울여라
환자의 집에서 들은 바를 밖에서 말하지 말 것이며,
만약 그럼으로써 그와 다른 이를 마음 아프게 한다면
환자가 죽을 가능성에 대해 말하지 말라.
네가 믿는 신의 앞에서 이 서약을 다짐하여라.

네가 이를 지킨다면 신은 너를 도와주실 것이요,
그렇지 않다면 신은 너를 벌하리라.

〈히포크라테스 선서〉와 인도의 〈의사 선서〉는 놀라울 정도로 비슷한데, 두 세계 사이의 문화교류에 의한 결과인지 아니면 인류 지성과 도덕규범의 발달에 자연스럽게 귀결되는 것인지는 확인하기 어렵다.[23)]

23) 『임상윤리학』, 서울대학교 의과대학 의학교육연수원 편, 서울대학교 출판부, 1999.

고타마 싯타르타의 심성론

인도가 낳은 위대한 사상가 중에 고타마 싯타르타(Gotama Siddhārtha)라는 사람이 있다. 그의 제자 중에 앙굴리마라(Aṅgulimāra)[24]라는 사람이 있었다. 그는 당시에 유명한 살인마로 알려진 인물이지만 나중에 붓다(고타마 싯타르타)의 가르침에 의해 붓다의 제자가 된 인물이다. 잠시 앙굴리마라가 붓다의 제자가 되는 과정의 일화를 살펴보자.

앙굴리마라는 처음에 바라문의 제자였다. 그는 총명했을 뿐만 아니라 용모도 아주 준수하였다. 어느 날 스승 바라문이 출타하자, 평소에 그를 사모하고 있던 바라문의 아내가 그를 유혹하였다. 그러나 그는 그녀의 유혹을 단호하게 물리쳤다. 이에 앙심을 품은 그녀는 어느 날 일부러 자신의 옷을 찢고는 바라문이 귀가하자 거짓으로 울면서 말했다. "당신의 제자 앙굴리마라가 나를 이렇게 만들었어요." 이에 화가 난 스승은 앙굴리마라에게 다음과 같이 말했다. "지금부터 사람 100명을 죽여서 엄지손가락을 잘라, 그 자른 엄지손가락을 끈으로 꿰어서 목걸이를 만들어라. 그리고 그것을 목에 걸고 다녀라. 그러면 너의 수행은 완성될 것이다." 스승의 가르침을 굳게 믿고 있던 앙굴리마라는 그날로부터 수행의 완성을 위해 자기 집 앞을 지나가는 사람을 죽이기 시작하였다. 마침내 그는 99명의 사람을 죽였고 이제는 자기를 낳아준 어머니마저 죽여서 100명을 채울 셈이었다. 그때 그는 붓다를 만나 붓다의 제자가 되었다.

---

24) Aṅguli(엄지손가락), māra (목걸이).

붓다의 제자가 된 상황을 또 다른 문헌에는 다음과 같이 전한다.

> 붓다는 앙굴리마라에 관한 소문을 이전부터 듣고 있었다. 어느 날 붓다는 의도적으로 앙굴리마라의 집 앞으로 지나갔다. 그는 그의 집 앞을 지나가는 사람을 살해한 것처럼, 붓다를 살해하기위해 붓다에게 다가갔다. 붓다는 천천히 걷고 있었지만 그는 붓다의 걸음을 도저히 따라잡을 수 가 없었다. 그래서 그는 "멈춰라 수행자여!"라고 소리쳤다. 이에 붓다는 "나는 움직이지 않고 있다. 앙굴리마라여! 너도 멈춰서거라."라고 대답했다. 그는 다시 소리쳤다. "붓다여! 나에게 멈추라고 말하지만 나는 걷고 있지 않다. 걷고 있는 당신은 움직이지 않는다고 말하고 있다. 당신은 멈춰 있다고 하지만 나에게는 그렇게 보이지 않는다." 붓다가 대답했다. "내 다리는 움직이지만, 내 마음은 고요하다. 너의 다리는 움직이지 않지만, 너의 마음은 분노와 증오와 걷잡을 수 없는 욕망의 불길 속에 움직이고 있다. 따라서 나는 움직이지 않지만, 너는 움직이고 있다." 이 말을 듣고 그는 생각했다. "붓다야말로 나의 마음을 알고 있구나. 붓다의 가르침을 믿고 광분하고 있는 마음을 버리자." 그리하여 그는 붓다에게 간청하여 붓다의 제자가 되었다.

그런데 앙굴리마라가 걸식하러 갔을 때 문제가 생겼다. 그를 보고 달아나거나, 심지어 기절하는 사람도 있었다. 그렇지만 그가 완전히 새로운 사람으로 태어나 붓다의 제자가 되었다는 것을 알고 있던 사람들은 그를 피하지 않았다. 그러나 결국 원한을 품고 있는 사람들이 그에게 돌을 던져 그를 죽이고 만다. 그는 충분히 물리칠 수 있는 힘이 있었지만, 돌에 맞아 쓰러지면서 "붓다여! 저는 아무 원망도 후회도 미움도 없이 평온합니다."라고 말하면서 죽었다고 한다.

이 이야기는 비록 살인이라는 엄청난 죄를 지었지만, 그 행위에 대해 후회하고 선한 행위를 쌓기 위해 노력하면 그가 지은 죄를 용서받을 수 있다는 것을 전해준다. 또한 이것은 누구나 깨달음을 얻을 수 있는 가능성을 가지고 있다는 것을 상징적으로 나타낸 것이며, 게다가 아무리 나쁜 인간[25]이라도 선인으로 전환될 수 있는 가능성이 있다는 것을 암시하고 있는 것이다. 이 일화를 통해서 붓다는 인간의 마음을 본래부터 선이나 악(不善)으로 정해진 것이 아니라, 선이나 악(不善)으로 규정할 수 없는 무기(無記)[26]라는 관점에 있다는 것을 알 수 있다.

그런데 붓다가 말한 선 · 불선 · 무기이란 무엇인가? 먼저 선이란 '이 세상(此世)과 저 세상(彼世)에서 이익을 주는 마음이나 행위'를 말한다. 반면 불선(不善)이란 '이 세상이나 저 세상에서 손해를 초래하는 마음이나 행위'라고 정의하고 있다. 그러므로 무기(無記)는 '이 세상이나 저 세상에서 이익도 손해도 가져다주지 않는 마음이나 행위'라고 정의할 수 있을 것이다.

* 주어진 텍스트의 결론을 전제로 하는 새로운 글을 써보자.

25) 붓다는 인간을 '오온(五蘊, 다섯가지의 덩어리)'으로 구성되어 있다고 보았다. 오온이란 다음과 같다.
색(色 rūpa-skandha) : 자연(外界)과 육체(Śarīra)를 구성하는 물질적인 것.
수(受 vedanā-skandha) : 외계를 감각기관으로서 감수(感受)하는 것, 즉 센스 데이터(sense-data)를 받아들이는 것.
상(想 saṃjñā-skandha) : 감각기관에 주어진 자극을 바탕으로 감수된 대상의 모습(姿), 즉 센스 데이터(sense-data)를 이미지화 하는 것.
행(行 saṃskāra-skandha) : 모든 정신작용(행위를 포함)을 형성하는 힘(기억 · 상상 · 추리 등).
식(識 vijñāna-skandha) : 감수되어진 대상을 확실히 식별하여 그것이 무엇인가 판단을 내리는, 즉 판단사유.

26) '기별(記別)할 수 없는 것', 즉 선이나 악으로 별도로 나타낼 수 없기 때문에 '무기'라고 하였다.

고구려와 신라의 결혼형태

〈예문1〉 산상왕의 이름은 연우이며 고국천왕의 아우이다. 고국천왕이 아들이 없으므로, 연우가 뒤를 이어 즉위하였다. 〈중략〉 고국천왕이 별세하였을 때, 왕후 우씨는 왕이 죽은 사실을 비밀로 하고, 밤에 왕의 아우 발기의 집에 가서 말했다. "왕에게 아들이 없으니 그대가 왕의 뒤를 이어야겠다." 발기는 왕이 죽은 것을 알지 못하고 대답하였다. "하늘의 운수는 가는 방향이 정해져 있는 것이니 경솔하게 논의할 수 없다. 더구나 부인으로서 밤에 출입하는 것이 어찌 예절에 맞는다 하리오."

왕후가 부끄러워하며 곧 연우의 집으로 갔다. 연우는 일어나 의관을 정제하고, 문에 나와 왕후를 맞아들여 자리에 앉히고 잔치를 베풀었다. 왕후가 말했다. "대왕이 돌아가셨는데 아들이 없으니, 발기가 맏아우로서 마땅히 뒤를 이어야 되겠으나, 그는 나에게 딴 마음이 있다고 생각했는지 무례하고 오만하며 예절 없이 대하였다. 이에 따라 아주버니에게 온 것이다." 이 때 연우는 더욱 극진히 하면서 직접 칼을 들고 왕후에게 고기를 베어주다가 잘못하여 손가락을 다쳤다. 왕후가 허리띠를 풀어 그의 다친 손가락을 감싸주었다. 왕후가 환궁하려 할 때 연우에게 "밤이 깊어 뜻하지 않은 일이 생길가 염려되니, 그대가 나를 대궐까지 데려다 달라"고 하였다. 연우가 그렇게 하였다. 왕후는 연우의 손을 잡고 대궐로 들어갔다. 〈중략〉

왕이 원래 우씨에 의하여 왕위를 얻게 되었으므로, 다시 장가들지 않고 우씨를 왕후로 삼았다.(『삼국사기』, 「고구려본기」)

〈예문2〉 처음 서현이 길에서 갈문왕 아들인 숙흘종의 딸 만명을 보았을 때, 내심으로 기뻐하여 그녀에게 눈짓을 하여 중매도 없이 야합(野合)

하였다. 서현이 만노군(충북 진천) 태수가 되었을 때, 만명과 함께 가려 하니 숙흘종이 비로소 딸이 서현과 야합한 사실을 알고, 그녀를 별채에 가두고 사람을 두어 지키도록 하였다. 그러던 중 갑자기 대문에 벼락이 쳐서 지키던 사람이 놀라 정신을 차리지 못했을 때, 만명이 창문으로 나와 마침내 서현과 함께 만노군으로 갔다.(『삼국사기』, 「김유신 열전」)

〈예문3〉 신라 제29대 태종대왕(太宗大王)의 이름은 춘추(春秋), 성(姓)은 김씨(金氏)이다. … 비(妃)는 문명황후(文明皇后) 문희(文姬)로 유신공(庾信公)의 막내누이다. 이전에 어느 날 문희의 언니 보희가 서악(西岳)에 올라가서 오줌을 누었드니 오줌이 경성(서라벌) 안에 가득 차는 꿈을 꾸었다. 아침에 문희에게 꿈 이야기를 했더니 문희는 이 말을 듣고 "내가 그 꿈을 살께"하고 말하니, 언니는 "무슨 물건을 주겠니"하고 물었다. "비단치마를 주면 되겠어." 언니가 "그러자"하여, 동생이 치마폭을 받으려 하자 언니는 "어젯밤 꿈을 너에게 준다"했고, 동생은 비단치마로 값을 치렀다. 열흘 뒤 정월(正月) 오기일(午忌日)에 유신이 춘추공과 함께 자기 집 앞에서 공(蹴鞠)을 찼다. 이때 유신은 일부러 춘추공의 옷을 밟아서 옷 고름을 찢고 말하기를 "내 집에 들어가서 꿰맵시다" 하자 춘추공은 이에 따랐다. 유신이 첫째 여동생인 아해(阿海)를 보고 옷을 꿰매 드리라 하니 아해는 말한다. "어찌 그런 사소한 일로 해서 경솔히 귀공자와 가까이 하겠습니까"하고 한사코 사양하자 유신은 둘째 여동생인 아지(阿之)에게 시켰다. 춘추공은 유신의 뜻을 알아차리고 아지를 가까이 하여 이후부터 자주 왕래했다. 그런데 어느 날 유신은 그 누이가 임신한 것을 알고는 크게 꾸짖었다. "너는 부모에게 알리지도 않고 임신했으니 어찌 된 일이야." 그리고는 그의 누이동생을 불태워 죽일 것이라고 온 나라에 소문을 퍼뜨렸다. 어느 날 선덕왕(善德王)이 남산에 행차하기를 기다렸다가 뜰에 나무를 쌓아 놓고 불을 붙여 연기가 일어나게 하였다. 왕이 남산에서 그것을 내려다보고는 무슨 연기냐고 물으니 신하들이 말하였다 "유신이 누이동생을 불태워 죽이는 것입니다"했다. 왕이 그 까닭을 묻자 신하들은 "그 누이가 지아비 없이 임신을 했습니다." 왕이

"그게 누구의 소행이냐"고 물었다. 이때 왕을 모시고 앞에 있던 춘추공의 얼굴빛이 갑자기 변하자, 왕이 춘추공에게 말했다. "이는 네 소행이구나. 빨리 가서 구하도록 하라." 춘추공은 명령을 받고 말을 달려 왕명(王命)을 전하여 아지를 죽이지 못하게 했다. 그 후에 둘은 혼례를 올렸다.(『삼국유사』「기이편」 1권, 태종 춘추공)

결혼이란 인류가 만든 사회제도 중의 하나이다. 다시 말해 인류는 결혼을 통하여 자손의 생식과 합법적인 성관계를 제도화 하였던 것이다. 그러나 처음부터 인류는 오늘날 우리들이 생각하는 결혼제도를 정착시킨 것은 아니다. 인류는 민족, 지역, 문화에 따라 상당히 다른 형태의 결혼제도를 시행하였던 것으로 보인다.

우리 조상들도 시대에 따라 결혼제도가 바뀐 것으로 문헌에는 전하고 있다. 한반도에 우리 조상들이 정착하는 초기 단계에서는 동거를 전제로 하지 않는 일시적인 1대1의 결합관계인 대우혼(對遇婚)이 시행되었던 흔적이 보인다. 『삼국유사』「기이편」에는 대우혼의 대표적인 형태를 서술하고 있다. 즉 환웅과 웅녀가 혼인하여 단군왕검을 낳았다고 한 것이나[27], 해모수와 유화가 고구려의 건국자인 고주몽을 잉태하였다는 신화의 기록이 그 대표적 예이다.[28]

27) "이 때 곰 한 마리와 범 한 마리가 같은 굴속에서 살고 있었는데, 항상 사람 되기를 환웅에게 기원하였다. 환웅은 신령스런 쑥 한 심지와 마늘 20개를 주면서 말하기를 '너희들이 이것을 먹고 백일동안 햇빛을 보지 않는다면 곧 사람이 될 것이다.' 라고 했다. 곰은 이것을 받아먹고 세이레(21일)동안 기(忌)하니 여자의 몸으로 되었다. 그러나 범은 기(忌)하지 못하여 사람이 되지 못했다. 웅녀는 그와 혼인할 상대가 없었으므로 날마다 단수 밑에 와서 잉태하기를 축수하였다. 이에 환웅이 임시로 사람으로 변하여 그와 혼인하였더니 이내 잉태하여 아들을 낳았다. 이가 바로 단군 왕검이다."(『삼국유사』「기이편」)

28) 북부여왕 해부루가 이미 동부여로 피해 갔으며, 후에 부루가 세상을 떠나자, 금와가 왕위를 계승하였다. 이때 금와는 태백산 남쪽 우발수에서 한 여자를 만나 물은 즉 여자가 말하기를 "저는 하백의 딸로 이름은 유화라고 합니다. 내가 여러 아우들과 노닐고 있을 때 에 남자 하나가 나타나 자기는 천제의 아들 '해모수'라고 하면서 저를 웅신산 밑 압

또한 〈예제1〉에 나타난 것처럼 고구려는 형사취수혼(兄死娶嫂婚, 형이 죽으면 재산과 권리를 동생이 이어받는 형태)을 고구려 중기까지 유지 하였던 것으로 보인다. 이 형사취수혼 제도는 유목사회의 일반적 특성이다. 따라서 고구려의 조상은 유목민이었다는 것을 알 수 있을 것이다. 그러나 고구려가 유목민 생활을 버리고 농경민족으로 정착하는 단계인 중기에 이르러서는 형사취수혼이 점차 사라진다.

결혼[29)]을 통한 또 하나의 중요한 현상은 혼인[30)]을 통해 권력과 신분 상승의 도구로 사용한 형태이다. 대표적인 형태가 〈예제2〉과 〈예제3〉에 나타난 것처럼 김유신 장군의 집안이다. 특히 김유신은 김춘추와 자신의 여동생 문희와 사이에 태어난 딸인 지소부인[31)]과 혼인하여 신라[32)]에서 최고의 지위까지 출세하여 엄청난 권력을 손에 쥐게 된다. 이것은 신라의 엄격한 신분제도하에서 몰

록 강가에 있는 집 속으로 유인하여 남몰래 정을 통해 놓고 가더니 돌아오지 않았습니다. 부모는 내가 중매도 없이 혼인한 것을 꾸짖으며 마침내 저를 이곳으로 귀양을 보냈습니다." 라고 하였다. 금와는 이를 이상하게 여겨 그녀를 방속에 가두어 두었더니 햇빛이 방속을 비쳤다. 몸을 피하자 햇빛이 따라와 또 비추었다. 그로부터 태기가 있더니 알 하나를 낳았다. 크기가 닷되들이 말(斗)만 했다. 왕은 그것을 버려 개나 돼지에게 주려 했으나 모두 먹지 않았다. 그래서 길에 내다 버리게 하였더니, 소와 말이 모두 그 알을 피해서 지나갔다. 또 들에 내다버리니 새와 짐승이 오히려 덮어주었다. 이에 왕이 그것을 쪼개 보려고 했으나 쪼갤 수가 없어 마침내 그 어머니에게 다시 돌려주었다. 그 어머니는 알을 천으로 싸서 따뜻한 곳에 두었더니 한 아이가 껍질을 깨고 나왔다. 골격과 외양이 영특하고 기이하였다. 나이 겨우 일곱 살에 기골이 준수하니 일반인과 달랐다. 스스로 활과 화살을 만들어 쏘는데 백번 쏘면 백번 다 맞았다. 그 나라의 풍속에 활을 잘 쏘는 사람을 주몽이라 하였는데 이런 연유로 해서 그는 주몽이란 이름을 얻었다.(『삼국유사』 「기이편」)

29) 인간관계나 상호관계의 측면에서 사용하는 용어이다.

30) 법률적인 용어.

31) 김유신은 지소부인과 결혼해서 원술을 비롯한 자식을 여럿 두었다. 그 후에 성장한 원술은 당과의 전쟁에 패하여 평생 어머니 지소부인을 만나지 못하고 여생을 마쳤다. "부인에게는 삼종의 도리가 있다. 내가 지금 과부가 되었으니 아들을 따라야 하겠지만, 원술이 이미 선군(김유신)에게 아들 노릇을 못하였으니 내가 어찌 그 어미가 될 수 있겠느냐." (『삼국사기』 「김유신열전」)

이것은 '삼종지도(三從之道)' 의 초기 사례로 학자들은 보고 있다.

32) 그리고 신라의 왕비들은 왕이 죽은 다음엔 얼마든지 재혼이 가능했다.

락한 가야 계통이 신라귀족의 신분으로 상승하는 과정의 어려움을 나타낸 것이다. 이처럼 혼인관계를 맺어 자신의 신분상승과 권력을 획득한 사례는 동서고금에 비일비재하다.

* 주어진 텍스트의 결론을 전제로 하는 새로운 글을 써보자.

공자의 삶을 되새기며

〈예문1〉 공자는 〈주나라의 제후국인〉 노나라 창평향 추읍(현재 중국 산동성 곡부)에서 태어났다. 〈중략〉 숙량흘[33]은 안징재와 야합하여 공자를 낳았는데, 니구산에 기도하여 공자를 얻었다. 노나라 양공(襄公) 22년(기원전 522 또는 421년) 이었다. 그가 태어났을 때 〈니구산 처럼〉 머리 중간이 움푹 패어 있었기 때문에 이름을 구(丘)라고 하였다. 자는 중니(仲尼)며, 성은 공씨(孔氏)이다.

공구가 태어난 후 〈부친〉 숙량흘이 세상을 떠나자 방산(防山)에서 장사를 지냈다. 방산은 노나라의 동부에 있었는데 공자는 아버지의 묘소가 어디에 있는지 몰랐다. 〈왜냐하면 생전에 공자의〉 어머니는 부친의 산소를 알려주지 않았기 때문이다. 공자는 어려서 소꿉장난을 할 때, 늘 제기(祭器)를 펼쳐놓고 예를 올렸다. 공자의 나이 24세에 어머니가 돌아가시자 곧 〈커다란 대로인〉 오부지구(五父之衢)라는 곳에 빈소를 차려, 신중을 기하였다. 〈왜냐하면 부모를 함께 매장하는 당시의 풍속을 지키기 위해서였다. 이런 공자의 모습을 보고〉 추읍 사람 만보(輓父)의 어머니가 공자 아버지의 묘소를 알려주어 그런 후에 비로소 방산에 합장하였다.(『사기』 47권, 「공자세가」)

〈예문2〉 공자가 아직 상복을 입고 있을 때, 계씨(季氏)가 명사(名士)들에게 연회를 베풀었다. 공자도 〈연회에〉 참석하러 갔다. 〈그러자 계씨의 가신인〉 양호(陽虎)가 가로막고 말하였다. "계씨는 명사들(사대부)에게 연회를 베풀려고 한 것이지 그대에게 〈연회를〉 베풀려는 것은 아니오." 이에 공자는

33) 공자의 아버지 숙량흘에게는 딸만 9명 있었다. 그래서 첩을 얻어 아들을 얻었지만, 그 아들도 몸이 성치 못해 대를 이을 수 없었다. 또 다시 숙량흘은 친구 안양의 딸들에게 청혼을 했다. 그 중에 막내딸인 안징재가 숙량흘에게 시집가겠다고 하여 두 사람의 결혼이 이루어졌다.

물러나고 말았다. (『사기』 47권, 「공자세가」) "나는 젊었을 때 천한 사람이었다. 그래서 하잘 것 없는 일(천한 일)에 능숙하였다."(吾少也賤. 故多能鄙事. 『논어』「자한편」)

"나는 세상이 등용하지 아니한 까닭에 자질구레한 일에 기능이 있다."(子云吾不試 故藝. 『논어』「자한편」)

사마천도 "공자는 어렸을 때 가난했고 또한 천한 사람(창고지기, 목장 관리인)이었다."(孔子貧且賤)라고 쓰고 있다.

〈예문1〉과 〈예문2〉에서처럼 공자는 아버지를 일찍 여이고 홀어머니 밑에서 여러 가지 잡스러운 일을 하면서 생계를 유지하였던 것으로 보인다. 그렇지만 공자는 천한 신분과 경제적인 어려움 속에도 학문에 뜻을 두고 스스로의 삶을 개척하였다. 공자 스스로 제자를 앞에서 자기의 인생을 회고하면서 말한『논어』「위정편」의

"나는 15세에 학문에 뜻을 두었고, 30에 스스로 독립하였고, 40살에 미혹되지 않았고, 50살에 하늘의 뜻(天命)을 알았고, 60살에 남의 말을 순조롭게 판단하고, 70살에 생각대로 하여도 도리에 어긋나지 않았다."[34)]

라는 말은 그가 어떤 태도로 자기의 삶을 살았고, 무엇을 추구하면서 살았는지를 잘 나타낸 문장이라고 할 것이다. 하여튼 공자가 위대한 것은 출생이 비천함에도 불구하고 온갖 어려움을 극복하고 위대한 성인이 되었다는 점이다. 이러한 공자의 삶의 태도는 오늘날 우리에게도 시사하는 바가 크다고 할 것이다.

34) 子曰, 吾十有五而于學 三十而立 四十而不惑 五十而知天命 六十而耳順 七十而從心所欲不踰矩.

그런데 공자의 출생과 성장과정에 몇 가지 의문점이 남는다. '야합' 해서 공자가 태어났다는 사실, 아버지의 무덤을 몰랐다는 사실, 그리고 어릴 때의 놀이가 '제기' 라는 표현이다. 먼저 '야합' 이라는 말에 대해서 살펴보자. 야합이란 '부모의 허락 없는 혼인' 또는 '들판에서 성관계를 가지는 것' 의 의미이다. 따라서 공자의 출생은 비정상적인 방법으로 이루어졌다는 것을 암시하고 있다고 볼 수 있다.

또한 공자는 아버지의 이름도 몰랐기 때문에 아버지의 무덤이 어디에 있는지 알지 못했다. 무엇 때문에 공자의 어머니는 부친의 산소조차 아들에게 가르쳐 주지 않을까?[35] 아마도 공자의 아버지와 어머니는 정상으로 결혼한 사이가 아니기 때문에 가르쳐 주지 못했거나, 처음부터 무덤 자체가 없었는지도 모른다. 이런 이유 때문에 공자는 사생아라고 주장하는 학자도 있다.

그리고 공자가 어릴 때 '제기' 놀이를 했다는 것이다. 그래서 일본의 어느 학자는 공자의 어머니 안징재는 제사를 주관하는 무당 또는 춤을 추는 무녀라고 주장하기도 한다.

* 주어진 텍스트를 요약하여 쓰고, 자신이 쓴 글을 간명하게 나타내는 개요도를 그려보자.

---

35) 맹자 또한 어머니에 대한 기록은 있지만, 아버지에 대한 기록은 전혀 없다.

1. 오늘날 우리들이 성인(소크라테스, 예수, 맹자 등)이라고 하는 사람들은 대부분 그다지 좋은 신분과 경제적으로 윤택한 삶을 살지 못했다. 그렇지만 위대한 성인이 될 수 있었던 이유는 무엇인지 토론해 보자.

2. 나는 어떠한 삶을 살고 싶은지 구체적으로 기술해보자. 또한 그러한 삶의 실천을 위해 어떤 준비를 하고 있는지도 기술해보자.

〈부록〉

『예기』「단궁상」의 기록에 의하면 공자는 잉어를 낳은 부인 계관씨와 이혼했다. 그 이혼한 부인(出母, 정확하게 내쫓긴 부인의 뜻)이 죽었을 때 일년이 지나도록 잉어가 너무나 슬피 울었다. 잉어가 그토록 슬피 운다는 소리를 듣고 공자는 화가 나서 너무 심하다고 소리를 질렀다. 그래서 잉어는 곡을 뚝 그치고 말았다. 그뿐인가? 잉어는 또 그의 부인과 이혼했다. 이혼한 부인은 위나라로 가서 서씨와 다시 결혼했다. 그러다가 위나라에 가서 재혼한 그의 부인 그러니까 『중용』을 지은 자사의 엄마가 되는 셈인데, 그 부인이 죽었다. 그러자 자사가 그 소식을 듣고 곡부 공씨 사당에서 슬피 울었다. 그러니까 자사의 문인들이 자사에게 와서 물었다.

"어찌하여 서씨의 엄마가 죽었는데 공씨의 사당에서 곡을 하십니까?"

그러니까 자사가 "내가 잘못했다. 내가 잘못했다."하면서 딴 집으로 가서 몰래 울었다고 한다.

그뿐인가? 자사도 또 이혼했다. 그 자사의 이혼한 부인이 죽었을 때 그 아들인 자상이 복상하지 않았다. 그래서 자사의 문인들이 와서 선대에는 출모(出母)라도 상을 입었는데 왜 선생의 아들인 자상으로 하여금 상을 못입게 하냐고 물으니까 자사가 골이 나서 "자상의 엄마도 아니다. 그년은 내 마무라가 아니니까 자상의 엄마도 아니다. 복상할 필요 없다."고 잘라 말하는 광경이 소상히 기록되어 있다. 그래서 공씨 가문에서 출모에게는 상을 입지 않는 전통이 자사로부터 시작되었다고 한다.(『도올 논어』)

동양의 근대화는 서구화인가

동양의 근대화(近代化)를 서양 근대 문명의 '도전(挑戰)'에 대한 동양세계의 '응전(應戰)'으로 시작한 것이라고 한다면, 동양의 근대화는 '서구화'라는 의미를 내포하고 있다. 그렇지만 동양의 근대화는 과연 서양의 도전에 대한 응전일 뿐인가?

인류가 걸어온 발전단계는 크게 수렵채집 단계, 농업사회 단계, 근대산업사회 단계로 나눌 수 있다. 세계 역사에서 첫 번째와 두 번째 단계는 메소포타미아, 인도, 그리스, 로마, 중국 등의 여러 문화권에서 각기 독립적으로 전개되었지만, 세 번째의 근대산업사회 단계는 서유럽(서구)에서 시작되어 세계 각지의 근대화를 촉발시키는 방식으로 전개되었다. 따라서 모든 동양세계는 서양으로부터의 문화전래를 통해 그것을 수용하는 수동적인 입장이었다. 이 때문에 동양에서의 근대화는 곧 서구화라는 막연한 관념이 생기게 되었다.

그러나 동양의 근대화는 서양문화의 전래를 통한 근대화였지만, 아무것도 존재하지 않는 진공 상태인 곳에 서양문화가 들어온 단순한 구조가 아니다. 동양에서의 근대화는 단순히 서양문화를 모방하는 것만이 아니고, 서양문화와의 접촉과 동시에 자신의 전통문화에 대해서 깊이 생각하고, 양자의 장점을 합쳐서 자신의 전통문화를 만들어 가려고 하는 운동이었다. 이 운동은 모방이 아니라 하나의 '창조적 활동'이다. 그러나 양자를 합치는 과정은 심각한 갈등을 야기하였고, 이 갈등을 해결하지 않고서는 근대화에 성공할 수 없었다. 다시 말해 동양에서 근대화에 성공했다고 하는 것은 그들이 자신의 전통문화를 서양문화와 비교하여, 자기들보다 뛰어난 점을 선택적으로 배우고, 그 배운 것을 자신들의 전통문화와 합쳐서 새롭게 만드는 과정이다. 동시에 근대화는 양자 사이에 생긴 갈등을 해소해 가는 '창조적 행위'이기도 하다. 따라서 동양에서의 근대화를 단순한 서구화로 보는 관점은 타당하다고 볼 수 없는 것이다.

그런데 동양에서 일찍이 자신의 전통문화와 서양문화의 융화를 통해 자신을 근대화시킨 유일한 국가는 일본이다. 동아시아의 국가들은 거의 비슷한 시기에 서양 열강으로부터 개국(開國) 압력을 받았다. 개국 당시 동아시아는 세계인구 2/3를 차지했으며, 세계 GNP 4/5를 생산하였다. 게다가 중국의 인구는 18세기 초 3억, 19세기에는 4억에 육박하였으며, 일본의 인구는 3천만에 이르렀다. 그야말로 동아시아는 인구뿐만 아니라 경제적인 측면에서도 세계의 중심이었다. 그런데 서양에서 가장 먼저 근대화를 이룩한 영국이 중국과의 무역역조 현상을 극복하기 위해 인도에서 재배한 아편을 중국에 밀수출하였다. 그러자 중국 내에서 급격하게 아편 중독자(군인, 관리, 일반백성)가 늘어나고, 아편의 대량수입으로 인한 은(銀)의 대량반출로 심각한 무역역조 현상을 보였다. 이에 중국정부는 아편에 대해 강경론자인 임칙서(林則徐, 1785~1850)를 전권대신, 즉 흠차대신(欽差大臣)으로 광주에 파견한다. 그는 아편의 매매를 금지하고 몰수하여 공개적으로 소각하였다. 이를 빌미로 영국이 군대를 파견하여 양국사이에 전쟁이 발발한다. 이 전쟁을 아편전쟁(阿片戰爭, 1839~1842)이라고 한다. 1842년 중국이 영국에 패전하여 최초의 불평등조약인 난징조약이 체결된다. 중국은 난징조약에서 광주, 상하이 등의 다섯 항구를 개방함으로써 사실상 서구 열강에 의한 반식민지화의 길을 걷게 된다. 이와 같은 과정을 거치면서 중국은 근대화에 실패하게 된 것이다.

반면 일본은 어떠한가? 1853년 6월 미국 동아시아 함대 사령관 매슈 페리(Matthew C. Perry)가 해군 군함 4척을 이끌고 일본에 도착한다. 페리는 동경만 근처 우라가항에 정박하고 일본 천황에게 미국 대통령의 서신을 접수하도록 강요한다. 그리고 그는 다음 해에 다시 돌아와 답신을 받겠다고 약속하고 돌아갔다. 1년 후인 1854년 1월 페리는 미국 해군 1/4에 해당되는 세계최대의 순양함 세 척과 함선 다섯 척을 이끌고 인도양을 경유하여 재차 일본을 방문하였는데, 이번에는 동경이 바라보이는 동경만(에도만) 한복판에 군함을 정박시키고 통상요구의 회신을 요구한다. 일본인들은 아편전쟁을 통해 서구 열강의 군사력을 알고 있었고, 유일하게 외국과의 채널을 유지하고 있던 네덜란드인의 설득으로 막부는 쇄국을 포기하고 개국을 결심한다. 1854년 2월 바쿠후(幕府)는 요코하마(가나가와)에서 미국의 요구를 받아들여 '가나가와 조약'을 체결한다. 이것이 이른바 불평등 조약인 '미일화친조약(米日和親條約)'이다. 그리고 일본은 계속해서 서구열강과 차례차례로 불평등조약을 체결한다. 이처럼 두 나라 모두 강제적으로 개국을 당하고 근대화로의 길을 걷는다. 그런데 중국은 근대화에 실패하고 일본은 근대화에 성공한다. 일본은 어떻게 근대화에 성공했는가?

중국과 일본은 서양에 대해 근본적인 인식 차이가 있었다.

첫째, 중국은 오랫동안 중국만이 문명국이고, 다른 민족은 오랑캐로 간주하여 배울 것이 없다고 생각하였다. 따라서 중국은 서구열강에 대해서도 똑같은 입장을 견지하였다.

둘째, 일본은 오랫동안 중국, 인도, 한국으로부터 문화를 받아들였기 때문에 서양문화(蘭學)도 쉽게 받아들이는 경향이 있었다. 특히 바쿠후나 다이묘(大名)들이 경쟁적으로 정보를 수집하여 서양에 대해 상세하게 알고 있었으며, 이러한 정보들을(아편전쟁, 폐리제독의 내왕) 단시일 내에 일본 전국에 알렸다. 반면 중국은 일본보다 먼저 서양열강에 대한 정보를 수집하였지만, 이런 정보가 전국적으로 파급되지 않았고, 관료들도 이를 정책에 적극적으로 반영하지 않았다.

셋째, 사무라이들은 기본적으로 무사이기 때문에 중국의 문관 관료들보다 우월한 서양의 군사력에 대해 훨씬 예리한 판단을 보여주었다.

그리고 중국인과 일본인은 위기의식에도 차이가 있었다. 중국은 수많은 내란에 시달렸기 때문에 대외적인 위기보다는 내란방비에 치중하였다. 중국은 아편전쟁으로 심각한 타격을 입어도 변방의 소요 정도로 생각할 뿐 체제가 전복된다는 생각까지 하지 못하였다. 특히 중국의 위정자들은 국지적인 군사적 충돌의 패배에 그들의 권위가 무너진다고 생각하지 않았다. 그러나 아편전쟁에서의 패배로 인해 중국의 애국적인 사대부들은 서양 과학기술의 학습, 세계정세의 연구, 국방의 강화, 폐정의 개혁 등을 주장하게 되었다. 그럼에도 불구하고 청조의 황제나 고위관료, 귀족들은 오히려 자만심에 가득 차서 나라를 망치고 있었다. 그들은 자신들의 권력과 재산을 보호하기 위해 거리낌 없이 국가의 주권과 민족의 이익을 팔아버렸다. 반면 일본의 에도막부는 군사적 우위에서 지탱되는 정권이기 때문에 군사적 승패에 민감하였다. 따라서 중국이 아편전쟁에서 패한 것에 대해 굉장히 민감하게 반응하였다. 일본 지식인들은 중국정부가 부패하고 군비가 갖추어지지 않은 것을 패배의 원인으로 보았다.

게다가 국제환경의 차이(외압의 차이)도 있었다. 서구열강들에게 당시 중국은 그들이 동아시아로 세력을 확대해가는 목표였다. 그래서 그들은 독자적으로 혹은 연합하여 중국을 반복해서 침략

한다. 반면 일본은 서구열강이 동아시아로 진출하기 위한 목표가 아니고 하나의 전초기지로만 생각하여 일본을 식민지화하려는 적극적 의도를 가지지 않았다. 이러한 사실은 일본이 개국을 통해 근대화하려는데 국제환경이 비교적 유리한쪽으로 작용하였다는 것을 두렷하게 보여주는 사례라고 할 수 있다.

물론 일본도 근대화하는 과정 중에 전통문화와 서양문화의 갈등, 수많은 정치 · 경제적인 내우외환(內憂外患)에 시달렸다. 그렇지만 일본은 위정자들의 철저한 현실인식과 국민들의 협조를 바탕으로 아시아에서 유일하게 근대화에 성공한 국가가 되었다.

* 주어진 텍스트를 요약하여 쓰고, 자신이 쓴 글을 간결하게 나타내는 개요도를 그려보자.

1. 일본이 동양세계에서 유일하게 근대화에 성공한 이유에 대해 기술해보자.
2. 중국이 근대화에 실패한 이유에 대해 이야기 해보자.
3. 동양의 근대화가 서구화라는 관점은 타당한가?

인간은 '겸애(兼愛)' 할 수 있는 존재인가

사람들 중에는 세상이 혼란할 때 그 혼란을 수습하고자 적극적으로 나서는 사람이 있는가 하면, 세상과 등을 지고 은둔하거나 방관하는 사람도 있다. 동서고금(東西古今)을 막론하고 혼란한 시기는 반드시 있기 마련인데, 중국 역사상 가장 혼란한 시기는 춘추전국시대(春秋戰國時代)라고 할 수 있다. 그래서 이 혼란한 춘추전국시대를 수습하고자 수많은 사상가들이 등장하게 된다. 이들을 '제자백가(諸子百家)' 라고 부른다. 이 제자백가 중에서 어지러운 세상을 개혁하고자 적극적으로 나선 대표적인 사상가로는 공구(孔丘)와 묵적(墨翟, 기원전 476~390)을 들 수 있다. 공구는 주(周)나라의 문물제도를 계승하여 인(仁)과 의(義)로써 혼란한 세상을 수습하고자 천하를 주유(周遊)하였으며, 반면 묵적은 주나라 문물제도의 타당성과 효용성에 회의를 품고 그 제도를 실용적으로 바꾸고자 하였다. 이런 의미에서 공구가 고대문명의 옹호자라면, 묵적은 그에 반대하여 고대문명의 비판가라고 할 수 있을 것이다. 그렇다면 묵적은 어떤 사상을 가지고 혼란스러운 전국시대를 수습하고자 하였던가?

『묵자(墨子)』[36]에 따르면 묵적은 세상이 혼란한 이유를 인간의 '이기심' 때문이라고 주장한다. 다시 말해 인간의 이기심이 자기

36) 묵적의 사상을 알 수 있는 것은 『묵자(墨子)』라는 책이다. 이것은 본래 71편으로 이루어져 있었지만, 현재에는 53편만이 전하고 있다. 묵적 자신이 쓴 글도 있지만, 대부분은 후대의 제자들이 기록하였다고 추측된다. 대표적인 것은 「겸애(兼愛)」와 「비공(非攻)」편이다.

자신, 자기 부모, 자기 가족, 자기 민족의 이익만을 생각하는 차별적인 사랑(別愛)을 낳게 한다는 것이다. 이러한 점에서 묵적은 공구의 '仁(타인을 사랑하는 행위)'을 차별적인 사랑이라고 비판한다. 공구는 타인을 배려하고 자기 몸과 같이 아끼는 것도 순서가 있다고 했다. 그에 따르면 가장 먼저 자기 부모를 사랑하고(孝), 그 다음 형제를 사랑하고(悌), 다음에 이웃을 사랑하고, 인류를 사랑해야 한다. 그러나 묵적은 큰 나라가 작은 나라를 공격하고, 강한 자가 약한 자를 못살게 굴고, 교활한 자가 어리석은 자를 이용해 먹는 것이 모두 차별적인 사랑 때문이라고 한다. 그래서 묵적은 모든 사람을 차별 없이 두루 사랑하는 '겸애(兼愛)'를 주장하게 된다.

그런데 겸애는 하늘 아래 모든 인간과 사물이 평등하다는 전제 아래서 가능한 생각이다. 따라서 모든 사람을 차별 없이 두루 사랑하자는 겸애사상은 정치적인 평등의 요구이기도 하다. 즉 자기를 위하듯 남을 위하고 내 나라를 위하듯 남의 나라를 위한다면, 온 세상이 이롭게 되어 결국 그 이익이 나에게로 돌아온다는 것이다. 결국 겸애를 실천하면 서로가 서로에게 이익이 되는 것(交利)이다. 그리고 묵적은 맹가(孟軻)의 표현처럼 "내 정수리부터 갈아서 발뒤꿈치까지 닳아 없어진다 하더라도 그렇게 해서 이 세상을 이롭게 할 수만 있다면 나는 그것을 하겠다."(『맹자』「진심장」, 상 26) 라는 신념으로 겸애의 실천의지를 나타내고 있다. 이처럼 묵적은 자신의 모든 것을 희생하여 이 세상이 조금이라도 잘 될 수 있다면 스스로 무엇이라도 아낌없이 바치겠다고 생각했다. 따라서 겸애사상은 인종, 국가, 종교 등을 초월하여 널리 서로 사랑하자는 '박애주의(博愛主義)'와 맥락을 같이 한다고 볼 수도 있다.

게다가 인간의 이기심, 즉 차별적인 사랑은 사회적인 혼란을 초래할 뿐만 아니라, 자기 나라의 이익을 위해 다른 나라를 공격하는 전쟁을 일으키기도 한다. 묵적은 전쟁이 일어나는 이유를 다음과 같은 비유로 설명하고 있다.

> "남의 과수원의 봉숭아를 훔치면 불의(不義)로써 엄한 벌을 받지만, 남의 나라를 공격하여 땅을 탈취하면 영웅으로 칭찬받는다. 또한 한 사람을 죽이면 살인죄로 엄한 벌을 받지만, 수천 명을 죽이면 영웅으로 칭찬받는다. 그 이유는 무엇 때문인가? 이익(利) 때문이다."

또한 그는 "전쟁은 하늘에도 이롭지 않고 귀신에게도 이롭지 않고 사람에게도 이롭지 않다."고 하면서 전쟁을 반대하는 '비공(非攻)'을 주장한다. 이 비공사상은 한마디로 말하면 인도주의적 반전 평화사상이다. 그리고 동시에 비공사상은 차별적인 사랑 때문에 일어나는 사회적인 혼란과 전쟁을 차별 없는 사랑(겸애)으로써 바로 잡으려고 하는 의미를 포함하고 있다. 왜냐하면 널리 사랑하자는 것(겸애)과 평화를 유지하자는 것(비공)은 윤리와 사회정의를 실현하자는 양 측면이며 국가와 인간 개인의 평화는 침략이 아니라 널리 사랑함으로써 실현 가능한 것이기 때문이다.

나아가 묵자는 이러한 주장만으로는 사회와 개인을 평화롭게 이룰 수 없다고 보았기 때문에 결사집단을 만들었다. 이 결사집단의 구성원들은 직접 방어 전쟁에 참가하기도 하였으며, 방어를 위한 새로운 무기를 만들어 내기도 하였다. 이 결사집단의 우두머리를 거자(巨子)[37]라고 하는데, 거자는 집단 구성원을 죽일 수 도 살릴 수 도 있는 막강한 권한을 가졌다고 한다. 『회남자』라는 책에는 거자와 집단 구성원간의 관계를 다음과 같이 적고 있다.

---

37) 묵적은 공인(工人)출신이고, 그리고 거자란 공인(工人)의 우두머리이기 때문에 묵가집단은 공인집단이라고 한다.

"묵적을 따르는 무리가 180명인데, 그들은 우두머리의 명령이 떨어지면 불 속에 들어가는 일이건 칼날을 밟고 서는 일이건 절대 주저하지 않을 사람들이다."

또한 집단구성원은 철저하게 금욕적인 생활 규율을 지키며, 일생을 남을 위해 일해야 했다. 이런 이유 때문인지 묵적은 일상생활에서 쓸데없는 비용을 낭비하지 말라는 절용(節用)과 현실에 이익이 되는 실용(實用)을 강조한다. 그래서 묵적은 유가에서 실천하는 후장(厚葬)을 반대하고 절장(節葬)을 주장한다. 왜냐하면 3년 상복을 입고 슬퍼하는 동안 일을 하지 않아 생산력이 떨어지고, 음식물의 제한으로 상주의 체력이 저하되며, 남녀의 교합이 금지되어 아이를 못 낳아 인구가 감소한다고 보았기 때문이다.

또한 묵적은 음악을 반대하였다. 왜냐하면 음악은 백성의 이익과 관계없으며, 편안한 걸 좋아하고 노동을 싫어하는 사람을 위한 것이라고 보았기기 때문이다. 더욱이 묵적은 "유가는 거문고와 북소리에 맞추어 노래하고 춤추는 것이 몸에 배여 있다." 고 비판하였다. 특히 "악기를 만들고 음악을 연주하려면 많은 시간과 돈이 들지만 생기는 이익은 하나도 없다." 는 묵적의 주장은 오늘날 우리에게도 시사하는 바가 크다고 할 것이다.

이처럼 묵적은 파괴적이고 비생산적인 전쟁을 반대하고 지배계층과 피지배계층이 똑같이 서로 사랑하고 이익을 나누어 갖자고 주장한다. 실제로 묵적과 그의 추종자들은 이러한 사상을 사회적으로 실천하고자 하였다. 그리고 맹가의 말처럼 "양주와 묵적의 말이 온 천하에 가득 차 있었고 천하의 모든 학설은 양주(楊朱)[38]

38) 양주의 입장을 위아(爲我)설이라고 한다. 다음 문장은 양주의 입장을 나타낸 것이다. "내 몸에 있는 털 하나를 뽑아주어서 온 세상을 이롭게 할 수 있다고 하여도 나는 그것을 하지 않겠다."(『맹자』「진심장」, 상 26) 이 문장은 개인주의 극치를 보여주는 문장이다. 내 몸에 있는 수많은 털 중에 하나쯤이야 있든 없든 상관없다. 양주의 위아설은 이처럼

에게로 돌아가지 않으면 묵적에게로 돌아가는 형편이었다."(『맹자』「등문공」 하편)라고 전할 만큼 묵적은 많은 지지자를 얻었다. 그러나 이러한 그들의 생각은 당시 지배자들이 반겨하지 않았다. 따라서 전국시대를 수습한 진(秦)나라 이후 묵적의 사상은 역사의 뒷전으로 밀려나고 말았다.

* 주어진 텍스트를 비판하는 입장에서 자신의 글을 구성하고, 그 내용을 간명하게 나타내는 개요도를 그려보자.

1. 맹가는 "묵적의 겸애는 자기 부모와 남의 부모를 똑같이 사랑하는 것이기 때문에 그 사상을 따르는 사람은 자기 부모도 없고 남의 부모도 없는 무분별한 사람이다."라고 비판한다. 유가의 입장에서 묵가의 겸애사상을 비판하라.

2. "유자들은 생산에 종사하지 않고, 옛것만을 본받고, 위선과 속임수를 좋아한다."라고 묵가는 유가를 비판한다. 묵가의 입장에서 유가의 사상을 비판하라.

남의 것을 빼앗지도 않고 남을 위해 자신을 희생하지도 않겠다는 생각이다. 양주의 이러한 생각은 노장사상(老莊思想)과도 일맥상통한다. 양주의 이러한 생각은 피지배 계층의 소극적인 저항의식을 보여주는 것이다. 맹자는 양주의 사상을 그대로 따른다면 결국에 자기 임금을 부정하는 것이 된다고 비판하고 있다.

신분의 대물림은 정당한가
—인도의 카스트제도를 중심으로—

신분이란 어떤 개인이 사회에서 처한 상황에 따라 나뉘는 '계급'과는 달리 태어날 때부터 정해지는 것이다. 따라서 신분은 혈연을 바탕으로 세습되는 것이 원칙이며, 일부 예외적인 경우도 있지만 신분의 변동은 거의 이루어지지 않았다. 그리고 신분에 따라 직업도 세습되기 때문에 직업을 선택할 수가 없다. 이러한 신분의 구분은 고대 그리스의 노예, 시민, 귀족이나 중세사회의 농노, 기사, 영주로 나누는 것이나 동양(중국)에서 사농공상(士農工商), 그리고 서양의 노예와는 형태를 달리하지만 천민으로 나눈 것이 대표적인 형태였다. 우리나라는 삼국시대(신라의 골품제도), 고려시대, 조선시대를 거치면서 철저한 신분제도를 가진 사회였지만, 1894년 갑오경장 이후 이러한 신분제도는 공식적으로 폐지되었다. 이처럼 인류는 동서고금에서 신분제도의 틀을 통해 부와 직업을 대물림하면서 유지되어 왔다.

오늘날에는 이러한 신분제도가 공식적으로 폐지되어 누구나 능력에 따라 직업을 선택할 수 있고 적법한 절차에 따라 부를 축적할 수 있게 되었다고 할 수 있다. 그렇지만 오늘날에도 인도에서는 '카스트(caste) · 바르나(varṇa) · 자티(jāti)'라는 형태로 여전히 신분제도가 유지되고 있다. 물론 1947년 인도공화국이 성립하면서 카스트제도가 법적으로는 폐지되었다. 그러나 카스트제도는 여전히 인도사회를 지배하는 중요한 사회체계이다. 그 이유는 무엇인가? 정확하게는 알 수 없지만 이 글에서는 그것을 풀어낼 수 있는 하나의 단초를 제공하고자 한다.

오늘날 우리들이 알고 있는 카스트라는 말은 15세기경 인도에 진출한 포르투갈 사람들이 인도의 고유한 신분제도를 보고 붙인 명칭이다. 그들은 인도사회가 배타적인 결혼(결혼을 집단 내부에서 하는 것)방식을 채택하고 있다는 것을 발견하고, 이것에 포르투갈어로 '가문이나 혈통'을 의미하는 **카스타**(casta)라는 명칭을 붙였던 것이다. 그리고 포르투갈인보다 나중에 인도에 진출한 영국인이나 프랑스인도 이 말을 차용하여 카스트라고 하였다. 반면 인도인은 이것을 '동일한 집단 내에서 태어남'이라는 의미인 '자티(jati)'라고 불렀다. 그들은 같은 자티 내부에서는 자기 집단내부인과 결혼하며, 게다가 동일한 직업에 종사하였다. 이와 같은 자티는 현재에도 2천 내지 3천개가 존재한다고 한다. 이 자티를 통해 그들은 그들의 네트워크를 형성하여, 정치적 · 경제적 이득을 확보하고, 동일한 자티 안에서 고유의 직업에 종사하며 최저생활을 보장받았던 것이다.

그리고 바르나(四姓)는 본래 피부 색깔(色)을 의미하였지만, 점차 신분이나 계급을 의미하는 것으로 변하였다. 힌두교의 3대 성전중의 하나인 『마누 법전(Manu-smṛti)』[39]에 의하면 세계의 창조신인 브라만(Braman)신은 인간(manu)을 창조할 때, 입으로부터는 브라흐만(Brahman)을, 팔로부터는 크샤트리야(Ksatriya)를, 허벅지로부터는 바이샤(Vaisya)를, 발로부터는 슈드라(Sudra)를 탄생시켰다고 하였다. 그리고 브라만신은 각 신분마다 그 의무(dharma)를 부여하였다. 먼저 브라흐만은 타인이나 자기를 위해 제사를 지내야 하며, 베다의 학습 및 교수(教授) · 보시(布施)와 수시(受施) 등의 의무가 있다. 크샤트리야는 정치와 전쟁을 담당하고 일반백성을 보호해야 한다. 그리고 자신을 위한 제사 및 베다

39) 서양의 최초 인간이 '아담' 이듯이, 인도의 최초 인간은 '마누'이다. 마누법전을 의역하면 '인간(마누)이 지켜야 할 규범을 모은 것' 이다.

의 학습 · 보시 등의 의무를 지켜야 한다. 바이샤는 농업 · 목축 · 상업, 자신을 위한 제사, 베다의 학습 및 보시 등의 의무가 있다. 이 세 신분은 베다(Veda)의 입문식을 통해 다시 출생한다고 하여 재생족(再生族, dvija)이라고 한다. 마지막으로 노예 신분인 슈드라는 위의 세 신분에 대한 봉사만을 행할 의무가 있다고 규정하고 있다. 게다가 현재 인도에는 아바르나(avarṇa)라고 하여 사성에 속하지 않는 신분이 존재한다. 불교에서는 불가촉천민(Untouchables)이라고 하였고, 간디는 하리잔(harijan, 신의 자식)하였다. 지금도 이들은 인도사회에서 온갖 멸시와 배척을 받고 있으며, 대체로 3D업종에 종사하며 살아가고 있다.

그리고 『마누법전』에는 재생족이 평생 동안 지켜야 할 4단계의 생활법(āśrama)이 규정되어 있다. 첫 번째는, 베다의 입문식을 행하여 스승 밑에 살면서 베다를 학습하는 학생기(brahmacarya), 두 번째는 베다의 학습을 마치고 집으로 돌아가 결혼하여 가정생활에 충실하는 가주기(家住期, gṛhastha), 세 번째는 나이가 들고 자식에게 적자가 태어날 연령이 되었을 때 모든 것을 아내에게 맡기고 또는 아내를 동반하여 삼림에 거주하는 임주기(林住期, vānaprastha), 네 번째는 혼자서 유행하는 유행기(saṃyāsa)이다. 물론 오늘날에는 『마누법전』의 규정대로 철저하게 지켜지는 것은 아니지만, 인도에서는 여전히 사성제도와 생활법이 사회를 유지하는 주요한 틀로 작용하고 있다.

이처럼 인도는 카스트를 통해 신분과 직업, 그리고 부를 대물림하는 사회라고 할 것이다. 그런데 이러한 신분의 대물림으로부터 과연 우리들은 자유로운가? 한국사회의 치열한 입시경쟁을 보고 있으면 현재 한국에 브라흐만이 존재하지 않는다고 그 어느 누가 장담하겠는가?

*주어진 텍스트를 비판하는 입장에서 자신의 글을 구성하고, 그 내용을 간명하게 나타내는 개요도를 그려보자.

붕당(朋黨)과 조선사대부(朝鮮士大夫)

인간은 어떤 행위를 할 경우에 반드시 대의명분과 뜻을 같이 하는 동지(붕당)를 찾기 마련이다. 특히 인간이 정치적 행위를 할 경우에는 이런 대의명분(大義名分)과 붕당(朋黨)을 절실하게 찾게 된다. 요즈음 말로 하면 대의명분은 정치이념일 것이고, 붕당은 정치적인 뜻을 같이하는 사람들의 모임인 정당에 해당될 것이다. 이와 같은 대의명분과 붕당을 중심으로 이루어진 대표적인 사회가 조선의 사대부 사회였다. 조선사회는 유학(儒學), 특히 주자학(朱子學)[40]을 대의명분(이념)으로 삼았다. 주자학은 철저한 신분제도를 주장한다. 이러한 주자학의 이념에 따르면 사대부가 피지배계급인 농민을 지배하고 통치하는 것은 당연한 것이며, 이 지배관계는 영원히 지속되는 것이다.

이와 같이 조선의 지식층인 사대부는 모든 것을 주자학에 입각한 대의명분을 내세웠다. 그리고 사대부는 학문(주자학)을 같은 스승 밑에서 배워 동학(同學)을 이루고 과거시험을 통해 관료로 진출하면서 자연스럽게 붕당을 형성하였다. 왜냐하면 그 당시 조선 지식인 사회의 '학문적 계보'는 바로 '정치적 계보'로 연결되기 때문이었다. 이 사실을 가장 잘 반영한 것이 최초의 붕당인 서인(西人)과 동인(東人)의 등장이다. 물론 붕당의 시작은 표면적으

40) 송나라에서 나온 학문이라는 의미의 송학(宋學), 주자(朱子)가 완성하였다고 하여 주자학(朱子學), 주자에 영향을 준 정이(정이천)와 주자의 성을 따서 정주학(程朱學), 유가의 도(道)를 추구한다는 의미에서 도학(道學), 인간의 본성과 우주의 이치를 탐구하는 학문이라는 의미에서 성리학(性理學)이라고도 한다.

로는 삼사(홍문관, 사헌부, 사간원)의 인사추천권을 가진 '이조정랑' 이라는 정5품의 관직을 놓고 발생하였지만, 이면에는 동학(同學)이라는 강한 연결고리가 존재했다는 사실을 무시할 수 없다. 서인은 주로 율곡(栗谷) 이이(李珥)의 제자들이었으며, 동인은 주로 퇴계(退溪) 이황(李滉)의 제자들이었다. 전자(서인)는 학문적으로 경기도와 충청도를 중심으로 형성되었기 때문에 기호학파(畿湖學派)라고 하였으며, 후자(동인)는 퇴계의 출신지인 영남지방 출신이 많았기 때문에 영남학파(嶺南學派)라고 하였다.

그리고 동인은 선조 때 세자건저(世子建儲) 문제에 대한 처벌 수위를 놓고 서인에 대해 온건하게 처리하자는 남인(南人)과 강경파인 북인(北人)으로 분열한다. 온건파인 남인에는 유성룡 등의 퇴계 문인이 많았으며, 강경파인 북인에는 정인홍 등 남명(南冥) 조식(曹植)의 문인이 많았다. 또한 북인은 광해군을 지지하는 대북과 영창대군을 지지하는 소북으로 분열한다. 그렇지만 서인 중심의 인조반정이 발생하여 북인은 조선 역사에서 사라진다. 그리고 남인은 이조반정 이후 서인과 함께 연립정부를 형성해오다가 숙종 때 서인(노론)의 영수인 송시열(宋時烈)의 처벌 문제를 놓고 강경파인 청남(清南)과 온건파인 탁남(濁南)으로 분열하면서 '경신환국(庚申換局)' 과 '갑술환국(甲戌換局)' 이후 정치권력에서 멀어지게 된다.

한편 서인은 인조반정 이후 정권을 장악하면서, 효종 때 대동법 실시를 놓고 찬성파인 한당(漢黨)과 반대파인 산당(山黨)으로 분열하였으며, 그리고 숙종 때에 정국의 대처 방안과 관련하여 송시열 중심의 노론과 윤증(尹拯) 중심의 소론으로 분열을 거듭한다. 또한 영조 때는 사도세자(경종과 소론을 지지)에 동정적인 시파(時派)와 사도세자의 죽음을 당연시한 벽파(辟派)로 분열하면서도 서인은 세도정치를 확립하여 조선이 멸망할 때까지 정치적 권력을 행사한다.

그런데 같은 주자학을 신봉하면서 고명한 유학자로 자처한 조선의 사대부들이 정치적 입장이 다르다고 하여 서로 죽고 죽이는 살육적 정쟁을 벌인 이유는 무엇일까? 조선사회의 잘못된 과거제도 운용 및 특수한 신분제도에서 그 원인을 찾아 볼 수 있을 것이다.

첫 번째는 과거시험의 남발과 관직의 한정을 들 수 있을 것이다. 조선사회의 지배층인 관료는 모두 과거시험을 통해 등용되었다. 이 과거시험은 원칙적으로 농민에게도 허용되었지만, 현실적으로 농민은 과거시험을 볼 수 없게 만들었다. 따라서 과거를 통해 관료가 될 수 있는 자는 사대부뿐이었다. 그런데 조선 중기 이후 여러 가지 이유로 인해 과거시험이 빈번하게 이루어져 과거시험의 합격자가 급격하게 늘어났다. 이처럼 과거시험 합격자는 많고 관직의 자리는 한정되어 있었기 때문에 자연스럽게 관직을 놓고 사대부들 사이에 목숨을 건 싸움이 전개될 수밖에 없었다. 그래서 동학(同學)이나 정치적으로 뜻을 같이 하는 자를 중심으로 붕당이 형성되었으며, 반대파는 정치적 동반자가 아니라 제거할 대상으로 생각하였던 것이다.

두 번째는 조선사회가 철저한 신분제를 통해 직업을 제한하였기 때문일 것이다. 특히 사대부는 농사나 장사를 할 수 없었기 때문에 오로지 학문에 전념하여 과거시험을 통해 관료가 되는 길밖에 없었다. 따라서 사대부들은 관직에 나아가기 위해 목숨을 걸고 과거 공부를 하였던 것이다. 그리고 과거에 합격하더라도 관직이 한정되어 있기 때문에 관리로 임용되어 사대부로 살아남기 위해서는 파벌과 붕당을 형성할 수밖에 없었을 것이다.

이와 같은 조선의 사회적 구조 때문에 조선의 사대부들이 유학자의 이념인 수신제가치국평천하(修身齊家治國平天下)라는 대의명분을 잊어버리고 오로지 자기와 자기가 속한 붕당의 이익만을 대변하고, 반대파를 정적으로 몰아 서로 죽이는 일을 주저하지 않았는지도 모른다.

*주어진 텍스트를 참조하여 새로운 글을 쓰고, 자신이 쓴 글을 간명하게 나타내는 개요도를 그려보자.

예송논쟁(禮訟論爭)과 송시열(宋時烈)

고대 중국에서는 위대한 사람에게 극존칭인 '자(子)'를 붙여 존경을 나타내었는데 대표적인 인물이 공자, 맹자, 순자, 한비자 등이다. 이러한 전통은 송나라 시대까지 이어졌으나 주자(朱子)라고 불린 송나라의 유학자 주희(朱熹) 이후로는 더 이상 이 존칭으로 불리는 사람이 없다. 우리나라에서는 중국을 사대(事大)하는 경향이 강했기 때문에 '자(子)'라는 존칭을 붙이는 일이 드물었다. 잘 알다시피 우리나라에서는 퇴계나 율곡 같은 위대한 학자에게도 자(子)를 붙이지 않는다. 그런데 우리나라에서 자(子)가 붙은 유일한 인물이 있는데, 그가 바로 노론의 영수 송시열이다.

송시열은 특히 그의 추종세력인 기호학파(경기도, 충청도)에서 대단한 존경을 받았다. 게다가 정조대왕은 송시열의 저작을 모아 『송자대전』을 편찬되기도 한다. 그러나 학문적 · 정치적으로 그와 대립하였던 남인들의 본거지인 영남에서는 자기 집에서 기르는 개에게 '시열'이라는 이름을 붙였다고 한다. 다시 말해 영남지방에서는 송시열을 개로 취급하였던 것이다.

기호지방에서는 송시열을 '송자'라고 칭송하는데, 영남에서는 무엇 때문에 송시열을 개로 취급하였을까? 무엇 때문에 두 지방에서 송시열에 대한 대접이 이렇게 극단적으로 다를까? 아마도 이것은 예송이라는 예학의 문제가 정쟁의 도구로 이용되어 서로 죽고 죽이는 권력 투쟁으로 이어져서 이 두 지방 사람들이 서로를 극단적으로 적대시하는 태도가 생겼기 때문일 것이다.

예송논쟁은 두 차례에 걸쳐 전개된다. 먼저 제1차 예송논쟁은 효종이 사망하자 그의 계모인 자의대비가 상복을 얼마동안 입어야 하는가 하는 문제로 서인(송시열 등)과 남인(윤휴, 허목, 윤선도)이 논쟁한 것이었다. 조선시대에는 『주례가례』에 따라 상례기간을 다섯 종류로 분류하였다. 즉 3년, 1년, 9개월, 5개월, 3개월이다. 부모상에는 자식이 3년, 장자(장남)의 상에는 부모가 3년 상복을 입게 하여 장자의 권위를 인정하였다. 그런데 효종이 죽었을 때 문제가 되었던 것은 그가 왕위를 계승한 적자(嫡子)이지만 가통으로 보면 형님인 소현세자 다음의 차남이라는 사실이었다. 효종의 계모인 자의대비의 경우 효종을 적자로 보면 3년간 상복을 입어야 했지만 가통으로 보면 차남이기 때문에 1년간 상복을 입어야 했다.

이에 노론의 송시열은 송준길과 의논하여 "가통으로 보면 효종이 장자가 아니라 차남이므로 자의대비는 1년 상복을 입어야 한다."고 결론을 내렸다. 당대의 최고 학자인 송시열의 주장에 따라 당시의 집권세력인 서인정권에서는 자의대비의 1년 상복을 결정했다. 그런데 남인의 윤휴가 "제일 장자가 죽으면 본부인 소생의 제이 장자를 세워 또한 장자라 한다."는 『의례』의 문장을 인용하여 자의대비의 3년 상복을 주장하였다. 이에 송시열은 "서자는 장자가 될 수 없으며 본부인 소생의 둘째 아들 이하는 다같이 서자라 일컫는다."는 『의례』 「참최장」을 인용하여 자의대비의 1년 상복을 변호하였다. 게다가 송시열은 **'체이부정**(體而不正)', 다시 말해 효종처럼 몸은 아버지(인조)를 계승(體)하였으나(而) 가통을 이은 적장자가 아닌(不正) 경우에는 계모가 1년 동안만 상복을 입는 것으로 충분하다고 덧붙였다.

그러나 이 체이부정설은 왕위의 적통문제와 관련하여 정치적 싸움이 될 수 있는 소지를 안고 있었다. 다시 말해 효종이 적장자가 아님에도 불구하고 왕위를 계승한 부당한 왕으로 해석될 수도 있기 때문에 송시열은 역적으로 몰릴 수도 있는 상황이었다. 송시열의 반대파인 남인들은 실제로 문제를 그렇게 몰고 가고 싶었다. 이에 부담을 느낀 송시열은 『국제(國制)』, 「명률(大明律)」에 따라 “장자와 차남을 막론하고 부모는 모두 1년 복을 입는다.”는 편법을 주장하게 된다. 이때까지만 해도 송시열은 예송논쟁을 정치적인 의도보다는 학문적 견해차이라고 생각했다. 따라서 당시 정권을 잡고 있었던 서인도 이것을 예학논쟁으로만 치부하여 남인에 대한 정치적 보복을 고려하지 않았다.

제2차 예송논쟁은 현종 15년 효종의 비이자 현종의 어머니인 인선왕후의 사망을 계기로 발생한다. 인선왕후가 사망했을 때 제1차 예송논쟁의 당사자인 인조의 계비 자의대비가 아직 살아있었는데, 그녀의 상복이 또 다시 문제가 되었다. 1차 예송논쟁은 아들의 사망 때 어머니의 상복 문제였지만, 2차 예송논쟁은 며느리의 사망 때 시어머니의 상복기간이 문제였다. 관례에 따르면 맏며느리가 죽으면 시어머니는 1년간 상복을 입고, 둘째 며느리가 죽으면 9개월 간 상복을 입게 되어 있었다. 따라서 인선왕후를 맏며느리로 볼 것인가, 둘째 며느리로 볼 것인가, 아니면 왕비로 볼 것인가에 따라 상복기간이 달라질 수 있었다.

서인정권은 처음에는 자의대비가 1년간 상복을 입어야 한다고 결정하였다가 곧 9개월간 상복을 입어야 하는 것으로 변경하였다. 이에 예송문제가 재발하였다. 남인은 자의대비의 상복을 효종의 상 때에는 1년 상복으로 결정하였다가 며느리 상 때에는 9개월 상복으로 결정한 것은 효종을 서자로 본 것이 아니냐고 주장(상소)하였다. 다시 말해 남인들은 서인들이 왕실을 우습게 본다는 데에 초점을 맞추고 있었다. 현종도 “기해년의 국상(효종) 때는 국제(國制, 경국대전)라고 하여 1년복으로 정하더니 이번 갑인년의 국상(현종의 어머니)때는 왜 고례에 의거해 9개월로 정했소."라는 의문을 제기하였다. 아들인 현종으로서는 당연한 문제제기였다.

이 제2차 예송논쟁에서 남인의 주장인 1년 상복설이 승리하여 송시열로 대표되는 서인이 몰락하고 **허적**을 대표하는 남인의 정권이 들어선다. 그해 현종은 급서하고 숙종이 등극하는데, 이때부터 서인과 남인의 정치적 투쟁은 반대파를 죽고 죽이는 극한으로 치닫게 된다. 이 결과 송시열이라는 한 사람의 인물에 대해 한쪽에서는 '송자'라고 존대하지만 다른 쪽에서는 개와 같이 천대하는 적대적 관계가 형성된 것이다.

* 주어진 텍스트를 참조하여 새로운 글을 쓰고, 자신이 쓴 글을 간명하게 나타내는 개요도를 그려보자.

문화를 해석하는 두 가지 입장 : 유물론과 관념론

이 세계는 시간(언제)과 공간(어디)으로 존재하는 물질(존재, 자연, 몸)과 시간적으로만 존재하는 의식(사유, 정신, 마음)으로 구성되어 있다. 물질과 의식 중에서 어느 것이 보다 근원적 토대(일차적)인가에 따라 세계를 설명하는 철학적 입장이 나누어지는데, 유물론과 관념론이 그것이다. 즉 물질을 근원적 토대라고 보는 것이 유물론이고, 의식(정신)을 근원적 토대라고 보는 것이 관념론이다.

인간이 살아가면서 발생하는 '고민'을 해결하려고 할 때 이 두 가지 입장은 서로 다른 해결책을 제시한다. 유물론은 고민의 원인이 내 자신의 내부에 있는 것이 아니라 객관적 현실(세계, 경제, 정치, 사회)에 있다고 본다. 따라서 이 입장은 자신의 내부보다는 객관적 세계(현실)를 변혁시켜야 고민을 해결할 수 있다고 한다. 반면 관념론은 고민의 원인이 현실세계가 아니라 내 자신(마음)에 있다고 본다. 따라서 관념론은 고민을 해결하고자 한다면 내 마음부터 바꾸면 된다고 한다.

유물론과 관념론은 문화의 의미를 규정하는 두 가지 입장들이기도 하다. 관념론에서는 소수의 엘리트, 즉 뛰어난 정신을 소유한 사람만이 문화를 만들 수 있다고 본다. 다시 말해 노동으로부터 해방되었으며, 재능 있고 능력 있는 사회의 소수집단만이 문화의 주체가 될 수 있다는 입장이다. 이 입장에는 문화와 노동이 양립할 수 없기 때문에 노동에 종사하면 인격체를 닦을 수 없다고 하는 노동에 대한 부정적 관점이 내재해 있다. 즉 노동은 강제적이고 고통을 수반하지만 여가는 자유와 행복을 가져다주는 것이므로 노동에서 해방된 소수의 엘리트가 문화를 창조할 수밖에 없는 것이다.

이와 반대로 유물론은 인간의 모든 정신활동이 노동에 기반하므로 문화의 주체도 노동하는 대중이라고 본다. 이 입장에 따르면 노동의 본질은 단순히 상품을 만든 것이 아니라 자기를 성장시킬 수 있는 창조적 활동이지만 자본주의 사회에서는 현실적으로 노동이 먹고 살기 위해 어쩔 수 없이 하는 활동으로 전락하는 이른바 노동소외현상을 야기하고 만다. 따라서 훌륭한 문화의 창달을 위해서는 노동을 소외시키는 사회구조를 변혁시켜 본질적 노동을 회복하는 것이 중요하다.

이처럼 유물론과 관념론은 문화의 주체를 전혀 다른 관점에서 규정한다. 뿐만 아니라 이 두 입장은 구체적인 하나의 문화현상에 대해서도 서로 다르게 설명한다. 예들 들어 고대사회가 형성되기 전의 원시시대에는 많은 지역에서 식인풍습이 있었다고 한다. 그런데 고대사회가 성립하면서 이러한 식인문화는 점차 사라졌다. 이러한 식인문화가 사라지게 된 이유를 어떻게 설명할 수 있을까?

관념론의 관점에서 보면 인간의 지적 수준이 발달하고 종교 및 윤리적 규범들이 형성되면서 식인풍습을 인간답지 못한 풍습이라 하여 점차 금지하게 되었다. 반면 유물론적 관점에서 보면 식인풍습은 '잉여가치'가 생기면서 점차 사라졌다. 씨족사회나 부족사회에서는 전쟁 포로를 잡으면 부양해야 하는 부담이 있었으므로 포로를 살해하여 먹음으로써 부양의 부담도 면하고 배고픔도 해결할 수 있었다. 그러나 철기문화의 형성으로 생산력이 증가하고 고대국가의 성립으로 지배력이 확고해졌을 때는 포로를 노예로 만들어 생산 현장에 투입하는 것, 즉 포로를 먹는 것보다 살려두는 것이 여러 가지 측면에서 훨씬 유리하게 되었다. 이렇게 되자 더 이상 식인풍습이 남아있을 필요가 없게 된 것이다.

또 다른 하나의 사례를 들어보자. 『구약성경』에서는 “돼지는 불결한 동물이기 때문에 이를 먹거나 손을 대면 부정(不淨)하게 된다.”, “(소나 양과 같은) 되새김질하는 동물만 먹어라.”고 하여 돼지고기 식육을 금하고 있다. 그리고 「코란」에서도 돼지고기 식육을 금하고 있다. 그런데 왜 유독 사막에서 발생한 종교만이 돼지고기 식육을 금하고 있을까?

관념론적 입장에서는 ‘신의 명령’으로 설명할 수 있다. 다시 말해 유일신을 섬기는 문화에서 신의 명령은 절대적이기 때문에 사람들이 반드시 그 명령에 복종해야 하는 것이다. 따라서 유대교인들과 무슬림들은 돼지고기를 먹지 않는다.

유물론적인 입장에서는 돼지 식육 금지를 인간의 생존을 위한 불가피한 선택으로 설명할 수 있다. 소나 양과 같이 되새김질을 하는 동물들은 거친 풀을 먹기 때문에 기본적으로 인간과 먹이를 놓고 다투지 않으면서도 인간에게 고기와 젖을 제공하는 동물이다. 돼지도 인간에게 풍부한 고기를 제공해주는 유익한 가축이긴 하다. 그러나 돼지는 잡식동물로서 인간과 먹이 경쟁을 하는 동물일 뿐만 아니라 생태적으로 숲지대와 그늘진 강둑을 좋아해서 사육하기가 매우 까다롭기 때문에 자칫하면 그것이 제공하는 고기를 얻으려다가 훨씬 더 많은 에너지를 낭비하는 일이 생길는지도 모른다. 이 때문에 유목민이나 유랑민들치고 돼지를 기르는 사람들은 지구상 어디에도 없다. 돼지는 원거리를 몰고 다니면서 사육하기가 무척 어려운 가축이며, 젖을 제공해주는 소나 양과 달리 지속적으로 인간의 생존에 이용할 가치도 거의 없기 때문이다.

요르단계곡 등 『성경』이나 『코란』에 나오는 덥고 건조한 사막 지방에서도 돼지의 사육은 더 많은 것을 잃어야 할지도 모르는 부담스러운 일이다. 뿐만 아니라 이 지방에서는 돼지가 깨끗한 상태로 살 수 없기 때문에 '부정한' 것으로 여겨질 수 있다. 물론 돼지는 온도가 29도 이하 일 경우에 잠자리와 식사자리에는 배설하지 않으며 목욕할 물만 있으면 언제나 목욕을 즐기는 깨끗한 동물로 알려져 있기는 하다. 그러나 돼지는 전혀 땀을 흘리지 않는 동물이기 때문에 기온이 올라가면 깨끗한 진흙 속에 뒹굴어 체온을 조절하며(기온이 37도 이상일 경우 돼지는 살수 없다), 진흙이 없을 경우에는 자기 배설물로 피부를 습하게 하려고 한다. 덥고 물이 귀한 중동지방에서는 돼지가 체온 유지를 위해 배설물 위에 뒹굴 수밖에 없기 때문에 더러운 동물로 취급받는 것이다.

몇몇 서구 사람들이 비난하는 우리의 보신탕 문화도 두 가지 관점으로 설명 가능하다. 관념론적으로 설명하면 한국인은 개고기를 먹는 '미개한 민족'이라고 할 수 있다. 그러나 유물론적인 입장에 따르면 달라질 수 있다. 한국인은 농경민족이다. 농경민의 경우 농사에 중요한 수단인 소를 먹을 수는 없다. 또한 돼지의 먹이는 인간이 먹는 음식물과 중복되기 때문에 가난한 농민의 처지에서는 돼지를 키우기가 어렵다. 그러나 개는 소나 돼지와 비교하여 농사에 필요한 동물도 아니고, 먹이에 있어서도 인간과 경쟁관계에 있는 것도 아니며, 게다가 키우기가 까다로운 동물도 아니다. 삼복더위에 농사를 짓느라 상당한 체력을 소모한 농경민들이 체력 보강을 위해서 단백질이 풍부한 개고기를 먹는 것은 매우 자연스러운 것이다.

* 주어진 텍스트를 요약해 보자.
** 위의 글에서 보완하거나 비판할 점을 찾아 보자.
*** 위의 내용을 포함하는 새로운 글을 완성해 보자.
**** 자신이 쓴 글을 간명하게 나타내는 개요도를 그려보자.

대중과 대중 매체

오늘날 현대를 상징하는 대표적인 말은 '대중'(mass)'이라는 개념일 것이다. 이것은 또한 지금 우리의 시대를 가장 적절하게 표현한 단어일 것이다. 여기서는 사실상 이러한 대중시대를 가능하게 만들었고, 또 지금도대중에게 지대한 영향을 미치는 대중매체(mass media)에 대해 기술하고자 한다.

인간은 타인과의 의사소통 수단으로 '언어(말)'을 발명하였다. 그리하여 직접 얼굴을 맞대고 상대방과 직접대화가 가능하게 되었다. 이렇게 해서 언어는 인간의 직접적인 의사소통 수단이 되었다. 그러나 직접적인 의사소통은 시간적으로나 공간적으로 많은 제약을 동반하였다. 그래서 인간은 '문자'라는 간접적인 의사소통 수단을 발명하게 되었다. 게다가 문자를 보존하고, 운반을 용이하게 만든 인쇄술의 발달은 인간의 의사소통과 인류의 지성적 활동을 비약적으로 발전 시켰다.

대중매체도 이러한 간접적인 의사소통 수단의 하나라고 할 수 있다. 현대사회에서는 간접의사소통 수단인 대중매체의 중요성이 점점 더 커지고 있다. 특히 과학기술의 발달에 의해 산업사회가 형성되었고, 시대의 필연적인 결과물로서 정보화 사회가 도래한 오늘날에는 공정한 가치평가와 행동을 지키려는 역사적 이성의 노력으로 형성된 대중매체가 비약적인 발전을 이루었다.

대중매체는 한편으로는 근대 이후 대중이 주체적인 세력으로 등장하는데 중요한 역할을 담당하긴 했지만, 다른 한편으로는 개인이 개성을 잃고 익명적인 대중성 속에 소외되도록 하기도 한다.

따라서 여기서 대중매체가 대중에게 미치는 긍정적인 측면과 부정적인 측면을 좀 더 상세하게 살펴보고자 한다.첫째, 매스컴은 일부 계층만이 향유하던 문화를 대중이 향유할 수 있도록 기회를 보장하고, 대중에게 문화에 대한 창의력을 북돋우는 역할을 담당하였다.

그러나 똑 같은 정보를 대중에게 제공하기 때문에 오늘날의 대중매체는 대중의 합리적 사고력과 판단력을 상실시켜 대중을 비합리적, 수동적인 인간으로 만들었으며, 대중을 동질적, 평균적, 획일적, 비속적, 고립적 존재로 전락시켜 가고 있다.

둘째, 오늘날의 현대사회는 다양한 계층이 존재하기 때문에 이해관계가 상충하여 많은 갈등의 소지를 내재하고 있다. 따라서 대중매체는 이러한 이해관계와 갈등요인을 정확하게 분석하여 사회통합의 기능을 담당하였다.

그러나 대중매체가 자기의 사회적 역할을 망각하고 오히려 특정집단의 이익을 대변하여 그 사회의 갈등을 더욱 더 조장하는 측면을 내재하고 있다. 특히 우리는 대중매체가 그것을 소유하고 있는 소유주의 이윤만을 고려하는 현상들을 자주 접하게 되었다.

셋째, 대중매체는 민주정치 질서 확립에 중요한 역할을 담당하고 있다. 다시 말해 정치적으로나 사회적으로나 민감한 사안에 대해 공정하게 보도하고, 정치적으로 첨예하게 대립하는 문제를 공론의 장에서 토론할 수 있는 기회를 제공하기도 한다.

그러나 매스컴은 정부의 입장만을 대변하거나, 특정 세력의 견해만을 대변하여 민주정치 질서를 왜곡할 가능성이 높다. 게다가 대중의 정치적 무관심(3S, 스포츠 · 섹스 · 스크린)을 초래케 하기도 한다. 특히 라디오나 TV의 프로그램들은 대중을 주체성이 없고 통일성이 없는 대중적 인간, 즉 '라디오 인간' · 'TV적인 인간' 으로 만들며, 대중을 마구 감각적이고 즉흥적이고 분열된 단편적인 인간(심리적 핵분열)으로 만들어 가고 있다.

이러한 상황에서 비약적으로 발전한 대중매체는 가공된 간접적인 정보를 대량으로 전달함으로써 리프먼(W. Lippam)의 표현대로 '사이비 환경(pseudo environment)'을 제시하여 여론을 조성하는 대중조작의 가능성(대중민주주의에 영향)을 낳게 되고, 이것은 다시 파시즘 및 전체주의가 지배하는 사회를 탄생시킬 수 있는 위험성을 내재하고 있다.

넷째, 대중매체는 대중, 특히 청소년에게 교양과 오락의 기회를 제공한다. 특히 대중 매스컴의 대표 격인 TV는 대중(특히 청소년)에게 스포츠, 쇼 프로, 드라마, 연예인의 정보 등을 제공하여 여가를 즐길 수 있게 하였다. 그러나 TV에서 제공되는 오락 프로그램이 너무 선정적이거나 폭력적인 내용을 동반하기 때문에 오히려 청소년에게 탈선(脫線)이나 일탈(逸脫)행동의 지침을 제공하는 역할을 담당할 가능성도 배제할 수 없다.

다섯째, 현대사회는 대량생산과 대량소비사회이다. 따라서 경영자는 대량으로 생산된 상품을 소비자에게 구매시키기 위해 대중매체의 소유주에게 광고비를 지불하고 광고한다. 따라서 대중매체는 광고비를 지불하는 경영자의 권리를 소비자(대중)의 권리보다 더 중시하게 되고, 그러한 사회를 만들려고 의도한다. 특히 대량생산된 상품은 규격화 · 획일화 · 평균화를 조장하기 때문에 그 상품을 소비하는 소비자(대중)도 평균화, 균질화되어 간다. 예를 들어 유행하는 복장이나 전자제품을 소비하는 대중은 자기도 의식하지 못하는 사이에 사회생활양식이 획일화, 균일화된다. 사회생활이 획일화된다는 것은 의식구조와 행동양식이 세계적으로 획일화되는 것을 의미한다. 따라서 노동시간의 단축으로 인한 휴일과 여가를 즐기는 형태, 오락양식마저도 획일화되며, 결국에 대중은 개성을 상실한 존재로 전락하게 되는 것이다.

여섯째, 대중매체는 대중에게 단지 **'독점성과 전달의 신속성'**으로 그 가치를 인정받았다. 그러나 독점성과 전달의 신속성을 바탕으로 하는 일방적이고 단방향적인 뉴스나 기타의 정보를 전달하는 대중매체의 정보전달 시스템은 언제나 대중을 오도할 가능성이 내재되어 있다.

이상으로 대중매체가 대중에게 미치는 긍정적인 측면과 부정적인 측면을 살펴보았다. 오늘날 우리가 대중매체의 영향을 전적으로 벗어나서 살 수 없는 한, 우리는 대중매체의 긍정적인 측면들을 수용하고 부정적인 측면들을 배제하는 지혜와 안목을 가질 수 있어야 할 것이다.

* 주어진 텍스트를 요약해 보자.

** 위의 글에서 보완하거나 비판할 점을 찾아보자.

*** 위의 내용을 포함하는 새로운 글을 완성해 보자.

**** 자신이 쓴 글을 간명하게 나타내는 개요도를 그려보자.

정치 · 경제

군주와 대통령

군주는 군주국가의 최고 권력자이고 대통령은 민주국가의 최고 권력자이다. 군주국가란 주권이 군주에게 있는 나라를 말하고 민주국가란 주권이 국민에게 있는 나라를 말한다. 그러므로 군주는 스스로 주권을 갖지만 대통령은 본래 국민이 가지고 있는 주권을 위임받아 그것을 대행하는 사람이다. 이 때문에 군주는 자기 마음대로 주권을 행사할 수 있지만 대통령은 국민의 뜻에 따라 주권을 행사해야 한다.

그런데 대통령이 국민의 뜻에 따라 주권을 행사해야 한다고 해서 하는 일마다 모두 국민의 뜻이 어떤 것인지 물어볼 수는 없다. 그래서 국민은 그 대표인 의회를 통해서 대통령이 권력을 어느 정도까지 행사할 수 있는지 법을 만들어 정해 둔다. 따라서 대통령은 법이 허용하는 한에서만 그 권력을 행사해야 한다. 반면 군주는 자기 마음대로 주권을 행사할 수 있기 때문에 법의 제한을 받지 않는다. 물론 우리나라의 조선시대처럼 오랫동안 전통으로 내려오는 '군주의 도리'가 있어서 군주가 그것을 위반하지 않도록 하는 경우도 있었다. 그러나 군주의 도리는 법과 달리 군주가 그것을 위반한다고 해서 처벌할 수 있는 강제적인 조항이 아니다. 처벌은 국가의 최고 권력자가 행할 수 있는 것이기 때문에 군주가 최고 권력자인 군주국가에서는 군주 자신이 스스로를 처벌하지 않는 한 군주가 처벌받을 일은 없는 것이다.

이런 점에서 보면 군주국가와 민주국가의 차이는 국가의 최고 권력자가 법 위에 있느냐 법 아래에 있느냐 하는 것으로 나누어질 수도 있다. 그런데 실제로는 군주이면서도 법의 지배를 받는 경우도 있고, 대통령이면서도 법의 지배를 받지 않는 경우도 있다. 전자는 일본이나 영국처럼 정치의 근대화(민주화)가 이루어지면서 본래 법 위에 있던 군주가 법 아래에 있는 군주로 위상이 변경되어 형성된 '입헌(立憲)군주체제'이다. 이 체제는 사실상 민주국가이면서도 민주화되기 이전의 왕조가 가졌던 정치적 상징성을 유지한다는 의미에서 군주의 지위를 인정하고 있긴 하지만 군주가 국가의 주권을 가지는 최고 권력자라고 할 수 없다. 후자는 대체로 위법적인 독재(獨裁)체제에서만 나타난다. 앞에서 보았듯이 민주국가의 최고 권력자인 대통령은 그 자체로 법의 지배를 받아야 하지만 그가 법의 지배를 받지 않는다는 것은 법을 위반하지 않고서는 있을 수 없는 일이다.

한편, 누가 어떻게 군주나 대통령이 될 수 있을까? 대통령은 국민에 의해 선출되지만 군주는 이전의 군주가 자기 마음대로 정해 둔 차기 군주(세자)에서 승격된다. 조선시대처럼 군주가 자기 아들 중에 하나(대체로는 맏아들)를 세자로 정해 두었다가 (죽음으로써) 자리를 물려주는 것이 대부분의 군주국가에서 나타나는 일반적인 방식이지만, 이것은 다음 왕위를 이을 사람을 미리 정해두지 않을 경우 발생할 수 있는 여러 가지 혼란을 방지하기 위한 장치일 뿐 궁극적으로는 군주 마음대로 다음 군주를 정하는 것이라고 보아야 할 것이다.

그런데 최초의 군주는 누가 정하는 것일까? 실제로는 부족의 우두머리들이 물리력을 이용한 싸움이든 물리력을 이용하지 않은 싸움이든 간에 싸움을 통해 최고의 우두머리를 정함으로써 국가의 군주로 인정하는 경우가 많았다. 그렇다면 각 부족의 우두머리들은 다음 기회에 다시 싸워서 이긴다면 언제라도 자신이 군주가 될 수 있다는 생각을 할 수도 있을 것이다. 이렇게 되면 부족장들

사이에 계속적인 싸움이 일어날 가능성이 있고, 또 국민들도 이번에 군주가 된 사람이나 그 사람에게서 난 자손들이 반드시 다음의 군주가 되어야 하는 이유를 받아들이지 않을 수도 있을 것이다.

그래서 처음 왕조를 연 사람들은 물리적 힘을 통해서 왕실의 힘을 튼튼하게 닦아 놓은 다음에는 대체로 군주의 탄생과 그 나라의 건설에 관한 신화를 만들곤 했다. 이른바 건국신화는 공통적으로 최초의 군주가 보통 사람들과 달리 하늘(天, God)의 뜻에 의해 신비한 과정을 통해 태어났으며 하늘이 정한대로 나라를 세웠다는 내용을 담고 있다. 결국 한 나라의 건국신화는 후대의 군주들이 혈통에 따른 자신들의 세습적인 왕위 계승이 하늘의 명령에 의해 이루어지는 것이어서 다른 사람들이 함부로 탐해서는 안 된다는 것을 나타내기 위해 만든 이야기인 것이다.

* 다음에 나오는 낱말의 의미를 이해하고 주어진 텍스트를 다시 읽어보자.

주권(主權) : 국가의 주된 권리. 국가의 일을 최종적으로 결정하는 최고의 권력. 국가의 의지.

의회(議會) : 국민이 그 대표로 선출한 의원(議員, 의회의 구성원)들로 구성되어 예산 심의, 법률 제정 및 개정, 행정 감사 등을 의논하는 국가기관.

법 : 국가의 강제력이 따르는 온갖 규범. 여기서 규범(規範)이란 '본보기'를 뜻하는 말로서 사람들이 본받아야 할 행동방식을 뜻하지만, 실제로 규범은 사람들에게 허용하는 행동과 허용하지 않는 행동의 목록이

나 원리를 의미한다. 사회적 규범에는 법 이외에도 관습이나 윤리와 같은 것이 있다.

근대화(近代化) : 서양 사람들은 자신들의 역사를 고대, 중세, 근대 혹은 현대로 구분하는데, 고대서로마제국이 멸망하는 5세기 말까지를 고대(ancient age), 르네상스시대까지를 중세(middle age), 그 이후를 근대(modern age)라고 한다. 서양의 근대인들은 문화적으로 과학과 기술을 발전시키고 정치적으로 근대적인 민주주의를 수립하였으며 경제적으로 자본주의를 확립하였다. '근대화(modernize)'는 '문화적, 정치적, 경제적 차원에서 근대적인 것으로 됨'을 뜻한다. 근대화를 완료한 서양의 여러 나라는 정치적 경제적 목적을 가지고 서양이 아닌 여러 지역을 군사적 혹은 문화적으로 침략하기 시작했다. 이러한 서양의 침략을 받은 다른 지역의 나라들은 그 침략에 맞서 싸웠으나 대부분 이겨내지 못하고 서양 여러 나라의 식민지가 되었다. 따라서 이 식민지화된 지역에서는 스스로 힘을 길러 서양을 이겨내고 식민 상태로부터 벗어나기 위해서 노력했다. 이 때 식민지역의 사람들은 우선 서양의 근대 문물을 배워 힘을 기를 수 있다고 생각했다. 이와 같이 서양이 아닌 지역에서 서양의 근대적인 문물을 배우고 자기화하는 과정을 '근대화'라고 하기도 한다.

민주화(民主化) : 민주화는 민주주의가 아닌 상태로부터 민주주의 상태로 변화되는 과정을 뜻한다. 민주주의는 고대 그리스에서 발생한 것이지만, 근대 서양에서는 대의제도와 정당제도를 중심으로 하는 새로운 형태의 민주주의가 성립하였다. 이것을 '근대 민주주의'라고 한다. 따라서 서양에서는 정치적으로 민주주의 체제가 형성될 때 비로소 근대적인 면모가 갖추어졌다고 할 수 있다. 이러한 점에서 서양에서 근대 민주주의의 확립은 정치적 근대화와 동일한 의미라고 할 수 있다.

입헌군주체제(立憲君主體制) : '입헌'은 말 그대로 법(憲) 아래에 서

있음(立)을 뜻한다. 입헌군주체제는 군주가 법의 지배를 받는 사람으로 규정된 국가체제이다. 이와 반대되는 것이 절대군주체제 혹은 전제군주체제이다. 절대군주체제는 군주가 절대적 권력을 갖는 것으로 규정된 국가체제이고, 전제군주체제는 군주가 오로지 자기 마음대로(專) 일을 처리(制)할 수 있는 것으로 규정된 국가체제이다.

독재(獨裁) : 오직 혼자서(獨) 자기 마음대로 일을 처리함(裁)을 뜻한다. 대체로 특정한 개인, 단체, 당파, 계급 등이 국가나 어떤 분야에서 권력을 독자치하고 모든 일을 단독으로 처리하는 경우에 해당한다.

처벌(處罰) : 처벌은 형벌(罰)을 받도록 조치한다(處)는 말이다. 그리고 형벌(刑罰)은 법을 위반한 사람에게 국가가 가하는 강제적인 심신의 압력을 말한다.

부족(部族) : 씨족보다는 크고 국가보다는 작은 사회단위로서, 일반적으로 같은 조상에서 유래했다는 믿음과 공통의 언어를 사용한다는 점을 근거로 하여 하나의 정치공동체를 이룬다. 역사적으로 볼 때 고대국가는 대체로 부족연맹으로부터 성읍(城邑)국가를 거쳐 형성되었다. 부족연맹은 몇 개의 부족사회들이 정치경제적 사안에 따라 서로 협력하는 관계를 맺고 부족장들이 공동으로 혹은 돌아가면서 연맹을 이끌었다. 성읍국가는 하나의 성을 거점으로 하는 왕실이 형성되었으나 그 세력이 지방에까지 미치지 못하고, 지방의 통치를 그 지방의 호족(豪族)들에게 일임하는 형태를 취하는 국가형태이다. 고대국가는 왕권의 확립, 상비군 설립, 지방에 대한 통제권 등이 갖추어진 국가형태이다.

왕조(王朝) : 왕조는 두 가지 의미를 갖는 말이다. 하나는 왕국 내지 군주국과 같은 말이다. 예컨대 조선왕조라는 것은 조선이라는 이름을 갖는 군주국을 뜻한다. 다른 하나는 왕의 가문에 딸린 통치자의 계열이나 혈통을 뜻하는 말이다. 조선의 이씨왕조, 잉글랜드의 튜더왕조, 프랑스의 부르봉왕조 등이 그 예이다.

왕실(王室) : 왕과 그 친인척으로 구성되는 왕의 집안.

세습(世襲) : (신분, 직위, 업무, 재산 등을) 집안의 대를 이어 물려주고 물려받는 일. 군주국이라고 해서 반드시 세습하는 방식으로만 왕위가 계습되는 것은 아니다. 신라의 초기 왕위는 박씨, 석씨, 김씨 세 성이 특별한 원칙 없이 돌아가면서 차지했으며, 로마의 초기 제정(帝政)기에도 기존의 황제가 양자를 지명하여 그로 하여금 왕위를 계승하도록 하였던 때가 있었다.

사회적 활동으로서의 경제

인간의 가장 원초적인 욕구는 의 · 식 · 주와 관련된 욕구이다. 인간은 스스로 이 원초적인 욕구들을 충족시켜주는 재화를 획득하지 않으면 살아갈 수가 없다. 따라서 사람들은 옷을 만들고 먹을 것을 구하며 집을 마련하기 위해 일한다. 물론 이렇게 획득한 재화들은 시간이 지남에 따라 사용되고 처분됨으로써 사라지고 만다. 그러므로 인간은 끊임없이 필요한 재화를 획득하고 사용하면서 일생을 살아가는 것이다. 이때 인간이 삶을 영위해 나가는 과정에서 필요한 재화와 용역(service)을 획득하고 소비(사용, 처분)하는 활동 및 이와 관련된 모든 활동을 '경제(활동)' 라고 한다.

그런데 식량을 구하고 집을 짓고 옷을 만드는 일을 혼자서 해결하는 것보다 몇 사람이 모여 각각 한 가지 일을 전문적으로 하면서 자기가 생산할 것을 다른 사람들에게 나누어주고 자기가 생산하지 않은 것을 다른 사람들로부터 나누어 받으면서 서로 협력하는 것이 훨씬 효율적이다. 우선 한 사람이 전문적으로 한 가지 일을 하게 되면 그 일에 익숙하게 되어 다른 사람들보다 더 좋은 재화를 만들어낼 수 있고 또 일정한 시간에 더 많은 재화를 만들어낼 수 있게 된다. 반드시 더 많은 재화가 필요한 것이 아니라 하더라도 필요한 만큼의 재화를 만드는데 드는 시간이 절약될 수 있다. 재화를 만드는 시간이 절약되면 사람들은 그 밖의 다른 일, 예컨대 약탈자로부터 재화를 지키는 일을 할 수 있는 시간을 더 많이 가질 수 있으며, 그것도 불필요하다면 휴식하거나 놀이하는 시간이라도 더 많이 가질 수 있다. 이러한 점에서 각자 혼자서 자기가 필요한 재화들을 모두 만들어 쓰는 것보다 여러 사람이 필요한 재화를 각자 전문적으로 만들어서 서로 나누어 쓰는 것이 더 효율적인 것이다.

모든 면에서 반드시 효율성이 비효율성보다 더 좋다고 단정할 수는 없으나, 물자가 풍족하지 않고 환경이 불안정한 상황에서 삶에 필요한 재화를 획득하는 경우에는 효율적인 것이 더 좋다고 할 수 있다. 인류의 역사를 돌이켜보면 인간은 물자부족과 불안정한 생활환경에 시달려왔기 때문에 모든 일에 효율성을 높이려고 노력했다. 이것은 인간의 경제활동이 '사회적 활동'이 될 수밖에 없도록 하는 요인이 되었다. '사회'를 서로 관계하는 사람들의 모임이라고 한다면, '사회적 활동'은 사람들이 독립적으로 활동하는 것이 아니라 함께 모여서 서로 관계하는 방식으로 활동하는 것을 뜻한다. 따라서 여러 사람이 모여서 필요한 재화를 각자 전문적으로 만들어서 서로 나누어 쓰는 방식의 경제활동은 당연히 사회적 활동이라고 할 수 있는 것이다.

여기서 보는 것처럼 인간의 경제활동이 근본적으로 사회적 활동이라는 점은 '경제'라고 하는 말의 의미에서도 잘 나타난다. 먼저 우리말의 한자어 '經濟'는 다스릴 경과 건질 제로 이루어진 말이다. '다스리고 건지다'라는 의미가 다소 모호하기는 하지만, 이 말이 본래 '經世濟民'이라는 말의 준말이라는 것을 알면 이해가 쉬워진다. 즉 '세상(나라)을 다스리고 백성을 (어려움에서) 건지다'라는 것이 바로 경제인 것이다. 여기서 경제가 나라를 이루고 살아가는 다수의 사람들에게 문제되는 일, 즉 사회적 활동이라는 점이 잘 나타난다.

다른 한편, 경제를 뜻하는 영어 economy는 영어를 비롯한 모든 유럽어의 뿌리인 고대 그리스어의 oikos라는 말과 nomos라는 말이 합해져서 만들어진 말이다. oikos는 house 혹은 household,

즉 집 혹은 가정 을 의미한다. nomos는 custom 혹은 law, 즉 관습 혹은 법률을 의미한다. 그렇다면 이 둘로 이루어진 economy는 '가정을 관리하는 법' 정도로 규정할 수 있다. 이 때 가정은 가장 기초적인 사회라고 할 수 있으므로, economy라는 말에서도 경제가 사회적 활동이라는 점이 잘 나타난다.

이와 같이 경제가 근본적으로 사회적 활동이라는 것은 각자 나름대로 경제활동을 하는 우리 개개인의 태도가 어떠해야 할 것인지를 말해준다. 그것은 경제활동에 있어서 개인적 이익을 추구하는 것 못지않게 사회적 관계를 깨뜨리지 않도록 노력하는 것도 중요하다는 사실이다. 그리하여 경제활동에 있어서 사람들이 저마다 자신의 개인적 이익만을 추구하게 되면 각자의 이익을 위한 사람들 사이의 경쟁이 불가피하게 되므로 사회적 관계가 깨어질 가능성이 높아질 것이다. 사회적 관계가 깨어져버리면 이미 사회적 삶을 통해서 형성된 전문화된 개인들의 능력이 오히려 경제의 비효율성을 높이게 되어 사람들의 삶도 그 만큼 힘들어지기 때문이다. 그러므로 사회적 활동으로서의 경제활동에 있어서는 사회적 관계를 깨뜨리지 않기 위해서 사람들 각각이 자신의 개인적 이익을 어느 정도 포기할 필요가 있다. 그러나 이를 위해 사람들이 자신의 개인적 이익을 얼마만큼 포기할 것인가가 문제로 남는다.

* 다음에 나오는 낱말의 의를 이해하고 주어진 텍스트를 다시 읽어보자.

원초적 : 原初란 근원 원자에 처음 초자가 붙어 합성된 말이다. 따라서 원초적인 것은 다른 것에 관련하여 발생하는 부차적인 것이 아닌 것을 의미한다. 영어 primitive도 처음, 근원을 의미하는 prime에서 파생한

형용사이다. 의 · 식 · 주와 관련된 욕구가 원초적이라는 것은 이것들이 모두 생명의 유지에 직결되는 욕구라는 것을 의미한다. 반면 옷을 더 멋지게 입고자 하는 욕구라든지, 더 맛있는 음식을 먹고자 하는 욕구라든지 더 편안하게 쉬거나 자고자 하는 욕구는 모두 의 · 식 · 주와 관련된 욕구에서 비롯되는 부차적인 욕구이다.

욕구 : '욕구(欲求)'의 사전적 의미는 "무엇을 하거나 무슨 일을 하고자 바라고 원함"이다. 그런데 이 사전적 의미로만 보면 '욕망(欲望)'과 크게 다르지 않다. 국어사전에 '욕망'에 대해 "무엇을 하거나 가지고 싶어 간절히 바라고 원함 혹은 그렇게 원하는 마음"이라고 규정되어 있는데, 이것은 '욕구'에 대한 규정과 크게 차이나지 않는다.

그러나 한자로 분석하면 이 양자의 차이가 조금 더 선명해진다. 욕구와 욕망은 각각 欲(바랄 욕)자에 求(찾을 구)자와 望(바랄 망)자가 합쳐져서 이루어진 낱말이다. 이 두 낱말의 의미 차이는 역시 求자와 望자의 의미 차이일 것이다. 求는 나에게 필요한 것을 내가 적극적으로 구한다는 것을 의미한다. '추구'(끊기 있게 뒤쫓아 구함), '요구'(받아야 할 것을 달라고 함), '구직', '구애' 등과 같은 말에서 그 의미가 잘 나타난다. 반면 望은 바란다는 의미와 더불어 바라보다는 의미도 있으므로 내가 바라는 것을 적극적으로 구한다기보다는 추이를 관망하면서 소극적으로 기다린다는 의미가 함축되어 있다. '소망'이나 '희망'은 '계획'이 아니다.

통상 '욕구'와 '욕망'으로 번역되는 영어 need와 desire도 그 사전적 의미나 용법상 엄밀하게 구별하기 어려운 것이지만, 위에서 본 한자어의 의미를 고려하면 need를 '욕구'로, desire를 '욕망'으로 구별하여 번역하는 것이 가능하다. need의 근원적 의미는 '결여'이고, 결여되어 있는 것을 '반드시' 채우고자 하는 '필요'의 의미를 함축한다. 반면 desire는 원하는 것, 하고 싶은 것 등 주관적 소원을 나타낸다.

재화 : 財貨를 구성하는 재는 재물 재자이고 화는 재화 화자이므로

한자어 구성으로는 재화의 뜻을 더 이상 풀이할 수 없다. 다만 財와 貨에 모두 조개 패(貝)자가 붙어 있는데, 옛날 중국에서 조개껍질을 돈으로 사용했다는 사실을 감안하면 재화는 '돈으로 바꿀 수 있는 물건' 혹은 '값어치 있는 물건'이라고 할 수 있다. 어떤 물건을 돈으로 바꿀 수 있다는 것은 그 물건을 내가 갖기 위해서는 반드시 일정한 돈을 지불해야 한다는 것을 의미한다. 그런데 내가 귀중한 돈을 지불하면서도 어떤 물건을 갖고자 하는 것은 그 물건을 소비함으로써 내가 만족감을 얻을 수 있기 때문이다. 단적으로 말해서 나는 욕구의 만족을 위해서 돈을 써서 어떤 물건을 산다. 그렇다면 재화는 욕구를 만족시킬 수 있는 물건이라고 할 수 있다. 그러나 돈(화폐)이 사용되기 전에도 재화에 해당하는 물건, 즉 나의 욕구를 만족시켜주는 물건이 있었을 것이다. 따라서 돈을 의미하는 貝자를 붙여서 만든 財貨라는 낱말은 최소한 교환경제가 이루어진 이후에 만들어졌을 것이다.

이 항목에서 사용된 '자연경제'와 '교환경제'라는 말은 서로 대비되는 용어로서, 말 그대로 경제활동이 물건들의 교환을 통해서 이루어지느냐 아니면 교환이 없이 이루어지느냐 하는 것으로 나뉘어 진다. 여기서 주의할 것은 경제활동이 사회적인 활동이기 때문에 항상 개인들 사이의 교환을 통해서 이루어지는 것이 아닌가 하는 오해이다. 이러한 오해는 교환이 필연적으로 '사적소유'라는 것을 전제하는 말이라는 것을 알지 못하기 때문에 생겨난다. 단적으로 말해서 사적 소유의 관념이 불필요한 경우라면 교환은 무의미하다. 예를 들어 하나의 가족생활에서 아버지는 전문적으로 사냥을 하고 어머니와 아이들은 각각 전문적으로 특정한 과일을 채집하여 나중에 집에 돌아와서 서로 나누어 먹을 수 있다. 이들이 각자 자기가 구한 음식을 서로 나누어 먹는 것에 대해 교환이라는 용어를 쓰지 않는다. 이 가족이 운영하는 경제생활의 방식이 씨족 단위 혹은 부족 단위에서, 아니면 마을 단위 혹은 국가 단위에서 채택될 수도 있다. 이처럼 어떤 사회 단위에서 교환이 없이 운영되는 경제생활을 자연경제라고 한다.

용역 : '용역'의 사전적 의미는 "생산과 소비에 필용한 노무(勞務)를 제공하는 일"이다. 예를 들어 '용역회사'는 특정한 노동력을 필요로 하는 개인이나 기업에 그 일을 할 수 있는 사람을 제공하는 회사이다.

그런데 위의 본문에서 보듯이 경제용어로서의 용역은 service와 같은 말로 쓰인다. 경제용어로서 service는 사람의 욕구를 만족시켜주는 물건을 뜻하는 '재화'와 비교되는 말로서, 물건이 아니라 어떤 사람의 행위가 다른 사람의 욕구를 만족시킬 수 있는 경우에 이 사람의 행위를 '용역'이라고 한다. 이러한 점에서 쓰고 부린다는 의미를 갖는 한자어 낱말 '用役'은 위의 국어사전적 의미보다는 경제용어의 의미에 더 적합하다. 즉 쓰고 부린다는 것은 나의 욕구를 충족시키기 위해 다른 사람에게 특정한 일을 시킨다는 의미로서, 그 다른 사람이 일해서 만든 물건을 목적으로 하는 것이 아니라 그 사람의 행위를 목적으로 하는 것이다. 재화를 구입하기 위해 돈을 지불하는 것과 마찬가지로 용역을 획득하기 위해서도 돈을 지불해야 하는데, 용역을 획득하기 위한 돈은 그가 일해서 만든 물건에 대한 값이 아니라 그가 하는 행위에 대한 값이라는 점에서 그가 만든 물건보다 그의 행위에 중심을 두어야 하는 것이다.

생산과 소비에 관련된 활동 : 공장에서 분업과 협업의 과정을 거쳐 어떤 물건을 대량으로 생산하는 경우 생산에 직접 참여하는 사람들을 조직하고 관리하는 일, 생산 업무를 잘 수행할 수 있도록 교육시키는 일, 새로운 물건을 고안하고 개발하는 일, 생산된 상품을 널리 알려 사람들의 소비를 돕는 일, 생산이나 소비가 원활하게 이루어질 수 있도록 원재료나 생산물을 운송하는 일, 원재료나 생산물을 판매하는 일, recreation 등 이러한 활동은 다양하다.

전문적 : 專門은 오로지 전자와 문 문자로 합성된 낱말로서 '오로지

하나의 문으로만 드나 듦'을 의미한다. 여기서 문은 예를 들어 장인(匠人, master)의 작업장을 드나드는 출입문이다. 따라서 '전문적'이라는 것은 장인처럼 오로지 하나의 분야에서 기술적 경지에 올라 있는 것을 뜻하는 관형사이다. '전문적'을 뜻하는 영어 professional은 '직업적'이라는 의미도 갖는데, 이것은 직업을 소명(召命), 즉 신의 명령(命)에 의해 불려진(召) 것 혹은 신이 불러 명령하는 것, 따라서 오직 신이 명령한 그 일만을 전문적으로 하도록 정해진 것으로 이해하는 기독교적 인생관에서 생겨난 의미이다.

효율적 : 效率은 힘쓸 효자와 비례 율자로 합성된 말로서, '힘써 일한 것과 그에 의해 성취한 것 사이의 비율'을 뜻한다. 물론 이 비율은 다양하게 산출될 수 있지만, 효율적이라는 표현은 전자에 비해 후자의 양이 큰 것을 가리킨다. 이러한 의미에서 효율적이라는 것은 그 자체로 '경제적'이라는 것을 의미하기도 한다. "최소투입 최대산출"이라는 이른바 경제원칙은 생산에 있어서 가장 효율이 큰 경우를 지향하는 것으로서, 이 경제원칙에 적합한 것을 '경제적'이라는 말로 지칭하기도 하는 것이다.

한편 '효율적'을 의미하는 영어 efficient라는 형용사는 특정한 사람을 지칭할 경우 '유능한'이라는 뜻으로도 쓰인다. 경제가 원초적인 욕구 충족을 위한 활동이기 때문에 동서양 어디서나 생산에 있어서 효율성이 높은 것에 더 큰 가치를 부여하겠지만, 근대적인 서양문물이 도입되기 전 자연경제에 입각하여 생활하던 많은 지역에서는 '최소투입 최대산출'보다 '투입과 산출의 균형'을 더 중시하는 경제관념을 가지고 있었다. 따라서 efficient를 '유능한'이라고 쓰는 것은 근대의 서양적 가치관을 어느 정도 내포하는 것이라고 할 수 있다.

사회 : 社會는 모일 사자와 모일 회자로 합성된 말로서, '모여 있음'을 나타낸다. 그러나 모래알이 모여 있는 것을 사회라고 하지는 않는다. 사람들이 모여 있음을 사회라고 한다면, 사람들의 모임은 사람들 각자가

자신의 생존을 위해 다른 사람들과 협력하기 위해 모인다는 점에서 모래알의 모임과 다르다. 이러한 점은 영어 society의 어원인 라틴어 socius의 의미가 '공유하다', '더불어 활동하다' 등이라는 사실에서도 잘 드러난다. 결국 사회는 공동적인 목적을 달성하기 위한 사람들의 모임이라고 할 수 있다. '사회적' 이라는 말이 어떤 경우에는 '개인적' 혹은 '이기적' 이라는 말과 반대말로 쓰인다는 것도 이러한 점에서 이해할 수 있다.

근대 민주주의의 이념으로서의 사회계약사상

십자군전쟁(1096-1291) 이후 유럽에서는 동서무역이 발달하면서 그 교통의 요충지에 근대적 도시들이 성립했다. 이 도시들을 거점으로 상공업활동에 종사하는 사람들을 '시민(bourgeois)'이라고 하는데, 이들은 봉건귀족에 예속되어 있는 자신들의 도시를 점차 자치지역으로 해방시켜 갔다. 그러나 자치를 획득한 이후에는 새로운 문제가 생겨났다. 이전에는 봉건귀족이 그 예속민들의 생명과 재산을 보호해주어야 할 의무를 가지고 있었기 때문에 시민들이 봉건귀족의 보호에 의탁할 수 있었지만, 이제는 시민들 스스로 자신들의 생명과 재산을 지켜야 했던 것이다. 이 때문에 근대의 시민계급은 그들의 생명과 재산을 보호해줄 수 있는 새로운 국가의 이념을 요구하게 되었다. 이러한 새로운 국가의 이념을 이론적으로 제시한 것이 바로 '사회계약사상'이다.

근대적인 정치이념으로서의 사회계약사상을 처음으로 개진한 사람은 영국의 토마스 홉스(T. Hobbes, 1588~1679)이다. 그에 따르면, 인간은 자기보존본능에 충실한 이기적인 존재이므로 자연상태에 있어서는 "만인이 만인에 대해 이리(狼)인" 상태를 피할 수 없다. 이처럼 이기적인 개인들이 서로 다투기만 한다면 개인은 자기의 욕구와 이익을 얻지 못하고 오히려 항상 불안한 가운데 생활할 수밖에 없다. 그리하여 개인들은 서로 계약을 맺어 자연상태에서 자신들이 누렸던 무제한의 자유를 제한하여 법적 질서를 갖는 국가공동체를 만들게 된다. 법적 질서의 유지를 위해서 개인들은 자신들의 자연권을 인위적 군주인 레비아탄(Leviathan)에게 전면 양도하여 그를 절대적인 권력자로 인정하며, 모든 개인들은 이 권력자에게 무조건 복종한다.

이 홉스의 사상은 절대군주제를 옹호하는 이론인 것처럼 보인다. 그러나 근대적 절대군주제에 있어서 군주의 권력이 신에 의해 정당화되는 것이라면, 홉스의 사상에서 레비아탄의 절대적인 권력은 신이 아니라 시민들에 의해 정당화되는 것이다. 그럼에도 불구하고 레비아탄의 권력은 절대적이기 때문에 경우에 따라 시민의 이익을 보장하지 못하고 전횡을 저지를 수 있다. 그러나 시민들은 자신들의 권리를 이미 레비아탄에게 전부 양도해버렸기 때문에 레비아탄의 전횡을 종식시킬 방안이 없다.

그리하여 존 로크(J. Locke, 1632~1704)는 군주의 권력을 제한하는 새로운 사회계약사상을 주장했다. 그에 따르면, 인간의 자연상태는 평화롭게 서로 돕고 사는 상태이다. 그러나 이기적인 욕구가 발동하면 타인의 자유와 재산을 침범할 수 있다. 이러한 상태를 방지하기 위하여 개인들은 계약을 통하여 정부를 만들고 특정한 개인에게 자연권의 일부를 양도함으로써 그를 권력자로 인정하며 그에게 복종한다. 그런데 만약 군주가 그 권력을 남용한다면 시민들은 자신들에게 남은 권력들을 모아서 군주의 권력에 저항할 수 있는 권리(저항권)를 발동할 수 있다. 이 경우 군주에게 양도되었던 권력은 다시 개인들에게 회수되어야 하고, 개인들은 다시 새로운 특정 개인을 군주로 세울 수 있다.

그런데 개인들은 그들 각각의 이해관계가 다르기 때문에 어떤 사안과 관련하여 군주에게 저항할 것인가 말 것인가를 결정할 때 의견의 충돌이 일어날 수 있다. 이러한 의견충돌은 저항권의 발동 문제뿐만 아니라 국가의 운영방향을 결정해야 할 모든 사안에서 발생한다. 이러한 문제를 어떻게 해결해야 할까?

그리하여 로크는 다수결의 원칙을 제안한다. 자연적으로 부여

받은 개인의 권리(자연권)는 만인에게 평등하므로 어느 특정한 사람의 의견이 더 가치 있다거나 가치 없다고 할 수 없기 때문이다. 그러나 이 경우 또 하나의 새로운 문제가 생긴다. 다수결이 항상 가장 좋은 것을 선택하는 방안일까?

이것은 프랑스의 장 자크 루소(J. J. Rousseau, 1712~1778)의 고민이기도 했다. 루소는 본래 인간이 자유로운 존재로서 태어났으나 사회적 삶을 살 수 밖에 없다는 이유로 사슬에 매이게 되는 야만상태에 있게 되었다고 본다. 여기서 개인들은 이 야만상태를 종식시키기 위해 자신들의 자연권을 전부 양도하여 개인의 자유와 주권을 인정하는 정부의 지배 하에 들어가게 되는데, 이 정부는 '일반의지(volonte generale)'에 따라 공동체를 운영한다.

'일반의지'는 '특수의지'와 반대되는 개념으로서, "그것이 전체의 의지이면서 동시에 개인의 의지가 되는 그러한 의지"를 말한다. 현실적인 차원에서 그것은 일반투표에서 표시된 '다수의 의지'와 비슷하게 쓰이긴 하지만 일반의지와 다수의 의지는 명백하게 다른 것이다. 다수의 의지는 말 그대로 '다수의' 의지를 뜻하는 말이다. 그러나 일반의지는 '다수'가 그렇게 하고자 하지 않는다 하더라도 이념적인 차원에서 '가장 좋은 것을 선택하는 의지'라고 할 수 있다. 결국 루소는 일반의지에 따라 공정하게 통치되는 사회에서 개인들이 참된 자기의 실현뿐만 아니라 보다 큰 전체에 합일하는 한에서만 개인이라는 의식을 획득할 수 있다고 보았다.

이러한 일련의 사회계약사상은 근대 민주주의의 이론적 근거가 되었다. 잘 알고 있듯이 민주주의는 고대 그리스의 여러 폴리스에서 시행된 공동체의 운영체제였다. 그러나 로마의 제정시대와 중세시대를 거치면서 유럽의 역사에서 민주주의가 소실되었다. 이렇게 소실된 민주주의를 다시 되살린 것이 바로 이 사회계약사상이다. 그러나 이것은 단순히 고대의 민주주의를 되살려낸 것에 불과한 것이 아니다. 고대 그리스에서 민주주의(demokratia)는 '천민들(demos)에 의한 지배(kratia)'라는 다소 부정적인 의미로 이해되기도 했던 불확실한 가치를 가지는 말이었다. 그러나 위에서 본 것처럼 근대의 사회계약사상은 인민주권사상, 자연권사상, 최고 권력의 법적 한계 등 그 가치의 근거를 근대적 차원에서 새롭게 밝힌 이론이다. 이러한 점에서 사회계약사상은 근대 민주주의의 이론적 기초라고 할 수 있으며, 실제로 근대의 정치적 민주화를 성취한 일련의 시민혁명을 이끌어내었던 정치적 민주화의 이념이었다고 할 수 있다.

* 각 문단의 요지를 한 문장으로 표현해 보자.

** 각 문단의 요지들이 일정한 맥락에 따라 이어지는지 생각해 보자.

*** 위에서 만든 글과 주어진 텍스트의 맥락이 일치하는지 생각해 보자.

원시시대에 관한 하나의 상상

① 원시시대이다. A, B, C, D, E 다섯 사람이 함께 이동하면서 살고 있었다. 어느 날 이 다섯 사람이 강에서 낚시를 했다. 오후 내내 A와 B는 각각 한 마리씩만 잡았고, C는 두 마리, D는 세 마리, E는 네 마리를 잡았다. 그런데 이 물고기는 한 사람이 두 마리 이상 먹기 힘들만큼 크다. 그러나 한 사람이 한 마리만 먹기에는 배가 차지 않을 정도이다. 과연 D와 E는 자기가 먹을 두 마리를 빼고 남는 물고기를 A와 B에게 나누어 주었을까?

② 다른 어느 날 이 다섯 사람은 들소 사냥을 나갔다. A, B, C 세 사람은 주변에서 들소를 몰고, D와 E 두 사람은 길목에서 기다리고 있다가 들소에게 창을 던지고 달려들어 칼로 숨통을 끊어 들소 한 마리를 잡았다. 이 들소는 이 다섯 사람이 서로 협력하지 않았다면 잡을 수 없었다. 그러므로 다섯 사람은 이 한 마리의 들소를 나누어 먹어야 한다. 그런데 이들은 이 들소를 어떻게 나누어 먹었을까?

①번 문제에 대한 답은 '그렇다' 일 것이다. 어차피 저녁이고 밤이 지나고 나면 그 생선은 썩어 비린내가 날 것이다. 또 밤 동안에 그 생선을 가지고 있다가는 굶주린 맹수의 습격을 받을 게 뻔하다. 썩히거나 맹수들에게 빼앗기기보다는 동료에게 주는 것이 더 좋을 것이라는 것은 길게 생각하지 않아도 잘 알 수 있는 일이다. 뿐만 아니라 D와 E는 이번에는 자신이 운이 좋아 생선을 많이 낚았지만 다음에는 오히려 자신이 부족하게 낚을 수도 있다는 것을 알고 있다. 이번에 자신들이 부족한 동료에게 생선을 나

누어 준다면 나중에 자신들이 부족하고 그들이 남을 때는 그들로부터 나누어 받을 수 있을 것이라는 것도 잘 알고 있다. 그러므로 이들은 매 번 자신들이 낚은 생선을 나누어 먹었을 것이다.

②번 문제에 대한 답은 간단하지 않다. 그래도 한 번 상상해 보자. 우선 들소 한 마리라면 다섯 사람이 3~4일 먹을 수 있는 양이고, 죽은 들소 고기도 상온에서 4~5일 보관할 수 있다. 평소에 먹을 것을 찾아 계속 옮겨 다니는 그들이었지만 이제 며칠 동안은 한 곳에 머물러 있을 수 있다. 다만 고기를 탐내는 맹수들의 습격에 대비하기 위해 돌아가면서 불침번을 서야 할 것이다. 처음에는 다섯 사람 모두가 각자 배를 충분히 채울 만큼 먹고 남은 것은 계속 보관해 둘 것이다. 어떤 사람은 몸집이 크고 소화량이 많아서 계속 많이 먹고 다른 어떤 사람은 계속 적게 먹을 것이다. 이렇게 2-3일 지났을 때 남은 고기를 보니 양이 많이 줄어들었다. 그래도 이들은 다음 날 남은 고기를 각자 필요한 만큼씩 나누어 먹고 길을 떠날 것이다.

이러한 상상이 잘못되었다고 말할 수도 있을 것이다. 특히 ②번의 경우 D와 E는 나머지 세 사람보다 훨씬 위험하고 중요한 일을 했기 때문에 이들이 더 많이 먹어야 한다고 생각할 수도 있을 것이다. 그러나 이들에게는 먹는 양의 한계가 있기 때문에 그 이상 먹을 수 없다. 또 이 다섯 사람 중에 한 사람이 힘이 월등하여 자기 혼자만 고기를 차지하고 나머지 사람들에게 조금씩만 나누어 주는 상황도 그려볼 수 있다. 그러나 이 그림도 그렇게 설득력이 없다. 기껏해야 혼자서 충분히 먹을 수 있는 시간이 4~5일밖에 안 되는데, 이 기간동안 고기를 독차지한다면 배가 고픈 나머지 사람들이 먹을 것을 찾아 그를 떠나버릴 것이기 때문에 결국 그 자신에게 도움이 되지 않는다. 결국 이들은 있는 만큼 충분히 먹고, 없어지면 다시 먹을 것을 찾아 떠나게 되는 것이다.

사자의 경우와 비교해 보자. 소 한 마리를 포획했을 때 먼저 우두머리 사자가 충분히 먹는다. 남는 것을 그 아래의 사자들이 충분히 나누어 먹는다. 그러나 사자는 그것을 보관할 줄 모른다. 그래서 그 나머지를 하이에나가 먹고, 또 그 나머지를 독수리가 먹고, 나중에는 미생물들이 최종적으로 청소한다. 결국 사자의 경우 그들 집단의 사자들이 충분히 먹고 나면 나머지를 버리는 셈이다. 있을 때는 모두 충분히 나누어 먹고, 없을 때는 모두 같이 굶는다.

이렇게 보면 구체적인 방식은 약간 다르지만 원시시대의 사람들이 먹고 사는 것이나 사자들이 먹고 사는 것이나 크게 다른 것이 없다. 있을 때는 모두 충분할 만큼 나누어 먹고, 없을 때는 모두 굶는 것이다. 모두 협력해서 먹을 것을 구하고 각자 충분할 만큼 나누어 먹는 생활, 보관한다는 관념 자체가 없기 때문에 '내 것' 과 '네 것' 을 구별할 이유도 없는 삶, 이것이 바로 원시적인 인간의 사회이다.

근대 민주주의의 이념인 사회계약설을 주장한 로크(J. Locke)나 루소(J. J. Rousseau)는 이런 원시적인 인간의 사회를 '자연상태' 라고 했다. 특히 오늘날에도 사람들의 입에 널리 오르내리는 루소의 유명한 말 "자연으로 돌아가자!"는 말은 다름 아니라 이와 같이 사람들이 이기적인 욕심을 부릴 필요가 없이 무한하게 협력하며 사는 사회를 만들어가자는 말인 것이다.

* 각문단의 요지를 한 문장으로 표현해 보자.

**각문단의 요지들이 일정한 맥락에 따라 이어지는지 생각해 보자.

*** 위에서 만든 글과 주어진 텍스트의 맥락이 일치하는지 생각해 보자.

맹가(孟軻)의 왕도정치사상은 민주정치사상인가?

맹가(孟軻, 370~290 B.C.)는 중국 전국시대[41]에 활동한 사상가이다. 맹가는 중국 춘추시대[42]에 활동한 공구(孔丘, 551~479 B.C.)의 인치(仁治)사상을 계승하여 왕도(王道)정치의 이념을 확립하였다. 왕도정치란 말 그대로 왕(王)으로서의 도리(道理)가 어떤 것인지를 알고 그 도리에 따라 나라를 다스리는 것이다. 이 왕도정치는 패(覇)의 도리에 따라 통치하는 패도(覇道)정치와 대비된다.[43]

맹가는 왕을 "덕으로써 사랑을 행하는 자(以德行仁者)"라고 하고, 패를 "힘으로써 사랑을 가장하는 자(以力假仁者)"라고 한다.[44]

---

41) '전국시대(戰國時代)'란 중국 춘추시대 다음의 시대로서, 구체적으로는 춘추시대의 마지막 패자(覇者)였던 진(晋)나라가 한(韓), 위(魏), 조(趙) 세 나라로 분열된 기원전 403년부터 기원전 210년 진(秦)나라가 중국을 통일했던 시기까지의 기간을 이르는 용어이다. 이 시기에는 말 그대로 여러 나라의 제후들이 주변의 군소지역들을 병합하여 영토국가를 확립한 후 천하를 차지하기 위해 싸웠다.

42) '춘추시대(春秋時代)'란 12세기 중국 위수(渭水) 유역에서 일어난 주(周)나라가 서쪽의 견융(犬戎)의 침입을 받아 동쪽으로 후퇴하여 중원의 낙읍(洛邑, 洛陽)으로 옮겨 이른바 동주(東周) 시대를 연 기원전 8세기에서 전국시대가 시작되는 5세기까지 이르는 대략 300년 동안의 시기를 일컫는 용어이다. 이 시대에는 주나라가 천자국(天子國)으로서의 명맥은 유지하고 있었지만 제후국(諸侯國)들의 세력이 강화되어 사실상 천자국으로서의 실력을 상실하고 있었다.

43) 여기서 말하는 왕과 패는 모두 중국의 역사에서 나타났던 국가의 최고 권력자를 지칭하는 직위명칭이었다. 중국의 역사를 보면 다소 신화적이긴 하지만 멀리 3황의 '황(皇)', 5제의 '제(帝)'가 있었고, 은나라와 주나라시대에는 '왕(王)'이라는 명칭이 주로 사용되었다. 그러다가 춘추시대에 이러서는 제(齊), 진(晋), 초(楚), 오(吳), 월(越) 등 변방에서 일어난 여러 제후국(諸侯國)들이 차례로 중원(中原)을 호령하게 되었는데, 이 때의 변방 제후들을 '패(覇)'라고 불렀다. 그 이후 최초로 중국을 통일한 진(秦)의 정(政)은 황과 제를 붙여서 '황제'라는 명칭을 쓰기도 했고, 『초한지(楚漢誌)』로 유명한 초(楚)의 항우(項羽)는 패와 왕을 붙여서 '패왕'이라는 명칭을 쓰기도 했다.

44) 『孟子』 公孫丑 上.

여기서 보듯이 패도정치는 지배자가 스스로 우두머리가 되기 위해 사실상 힘으로 백성들을 억압하면서도 겉으로는 백성들을 사랑하는 것처럼 꾸며서 선전하는 정치이다. 이러한 패도정치와 반대되는 왕도정치는 왕이 자신의 가족을 사랑하듯이 진실로 백성을 사랑하여 펼치는 정치라고 할 수 있을 것이다.

그런데 백성을 자신의 가족과 같이 진실로 사랑한다는 것은 어떤 것인가? 맹가는 이러한 백성 사랑에 있어서 가장 시급한 것이 생존을 위한 기본 욕구를 충족시키는 것이라고 본다. "현명한 군주는 백성들의 재산을 늘려 위로는 부모를 섬기기에 족하도록, 아래로는 처자를 부양하기에 족하도록, 세월이 좋을 때에는 종신토록 배부르도록, 흉년 때에는 (굶어) 죽는 일을 면하도록 해야 한다."[45]는 맹가의 말이 이를 잘 나타내고 있다.

나아가 맹가는 백성들이 생존을 위한 기본 욕구를 충족시킬 수 있도록 하는 구체적인 방안으로 '정전법(井田法)'의 시행을 주장한다.[46] 정전법은 일정한 토지를 井자처럼 9등분으로 구획하여 주변의 8/9은 여덟 가구의 사유지로 나누어주고 중앙의 1/9은 공유지로 정하여 농사짓도록 하는 토지법이다. 여덟 가구의 가족들은 공유지에서 공동으로 경작하여 그 생산물을 나라의 운영 경비로 납부하고 각각의 사유지에서 경작한 생산물을 자신의 삶을 위해 쓸 수 있다.

정전법은 모든 백성들이 균등한 소득을 통해서 빈부의 격차 없이 누구나 잘 살 수 있도록 배려하는 훌륭한 경제제도이다. 그러나 정전법의 시행은 쉽지 않다. 우선 기존의 토지소유자들로부터 토지를 몰수한 다음에 재분배하는 과정을 거쳐야 한다. 물론 봉건제도에 있어서 토지의 본래 주인은 왕이므로 가신(家臣)들에게 나

45) "明君制民之產 必使仰足以事父母 俯足以畜妻子 樂歲終身飽 凶年免於死亡"(梁惠王 上)
46) 『孟子』 滕文公上.

누어준 봉토(封土)를 왕이 돌려받을 수는 있다. 그러나 봉토는 관행적으로 세습되는 것이므로 강력한 왕권을 행사하지 않으면 불가능한 일이다. 또 정전법의 지속적 시행을 위해서는 인구가 늘어나는 만큼 토지의 크기도 점차 늘어나야 하는데, 여기에도 한계가 있을 것이다. 그러나 무엇보다도 정전법은 나라의 모든 생산 활동이 토지경작을 통한 농업생산에만 제한된다는 것을 전제하지 않는다면 상당히 복잡한 문제를 유발할 여지를 가지고 있다. 예컨대 토지경작의 경우 각 가구는 총 생산물의 1/9을 세금으로 납부하는 셈이므로 다른 생산 활동에 종사하는 사람들도 똑같이 그 생산물의 1/9을 세금으로 납부하도록 할 수도 있을 것이다. 그러나 다른 생산 활동을 통해 1년에 얻을 수 있는 가치의 총량이 농업적 생산물의 가치 총량과 다르다면 문제는 매우 복잡해진다.

물론 정전법의 시행을 주장하는 맹가의 사상에서는 이러한 사실적인 문제들이 그렇게 중요한 것은 아니다. 맹가가 모든 백성들이 그의 생존에 부족함이 없는 균등한 생활조건을 가질 수 있도록 하는 정치모델을 제시한다는 것이 더 중요하다. 그러나 앞에서 언급했듯이 이러한 정치를 펼치기 위해서는 강력한 왕권에 의한 계획경제와 이에 따른 사유재산권의 침해가 전제되어야 한다. 그렇다면 백성들의 사유재산권을 침해할 수도 있는 이러한 강력한 왕권의 행사는 왕도에 어긋나지 않는가?

강력한 왕권을 행사하는 왕이라고 하더라도 그 왕권의 행사가 백성들을 진정으로 사랑하는 마음에서 비롯된 것이라면 왕도에 어긋난다고 할 수는 없다. 한 가정을 관리하는 가장의 경우 자식을 진심으로 사랑하기 때문에 그에게 매를 들 수 있다. 왕도 이와 마찬가지이다. 그러나 문제는 이러한 백성에 대한 진실한 사랑이 왕의 주관적인 확신만으로는 안 되고 반드시 백성들의 의해서 확인되어야 한다는 것이다.

이러한 점에서 맹가는 왕이 인재를 등용하거나 면직하거나 벌할 때 측근자나 대부들의 말만 듣고 그렇게 하지 말고 반드시 나라 사람 모두가 그렇다고 한다면 조사해보고 그렇게 해야 한다고 주장한다.[47] 뿐만 아니라 그는 심지어 왕권의 이양(移讓)도 민심에 의거해야 한다고 본다. 예컨대 만장(萬章)이라는 사람이 요(堯)의 친자가 아닌 순(舜)이 임금이 된 사실에 대해 물었을 때, 맹가는 하늘이 그렇게 하도록 했다고 답한 다음, 다시 하늘의 뜻이 곧 백성들의 뜻이라고 설명하였다.[48] 이것은 맹가의 정치사상이 민본주의(民本主義)에 입각해 있다는 것을 의미한다.

그렇다면 맹가의 이 민본주의 사상은 곧 인민이 주권의 원천이라는 민주주의 사상이라고 할 수 있는가? 맹가의 왕도정치사상이 민심을 바탕으로 백성들이 편안하고 풍족함 삶을 살 수 있도록 하는 "백성을 위한(for the people)" 정치를 주장하고 있긴 하지만, 궁극적으로 "백성에 의한 백성의(by and of the people)" 정치라고는 할 수 없다. 왜냐하면 맹가의 정치사상에 있어서 정치의 주체는 어디까지나 왕이고, 백성은 다만 왕이 그의 정치행위에서 참조해야 하는 하늘(도리의 원천)의 뜻을 나타내는 표시일 뿐이기 때문이다.

물론 맹가의 정치사상이 민주주의와 같지 않다고 해서 무가치하다거나 잘못된 것이라고 할 수는 없다. 다만 민주주의라는 원리가 오늘날 보편적인 정치 · 사회적 실천원리로서 그 가치를 인정받고 있다는 점을 고려한다면 맹가의 정치사상은 아직 전근대적인 한계를 벗어나지 못했다고 할 수 있겠다. 그럼에도 불구하고 그가 살았던 시대를 감안한다면 맹가의 정치사상은 가히 혁명적인 것이라고 평가할 수 있다. 그 시대에는 누구도 정권이 민심에

---

47) 〈孟子〉 梁惠王 下.
48) 〈孟子〉 萬章 上.

의해 이양될 수 있다는 생각을 표명할 수 없었기 때문이다. 우리나라 조선에서는 19세기 말 무렵까지도 "인내천(人乃天, 사람이 곧 하늘이다.)"을 주장하는 동학도들을 역적(逆賊)으로 규정했다는 사실을 상기해보면 이보다 2000년이나 더 앞서서 전개된 맹가의 사상이 얼마나 선구적인 것이었는지 알 수 있다.

* 이 글의 근본적인 물음과 답이 무엇인지 생각해 보자.
** 이 답이 나올 수 있는 근거를 찾아보자.

화폐의 양면성

화폐는 재화의 교환을 용이하게 하기 위해 생겨났다. 그러나 화폐의 출현은 인간의 경제생활에 있어서 예기치 않은 새로운 현상을 초래했다. 그것은 다름 아니라 바로 '가치의 축적'이다. 즉 화폐를 사용하기 전에는 가치를 축적하는 것이 어려웠지만 화폐를 사용하기 시작하면서 가치를 축적하는 것이 용이해졌다는 것이다.

예를 들어 인간의 삶에 필수적인 재화인 식량을 축적하는 데는 여러 가지 한계가 뒤따른다. 육류나 어패류 혹은 몇몇 종류의 식물과 같은 것은 일정한 시간 내에 처리하지 않을 경우 곧 부패하여 그 가치가 없어진다. 이 때문에 사람들은 이러한 것들을 아무리 많이 획득하였다 하더라도 그것을 오랫동안 축적해 둘 수 없었다. 또 곡물과 같이 비교적 쉽게 부패하지 않는 종류의 식량이라 하더라도 그것을 축적하기 위해서는 많은 어려움이 따른다. 우선 적합한 공간이 마련되어야 한다. 그러나 그 공간이 아무리 넓고 크다 하더라도 축적할 수 있는 재화의 총량에는 한계가 있다. 뿐만 아니라 적합한 공간을 마련하여 재화를 많이 축적해 둔다 하더라도 그 재화의 소유자는 외부의 약탈자들로부터 그것을 지켜내기 위해서 엄청난 노력을 기울여야 한다. 이것은 매우 성가신 일이며, 때로는 생명의 위협을 감수해야 할 경우도 있다.

그러나 화폐사용 이전에는 사람들이 재화를 축적할 필요도, 또 여유도 없었다. 수렵채취의 시대라면 그때그때 획득한 것을 2~3일 혹은 2~3주 내에 모두 소비할 수밖에 없었을 것이다. 농경의 기술을 습득한 사회라 하더라도 농사의 계절적 순환에 따라 생산물을 몇 개월 정도만 보관하면 되었을 것이다. 기껏해야 사육의 기술을 습득한 경우 가축을 키울 수는 있었지만, 그것을 위해 인간의 식량이 부족해서는 안 되고 또 그것을 위해 사회의 전 구성원이 매달릴 수는 없기 때문에 재화의 축적이라는 의미의 대규모 사육은 불가능했을 것이다. 이와 같이 화폐사용 이전에는 재화를 축적할 이유가 없었기 때문에 사람들은 생활에 필요한 만큼의 재화만 획득하고 그것을 그때그때에 소비하면서 살았다고 해야 할 것이다.

그런데 생산력이 점점 증가하면서 잉여생산물이 발생하자 교환이 이루어졌고, 점차 교환의 편리한 수단으로서 화폐가 생겨났다. 실제로 화폐는 주로 교환의 편리한 수단으로 사용되었지만, 그 부피나 실질적인 가치에 비해 임의적으로 매겨진 가치의 양이 매우 크고, 또 부패할 염려도 없기 때문에 점차 재화를 축적할 수 있는 수단으로도 사용되었다. 그러나 화폐사용 이전의 사람들은 재화 축적이라는 개념 자체를 가지고 있지 않았으므로 오히려 화폐가 사람들에게 재화를 축적할 수 있는 계기를 마련해 주었다고 할 수도 있겠다. 어쨌든 화폐사용 이후부터 사람들은 재화의 축적을 어렵게 만들었던 여러 가지 한계들을 극복하고 큰 규모의 재산을 오랫동안 축적할 수 있게 되었으며, 오늘날에도 그 축적의 규모가 계속해서 점점 더 커지고 있다.

이처럼 사람들이 화폐를 축적할 수 있게 되자 심리적으로 매우 안정될 수 있었다. 예전에는 내일 먹을 것을 구할 수 있을 것인지를 걱정해야 했으나 이제는 얼마동안 먹을 것을 획득하지 못하더라도 축적된 화폐를 가지고 먹을 것으로 바꾸어 쓸 수 있었기 때문이다. 화폐가 심리적 안정을 가져다준다는 것을 알게 된 사람들이 더 많은 화폐의 축적을 위해 노력하는 것은 당연하다. 더 많은 화폐의 축적을 위해서는 간단하게 화폐를 더 많이 만들면 되는 것이지만, 무작정 화폐를 증산할 수는 없다. 그리하여 사람들은 새로운 종류의 재화들을 개발함으로써 더 많은 화폐들이 만들어질 수 있는 계기를 마련하고, 궁극적으로 더 많은 화폐를 축적할 수 있게 되었다.

여기서 보는 것처럼 화폐의 축적은 새로운 재화를 더 많이 개발할 수 있는 계기가 된다. 말하자면 축적된 화폐는 자기 증식하는 가치로서의 자본으로서 기능할 수 있는 것이다. 오늘날 특히 더 잘 알 수 있듯이 돈이 돈을 낳는다. 그러나 돈이 그냥 돈을 낳지는 못한다. 화폐의 자기증식은 항상 상품 개발 및 생산을 매개로 한다. 다시 말해서 축적된 화폐로 사업을 확장하거나 새로운 사업을 개시함으로써 더 많은 이익을 얻을 수 있을 때 돈이 돈을 낳는다고 할 수 있는 것이다.

이와 같은 방식으로 돈이 돈을 낳으면서 화폐의 총량은 계속 늘어간다. 그러나 화폐의 총량이 점점 늘어난다 하더라도 개개인이 화폐를 자기의 소유로 획득하는 구체적인 과정은 '제로섬게임의 원칙(zero sum game)'[49]을 따른다. 즉 어떤 한 사람이 이익을 얻는다는 것은 다른 어떤 사람들의 손해 혹은 현상유지를 전제로 하는 것이다. 손해를 보는 경우는 말할 것도 없지만 현상유지의 경우에도 지속적인 화폐가치의 하락 때문에 실질적으로는 점점 가난해진다고 할 수 있다. 이러한 현상은 결국 빈자와 부자의 구별 및 빈익빈부익부 현상을 낳게 된다.

빈자와 부자의 나뉨은 그 자체로 하나의 사회적 문제가 될 수

49) '제로섬게임(zero sum game)'이란 말 그대로 총합(sum)이 영(zero)이 되는 게임을 말한다. 예컨대 두 편으로 나누어 게임을 할 경우 양 편의 획득점수의 합계가 0이 되는 게임이 그것이다. 이것은 원리상 한 편이 +10점이면 다른 편이 −10이어야만 가능하다. 따라서 제로섬게임의 원칙이란 한 편이 많은 몫을 차지해버리면 나머지 편은 꼭 그만큼 적은 몫을 차지할 수밖에 없는 분배의 원칙을 의미한다.

는 있지만, 빈자나 부자나 간에 각각 화폐를 축적하기 위해 노력하는 것은 마찬가지이다. 빈자는 가난으로부터 벗어나기 위해서, 그리고 부자는 더 큰 부자가 되기 위해서 이다. 그러나 사람들이 오직 더 많은 화폐를 축적하기 위해서 노력하는 동안 삶의 의미와 목적이 변화되는 또 다른 현상이 초래된다. 예전에는 사람들이 그날그날 쓸 수 있는 재화들을 획득하는 것으로 만족할 수 있었으나 이제는 더 많은 화폐를 모으기 위해 쉼 없이 일해야 한다. 뿐만 아니라 사람들이 화폐를 모으는 본래의 이유는 교환을 용이하게 하기 위한 것이었으나, 이제는 화폐를 모으는 일 자체가 삶의 목적이 된다. 이것은 물신화(物神化)를 초래한다. 다시 말하면 본래 화폐는 삶의 수단으로서 사람들이 사용할 수 있는 것이지만, 이제는 화폐가 삶의 목적으로서 사람들에게 숭배 받는 신처럼 여겨지게 되는 것이다.

그렇다 하더라도 축적된 화폐가 심리적으로 안정감을 줄 뿐만 아니라 생존에 더 유리한 현실적 조건이 된다는 점은 분명하다. 따라서 화폐 숭배가 이념적으로 인간의 인간다움을 헤치는 일로서 반성할만한 사안이기는 하지만, 우리는 그것을 전적으로 무시할 수만은 없다. 다시 말해 우리는 불가피하게 화폐 축적의 의지를 긍정하지 않을 수 없다. 인간의 이 축적 의지는 끝이 없다. 오늘날에는 더 많은 화폐를 축적하기 위해 사람들은 화폐의 물질적 요소마저도 없앤다. 금속이나 종이의 부피를 줄여서라도 더 많은 축적을 바라는 사람들에 의해 오늘날 화폐는 물질적 외피를 벗어버리고 오직 계좌상의 수자로만 자신의 존재를 표시하고 있다.

그런데 이처럼 화폐가 더욱 더 많이 축적되는 것은 인간의 삶에 또 다른 하나의 과제를 부과한다. 본질적으로 화폐는 교환의 수단일 뿐 그 자체로 직접 사용 가능한 재화라고 할 수는 없다. 이것은 화폐란 반드시 특정한 재화와 교환 가능할 때만 그만큼 가치 있는 것이 될 수 있다는 것을 의미한다. 그러나 오늘날 현실화되어 있는 재화의 총량은 계좌에 기록되어 있는 화폐의 총량에 비해 턱없이 모자란다. 예컨대 축적되어 있는 화폐를 전부 구체적인 재화로 교환하려고 한다면 재화의 양이 부족하기 때문에 극심한 인플레이션 사태가 발생하거나 화폐의 상당량이 허수에 불과한 것으로 되어버리는 사태가 발생할 것이다. 물론 현실에서 이러한 일은 일어나지 않을 것이다. 그렇지만 화폐의 총량과 교환 가능한 현실적인 재화의 총량이 부족하다는 것은 곧 가능적인 재화가 그만큼 존재해야 한다는 것을 의미한다. 이것이 바로 인류의 부담이다. 인류는 자신의 필요 때문이 아니라 축적된 재화의 가치를 무화시키지 않기 위해서 끊임없이 새로운 재화를 계속 만들어내어야 하는 것이다.

* 이 글의 근본적인 물음과 답이 무엇인지 생각해 보자.* 이 답이 나올 수 있는 근거를 찾아보자.

정당정치에 관하여

대의민주주의란 국민 모두가 국가의 운영에 직접 참여하는 직접민주주의와 달리 일정한 지역별로 대표자를 뽑아서 그들로 하여금 국가의 운영에 필요한 사항을 의논하고 결정하도록 하는 제도이다. 옛날 그리스의 몇몇 도시국가(폴리스)에서는 직접민주주의제도로 국가를 운영하였지만 오늘날에는 인구도 많고 국가운영에 관해 결정해야 할 사항들도 많기 때문에 직접민주주의제도를 택하기는 어렵다.

이 대의민주주의제도에 있어서 가장 중요한 사항은 선출된 대표자가 그를 선출해 준 지역민들의 의사를 잘 대변해야 한다는 것이다. 즉 그가 의회에 가서 국가운영방안에 대해 의논하거나 결정권을 행사할 때 그 자신의 개인적 이해관계에 따라 할 것이 아니라 그를 의원으로 선출해 준 지역민들의 의사에 맞게 해야 한다는 것이다.

그런데 수많은 지역민들의 의사가 한결같지 않고 나누어진다면 어떻게 될까? 예를 들어, 일부의 지역민들은 소득이 많은 사람들로부터 세금을 많이 거두어 소득이 적은 사람들에게 나누어 주는 법을 정하자고 하고, 다른 일부의 지역민들은 이와 반대로 소득이 많거나 적거나간에 똑같이 세금을 내어 국가운영 경비로 쓰자고 한다면 이 대표자는 어느 편의 입장을 대변해야 할까?

이 문제를 해결하기 위한 하나의 방안은 사안이 있을 때마다 지역민들에게 물어보는 것이다. 즉 위의 경우와 같이 소득세의 비율과 관련된 법을 새로 만들거나 고치는 사안이 있을 때 대표자는 지역주민들을 모아서 직접 의논하거나 아니면 지역에서 투표를 실시하여 어떤 의견이 더 많은지 알아보고서 그에 따라 의회에 나가서 지역민들의 의견을 대변할 수 있을 것이다. 그러나 이러한 방식을 택한다면 사안이 있을 때마다 지역민들이 모이거나 투표를 해야 하는데, 이것은 너무 번거롭고 사회적 에너지의 소모가 너무 많아서 좋지 않다. 이렇게 하려면 대의민주주의제도를 실시할 필요도 없이 처음부터 직접민주주의제도를 실시하는 것이 더 좋았을 것이다.

이 문제를 해결하기 위한 다른 하나의 방안은 정당정치제도를 실시하는 것이다. 정당정치제도는 각 지역에서 정치를 담당할 대표자를 선출할 때 각 정당의 후보들 중에서 한 사람을 대표자로 선출하는 것이다. 이 때 각 정당은 국가운영에 있어서 국민들의 의견이 나누어질만한 주요한 사안들에 대해서 미리 어떤 입장을 지지할 것인지 정해 두고 있다. 예를 들어 위에서 말한 세금 문제와 관련해서도 A정당은 소득이 많은 사람들에게 세금을 많이 거두어 소득이 적은 사람에게 나누어주는 국가운영방식을 지지하겠다고 정해두고, B정당은 소득과 관계없이 모든 국민에게 똑같이 세금을 거두는 국가운영방식을 지지하겠다고 정해둘 수 있다. 그러므로 국민들은 대표자를 선출하기 위한 한 번의 투표만으로 국가 운영에 대한 자신의 의견을 모두 표시하는 셈이 되어 번거롭지 않고 국가적 에너지 소모도 덜하게 되는 것이다.

그런데 정당정치제도는 대체로 민주정치를 '정당들 사이의 경쟁'이라는 차원에서 이루어지도록 하는 결과를 낳게 된다. 즉 민주정치는 본래 국민들이 주인이 되어 스스로 국가를 운영해가는 것이지만, 오늘날 행해지고 있는 정당정치제도는 정치를 각 정당이 국민들의 지지를 얻어 정권을 획득하려는 활동으로 바꾸어 놓았다는 것이다. 극단적으로 말하면, 정당정치제도는 민주정치의 주체를 국민에서 정당으로 바꾸어 놓았다고 할 수 있는 것이다.

이 때문에 오늘날 정당정치제도의 폐해에 대해 비판하는 주장들도 제기되고 있다. 우선 정치가 정당들 사이의 경쟁으로 자리매김하게 되어 각 정당들에서는 이 경쟁에서 승리하기 위해 중앙집권적 지도체제를 만들지 않을 수 없다. 이것은 결국 정당 내에서의 활동이 다소 비민주적으로 이루어질 수밖에 없는 결과를 낳게 되었다. 또 정당의 후보들 중에 한 사람을 선출하는 선거형태가 정착됨에 따라 국민의 대표자 선택의 폭이 상당히 좁아지는 결과를 낳았다. 이것은 결국 국가운영의 큰 방향이 기존의 정당에서 제시하고 있는 것 이외의 새로운 차원으로 나아갈 수 있는 가능성을 낮게 만든다.

* 주어진 텍스트의 내용을 요약해서 써보자.

상품이란 무엇인가?

인간은 자기 자신의 생존 및 자신이 부양해야 할 피부양자의 생존을 위해 필요한 재화들을 수집하거나 만들어야 한다. 아주 오랜 옛날에는 모든 사람들이 각자 필요한 재화들을 스스로 수집하거나 만들었을 것이다. 그런데 오늘날에는 필요한 재화들을 스스로 만들지 않고 시장에서 사서 쓴다. 필요한 재화를 시장에서 사기 위해서는 돈이 있어야 한다. 그래서 오늘날의 사람들은 돈을 벌기 위해 일을 해야 한다.

여기서 알 수 있듯이 옛날에서 오늘날에 이르는 동안 인간의 일의 의미가 변했다. 아주 오랜 옛날에는 인간이 자기 자신과 자신의 피부양자의 생존에 필요한 재화를 수집하거나 만들기 위해 일했지만, 오늘날에는 돈을 벌기 위해 일한다. 물론 돈을 벌기 위해 일하는 것은 그렇게 번 돈으로 자기 자신 및 자신의 피부양자의 생존에 필요한 재화를 시장에서 구매하려고 하는 것이기 때문에 일의 근본적인 목적은 변하지 않았다고 할 수도 있다. 그러나 인간이 자신의 일을 통해서 만든 물건의 성격이 달라졌다는 의미에서 일의 성격도 달라졌다고 할 수도 있다.

그렇다면 자신이 만든 물건의 성격이 어떻게 달라졌을까? 옛날에는 사람들이 자기 자신이나 자신의 피부양자들이 직접 소비하기 위해 물건을 만들었지만, 오늘날에는 시장에 내어 팔기 위해서 물건을 만든다. 여기서 직접 소비하기 위해 만드는 물건은 그것을 사용할 사람이 이미 정해져 있지만 시장에 내어 팔기 위해 만드는 물건은 그것을 사용할 사람이 정해져 있지 않다는 차이가 생긴다. 이 때문에 인간의 일의 성격이 달라진다. 즉 자신과 자신의 가족이 사용할 물건을 만드는 일과 누군지 알 수 없는 익명의 소비자가 사용할 물건을 만드는 일의 차이가 그것이다.

경제학에서는 이와 같이 익명의 소비자에게 팔기 위해서 시장에 내놓은 유형 · 무형의 재화 혹은 서비스를 '상품(商品, goods)'이라고 한다. 이 정의에 따르면 팔기 위해 만든 물건들, 티켓을 사서 입장한 관객들을 위해 공연하는 음악이나 연극, 수리비를 받고 고장 난 자동차를 고쳐주는 인간의 일(서비스)은 모두 상품이다. 여기서 알 수 있듯이 오늘날에는 인간의 모든 일이 상품을 만드는 것과 관련되어 있거나 아니면 그 자체로 상품으로서 팔리는 것이다.

인간의 삶에 필요한 모든 것들을 상품으로서 생산하고 매매하여 소비하는 식으로 해결하는 것은 효율성이 높은 것처럼 보인다. 내가 필요한 모든 것들을 내가 직접 만들어 쓸려고 하면 엄두가 나지 않는다. 그러나 내가 잘 만들 수 있는 것 한 가지만 열심히 만들어 시장에 내어 팔아 번 돈으로 나에게 필요한 다른 여러 가지 재화들을 사서 쓰는 것은 그렇게 어렵지 않다. 뿐만 아니라 이렇게 하면 각자 자신이 잘할 수 있는 것을 만들어 모두가 나누어 쓰는 셈이기 때문에 내가 여러 가지 재화를 만들어 쓸 때보다 더 좋은 물건을 쓰게 된다. 또 각자가 자기가 잘할 수 있는 일만 하고 나머지는 시장에서 구매해서 쓰면 삶에 필요한 재화를 얻기 위해 소요되는 시간이 절약되기도 한다.

이 때문에 오늘날에는 모든 것이 상품으로서 생산되고 유통되며 소비된다. 그런데 이렇게 되면서 과거에는 상품이 아니었던 것이 새롭게 상품이 되는 경우도 생긴다. 가장 대표적인 것이 예술작품이다. 옛날에는 예술가의 일도, 또 그가 만든 예술작품도 상품이 아니었다. 예를 들어 오늘날 상품으로서 그림을 그리는 화가는 자신의 그림을 살 소비자를 정해두지 않고 그림을 그리고, 미술품 시장을 통해서 누군가에게 팔아서 돈을 번다. 그러나 옛날의 화가는 그의 능력을 필요로 하는 개인이나 공적 단체에 소속되어 있었으며, 그 개인이나 그 단체가 필요로 하는 그림을 그렸다. 그 개인이나 단체는 자신 혹은 단체를 위해 일한다는 단 하나의 이유로 그 화가의 생계를 책임졌다. 다시 말하면 이 화가의 그림은 시장에 내어 팔기 위해서 그려진 것이 아니었으며, 이 화가의 일도 아무나 사용할 수 있는 것이 아니었다. 따라서 이 화가의 일이나 그림은 상품이라고 할 수 없는 것이다.

그러다가 화가가 자신의 일(능력)을 상품화하는 시대가 열렸다. 이제 화가는 익명의 주문자를 위해 그림을 그려주고 그 대가로 그 주문자로부터 돈을 받는다. 누구나 이 화가의 능력을 일정한 시간동안 사용할 수 있기 때문에 화가의 일이 상품처럼 되었다고 할 수 있다. 그러나 아직 그림은 상품이 아니다. 주문에 따라 그린 그림은 그것을 소비할 소비자가 이미 정해져 있기 때문이다. 그런데 오늘날에는 그림 자체가 하나의 상품이라고 여겨진다. 즉 오늘날에는 화가가 자신의 아틀리에에서 익명의 감상자를 위해 그림을 그리고, 이것이 미술품 매매시장에 내어 놓여지며, 누군가가 그것을 구매할 수 있는 것이다.

이처럼 예술이 상품으로 될 때 그것의 의미도 변한다. 옛날 예술작품이 상품으로 되지 않았을 때에는 화가는 오로지 봉사자였다. 그런데 예술작품이 상품으로 되자 화가는 봉사자의 지위를 넘어 독자적인 지식인이 되었다. 즉 화가는 특정한 메시지를 그림에 담아서 사람들에게 전달하거나 어떤 일에 대한 자신의 생각이나 느낌을 표현하기도 하는 사람이 된 것이다. 그런데 여기에 하나의 모순점이 숨어있다. 상품이 아닌 예술작품으로서의 그림의 가치는 특정한 누군가에게 소유된다는 것이 아니라 많은 사람들에게 관람된다는 것에 있을 것이다. 아마도 화가가 그림을 그릴 때에도 그것을 관람할 가능적인 관람자 모두를 염두에 두고 어떤 메시지를 전달하거나 자신의 감정을 표현하려고 했을 것이다. 그러나 그것이 상품으로서 거래되는 순간 그 작품은 어느 특정한 한 사람의 소유물이 되어버리고, 그 소유자가 공공미술관에 기증하거나 개인미술관에서 사람들에게 관람을 허용하지 않는 한 그것은 다른 사람들이 관람할 수 없는 것이 되어버린다. 이 때 이 그림은 그것이 많은 사람들에게 관람될 수 있는 기회를 상실한다는 바로 그 이유만으로도 위에서 말한 그것의 가치를 상당히 상실하게 되는 것이다.

* 주어진 텍스트의 내용을 요약해서 써보자.

상앙(商鞅)의 법치주의 정치사상

> "(백성은) 즐거우면 음란하고, 음란하면 질서를 어지럽힌다. 그러므로 형벌로써 다스리면 백성이 두려워하고, 백성이 두려워하면 간사함이 사라지고, 간사함이 사라지면 백성들은 그들이 좋아하는 바에 의해 편안할 수 있다. 의(義)로써 교화하면 백성은 방종하고, 백성이 방종하면 문란해지고, 문란해지면 백성들은 그들이 싫어하는 바에 의해 손상당한다. 이른바 '형(刑)'이라고 하는 것은 의(義)의 근본이다."(『商君書』, '開塞')

이것은 중국 전국(戰國)시대 초기 진(秦)나라의 학자이자 관료였던 상앙(商鞅, ?-338)의 정치사상을 단적으로 보여 주는 글이다. 이 글에서 볼 수 있듯이 상앙은 강력한 법과 제도로써 백성들을 엄격하게 통치하는 것이 결국 백성들을 편안하게 살 수 있도록 하는 길이라고 주장하였다.

그런데 어떤 의미에서 엄격한 법치주의는 백성들을 심리적으로 위축시킴으로써 오히려 심각한 스트레스에 시달리게 할 수 있다. 그렇다면 상앙은 어떤 근거에서 엄격한 법치주의가 백성들을 편안하게 하는 것이라고 주장한 것일까?

> "임금은 상(賞)으로써 권장하고 형벌로써 금지하여, 잘못을 저지르고 선(善)을 행하지 않으면 형벌에 따라 죄를 주었다."(같은 편)

여기서 보듯이 상앙의 법치주의는 상으로써 선을 권장한다는 주장을 포함한다. 이러한 점에서 강력한 처벌은 백성들 모두가 선하게 살아가겠다는 마음을 먹게 하는 하나의 수단인 셈이다. 즉, 엄격한 형벌제도는 백성들이 처벌을 받지 않기 위해 모두 선한 마음으로 살아가도록 유도할 것이고, 모든 백성들이 선한 마음으로 살아간다면 사회의 질서가 확립될 것이며, 그 사회 안에서 사는 개개인들은 다른 구성원들에 의한 생명과 재산의 침해를 염려하지 않아도 되므로 편안한 삶을 살 수 있을 것이다. 결국 엄격한 법치주의는 범죄자를 처벌하고 선행자를 포상함으로써 백성들을 모두 선행자로 만들고자 하는 통치방법이라고 할 수 있다.

그런데 과연 이러한 방법으로 백성들이 모두 선행자가 될 수 있을까? 다시 말해서 범법자를 엄격하게 처벌하고 선행자를 후하게 포상하면 모든 백성들이 선행자로 될 수 있을까? 이것은 백성들의 본성이 어떤 것인지 해명되지 않으면 쉽게 답할 수 없는 문제이다. 따라서 상앙의 법치주의 정치사상을 이해하기 위해서는 우선 그가 생각하는 백성의 본성이 어떤 것인지 알아야 할 필요가 있다.

> "백성의 본성은 배고프면 먹이를 구하고, 피로하면 편안함을 구하고, 괴로우면 즐거움을 구하고, 욕되면 영광을 구한다."(같은 책, '算地')

이 인용문에서 알 수 있듯이 상앙은 '백성'이라고 불리는 인간의 본성을 동물의 본성과 같이 매우 단순한 것으로 파악하였다. 예컨대 범법자를 배고프고, 피로하고, 괴롭고, 욕되도록 처벌하면 그는 다시 범법행위를 하지 않을 것이다. 또 실제로 범법행위를 하여 직접 처벌을 당해보지 않더라도 범법행위를 할 경우 어떻게 된다는 것을 알게 된 사람이라면 결코 범법행위를 하지 않으려 할 것이다. 그러므로 이처럼 강력한 법으로써 백성들을 다스린다면 백성들은 모두 법을 위반하지 않는 사람이 될 수 있을 것이다.

* 주어진 텍스트에 대해 비판할 점을 찾아 보자.

** 위에서 찾은 내용을 활용하여 자신의 입장을 글로 표현해 보자.

마르크스의 공산주의 경제모델

칼 마르크스(K. Marx, 1818~1883)가 말하는 공산주의 경제모델을 단적으로 설명하는 가장 대표적인 표어는 "능력대로 일하고 필요한 만큼 갖는다."라는 것이다. 여기서 우리의 이해를 가장 혼란스럽게 만드는 것은 바로 '필요한 만큼'이라는 말일 것이다. 자본주의 경제모델에 준하여 가치관을 형성해온 사람들은 인간의 필요(욕구)가 무한하므로 아무리 많은 재화를 생산하더라도 개개인의 필요를 모두 충족시키기에는 부족할 것이라고 보기 때문이다.

실제로 오늘날 우리는 모든 재화에 대해 다른 사람들보다 더 많이, 따라서 가능한 한 많이 갖고자 할 뿐만 아니라 다른 사람이 갖지 못한 것을 갖고자 하기도 한다. 우리는 왜 그렇게 하는가? 그것은 다름 아니라 재화의 소유가 단지 생존의 수단일 뿐만 아니라 경쟁에서의 우위를 차지할 수 있는 수단이 되기도 하기 때문이다.

그러나 이러한 점은 인간이 이기적이며 경쟁적인 존재인 한에서만 의미가 있다. 다시 말해서 이것은 개인들이 서로 경쟁하지 않고 오직 서로 협동하기만 하는 상황에서는 의미가 없다는 것이다. 마르크스는 바로 이 점을 주목했다. 즉 그는 사람들이 서로 이기적으로 경쟁하지 않고 오직 협동하면서 살아갈 수 있는 존재라고 보았다. 이 때문에 그는 다른 사람보다 더 많이 가질 필요가 없는 공산주의 경제모델이 가능하다고 보았다.

이러한 점에서 공산주의 경제모델에서 그리고 있는 '필요한 만큼'이라는 것은 '가능한 한 많은'을 뜻하는 것이 아니라 '자신의 필요 이상의 것을 가질 필요가 없는', 따라서 말 그대로 '필요한 만큼만 갖는'을 뜻하는 것이다. 결국 공산주의 경제모델에서는 개인들이 필요 이상의 재화를 소유하는 것은 낭비가 되는 셈이고, 자기 자신뿐만 아니라 사회 전체 차원에서 생산의 부담만 가중시키는 셈이 되는 것이다.

공산주의 경제모델에서 또 하나의 중요한 사항은 "능력대로 일한다."는 것이다. 어떤 사회에서도 개개인은 일정한 종류의 일을 함으로써 사회구성원으로서의 역할을 담당해야 한다. 그런데 더 많은 소유를 중시하는 오늘날의 자본주의 사회에서 개개인이 직업을 선택하는 기준은 개인별 소득 수준이다. 이 때문에 사람들은 자신의 재능이나 흥미와는 무관하게 소득이 높은 직업을 선택하는 경우가 많다. 이러한 경우 개인들은 일 그 자체를 통해서 자신을 실현하는 것이 아니라 다른 사람에 비해 상대적으로 많은 소득을 통해서 '심적 위안'만을 얻을 수 있을 뿐이다. 그러나 공산주의 사회에서는 더 많은 소유가 무의미하므로 직업 선택에 있어서 '많은 소득'이 중요하지 않다. 그리하여 개인들은 소득 수준이 아니라 재능과 흥미를 기준으로 직업을 선택하게 될 것이다. 이러한 점에서 공산주의 사회는 모든 개인들이 일을 통해서 자기를 실현할 수 있는 사회라고 할 수 있다.

그렇다면 공산주의 사회에서는 개인의 필요가 의식주를 충족시키기 위한 욕구와 자신의 능력을 최대한 발휘하기 위해서 훈련하는 데 요구되는 필요로 제한된다. 물론 현재의 생산력을 고려하면 사회는 이 정도의 개인적 욕구들을 충족시키기 위한 재화들을 충분히 생산할 수 있다. (실제로 오늘날 우리 사회를 보면 개인들의 필요 이상의 재화를 생산하고 있다. 오늘날 지구상에서 기아로 죽는 사람들이 있다는 사실은 생산력이나 재화의 부족 때문이 아니라 특정한 분배방식 때문이다.[50]) 결국 공산주의 사회에서는 구성원들 각각의 필요 총합과 사회적 생산의 총합이 일치하는 균형적인 경제체제가 이루어지는 것이다.

그런데 이러한 공산주의 사회를 어떻게 형성할 것인가? 마르크스는 인간의 본성이 사회적 조건에 의해 형성되는 것이라고 보았다. 그렇다면 오늘날 우리는 인간의 이기적 본성을 형성해낸 자본주의 사회에 의해 규정되고 있는 이기적인 존재라고 할 수 있다. 그렇다면 이러한 이기적 존재인 우리가 어떻게 서로 협동하는 삶을 추구하는 공산주의 사회를 만들어낼 수 있을까?

마르크스는 공산주의 사회가 인간의 의지에 따라 이루어지거나 이루어지지 않는 것이 아니라 이른바 '생산력과 생산관계의 변증법'이라고 하는 역사의 발전법칙에 따라 필연적으로 이루어질 수밖에 없다고 주장한다. 즉 생산관계는 일정한 시간동안 고정적이지만 생산력은 끊임없이 증가하기 때문에[51] 그 극단에 이르면 생산력과 생산관계는 모순[52]을 일으킬 수밖에 없는데, 이러한 모순을 극복하기 위해서는 증가된 생산력을 효율적으로 운용할 수 있는 새로운 생산관계가 형성되지 않으면 안 된다는 것이다. 이러한 법칙에 따라 역사는 고대 노예제 사회에서 중세 봉건제 사회를 거쳐 근대 자본제 사회로 발전해왔으며, 계속해서 공산주의 사회로 발전하지 않을 수 없는 것이다.

이와 같이 역사의 발전법칙에 따라 공산주의 사회가 성립한다

50) 이에 대해서는 장 지글러(J. Ziegler)의 『왜 세계의 절반은 굶주리는가』(유영미 옮김, 갈라파고스, 2007) 37쪽 이하를 참조하라.

51) 생산력은 필연적으로 발전한다. 왜냐하면 인구의 증가와 인간욕구의 증대는 더 많은 생산물을 요하기 때문이다. 따라서 생산력의 발전은 인간 생존의 근본전제가 되는 것이다.

52) 생산관계는 일정한 정도의 생산력을 가지고 가장 효율적으로 생산이 이루어질 수 있도록 하는 구조이지만, 생산력이 계속 발전하면 이 생산관계가 발전된 생산력을 감당하지 못하고 오히려 그것을 비효율적으로 운용하는 구조가 되어버린다. 이러한 상태에 대해 생산력과 생산관계가 모순을 일으킨다고 한다.

면, 공산주의 사회에 적합한 성격이나 능력을 갖추지 못한 사람은 매우 힘든 삶을 살 수밖에 없을 것이다. 그렇다면 우리는 이러한 역사발전의 법칙을 올바르게 인식하여 새로운 사회에 적합한 성격과 능력을 미리 갖추는 것이 좋을 것이다. 그것은 다름 아닌 '혁명적 실천'에 참여하는 것이다. 즉 스스로 공산주의 사회에 적합한 인성을 갖추기 위해 끊임없이 노력할 뿐만 아니라 역사의 발전에 반대하여 기존의 비효율적인 생산체계를 그대로 유지하려는 세력에 대해 강력하게 투쟁함으로써 가능한 한 빨리 사회적 생산을 효율적으로 운용할 수 있도록, 그리하여 사회적 에너지의 낭비가 발생하지 않도록 노력하기도 해야 한다는 것이다.

* 주어진 텍스트에 대해 비판할 점을 찾아보자.

** 위에서 찾은 내용을 활용하여 자신의 입장을 글로 표현해 보자.

건국신화의 정치적 의미

① 환인(桓因)의 서자(庶子) 환웅(桓雄)이 삼천 무리를 거느리고 태백산정 신단수(神檀樹) 아래에 내려와 신시(神市)를 열고 스스로 '환웅천왕'이라 칭하였다. 곰 한 마리와 범 한 마리가 환웅에게 찾아와 사람 되기를 청하니, 환웅이 쑥 한 다발과 달래 스무 개를 주면서 이것을 먹고 100일 동안 햇빛을 보지 않으면 사람의 형상을 얻을 것이라고 했다. 범은 이를 지키지 못하였으나 곰은 이를 지켜 삼칠일 후에 여자 웅녀(熊女)가 되었다. 웅녀는 혼인할 상대가 없어 매일 신단수 아래에서 아이를 가지게 해 달라고 비니 환웅이 잠시 사람으로 변해 그녀와 혼인하여 그녀가 아들을 낳았으니 '단군왕검(檀君王儉)'이라고 불렀다. 후에 단군왕검은 평양성에 도읍을 정하고 조선(朝鮮)을 세웠다.

② 천제(天帝)의 아들 해모수(解慕漱)가 자주 부여의 옛 도읍터에 와서 놀았는데, 어느 날 하백(河伯)의 맏딸 유화(柳花)와 사통(私通)하고서는 하늘로 올라가 버렸다. 하백은 중매 없이 해모수를 따라갔던 유화를 내쫓았는데, 동부여왕 금와(金蛙)가 괴히 여겨 돌보았다. 금와의 궁에서 햇빛이 유화를 따라다니면서 잉태시켜 훗날 유화가 왼편 겨드랑이로 알을 낳았는데, 이 알에서 주몽(朱蒙)이 태어났다.

③ 구지(龜旨)에서 이상한 소리와 이상한 기운이 뭇 사람들을 불러 이삼백 명이 그곳에 모이니, 형체는 없이 소리만 들리기를 "하늘이 나에게 명하시기를 이곳에 나라를 새로 세워 임금이 되라 하였다. 너희들은 산꼭대기를 파고 흙을 집어면서 '거북아! 거북아! 머리를 내놓아라. 내놓지 않으면 잡아서 구워 먹으리.' 라고 노래하면서 춤추어라."라고 했다. 뭇 사람들이 그렇게 하니 얼마 후 자줏빛 줄이 하늘에서 드리워져 땅에 닿았는

데, 줄 아래 붉은 보자기에 싸인 금합(金合)이 있어 열어보니 여섯 개의 황금 알이 담겨 있어서 사람들이 기뻐하며 절하였다. 다음 날 다시 와서 보니 알 여섯이 모두 화하여 어린 아이가 되어 있었는데, 모두 용모가 매우 훌륭했다. 나중에 이 여섯 아이는 여섯 가야(伽倻)의 왕이 되었다.

④ 육부의 조상들이 알천 언덕 높은 곳에서 남쪽을 바라보니 나정(蘿井) 옆에 번개 빛 같은 이상한 기운이 땅으로 드리웠는데 흰 말 한 마리가 꿇어서 절하는 시늉을 하였다. 곧 살펴보니 자줏빛 나는 알 한 개가 있고, 말은 사람을 보자 길게 소리를 뽑아 울면서 하늘로 올라갔다. 그 알을 쪼개니 사내아이가 있는데, 모습이 단정하고 아름다웠다. 놀랍고 이상해서 동천에서 목욕을 시켰더니 몸에서 광채가 나고 새와 짐승들이 모두 춤을 추며 천지가 진동하고 일월이 청명하였다. 이에 '혁거세(赫居世, 세상을 광명하게 다스린다는 뜻)' 라고 이름 짓고, 직위의 칭호를 '거슬한(居瑟邯, 혹은 居西干)' 이라 했다.

위에서 본 네 가지 이야기는 우리나라의 옛 왕조들과 관련된 건국신화들이다. 이 네 신화에서 나타나는 공통적인 특징은 왕조를 처음으로 연 최초의 왕들이 보통사람들과 달리 하늘의 자손으로 태어났다든지 신비한 기운에 의해 잉태되고 특이한 방식으로 태어났다는 것이다. 물론 이것은 사실이 아니라 누군가가 지어낸 이야기이다. 그리고 이러한 이야기는 당사자들이 직접 지은 것이 아니라 후세의 누군가가 지었다. 그렇다면 후세의 그 누군가가 이러한 이야기를 지어낸 이유는 무엇일까? 많은 이유들이 있겠지만, 그것들 중 하나는 현재의 왕이 나라의 주권자로서의 자격이 있다는 것을 정당화하기 위한 것이다.

'주권(sovereignty)' 이란 '나라의 의지' 를 의미한다. 예컨대 이웃 나라가 우리나라나 우리나라 사람들을 모욕하는 일을 저질렀다고 하자. 이러한 일이 일어났을 경우 우리나라는 그냥 참든지 그 이웃나라와 전쟁을 치르기 위해 선전포고를 하든지 아니면 다른 방식으로 대응해야 할 것이다. 이처럼 나라는 한 사람이 여러 가지 선택지를 두고 그 중에서 어느 것을 선택할 것인지 스스로 결정하듯이 나라가 어떻게 할 것이지 결정해야 한다. 이 때 나라가 무엇을 선택하고 어떻게 실행할지를 결정하는 권리를 주권이라고 한다.

그러나 나라 자체가 의지를 가지고 그 의지를 표명하지는 못한다. 항상 나라의 의지는 그것을 대신하는 사람(들)에 의해서만 표출된다. 이 때 누가 나라의 의지를 대신할 것인가 하는 것이 문제이다. 이것은 각 나라의 성격에 따라 다르다. 예컨대 민주주의의 원리에 의해 운영되는 나라라면 국민 모두가 나라의 의지를 대신한다. 전제주의 원리에 의해 운영되는 나라라면 오직 왕 한 사람만이 나라의 의지를 대신한다. 또 귀족주의 원리에 의해 운영되는 나라라면 귀족이라고 규정되는 몇몇 사람들이 나라의 의지를 대신한다. 간단하게 표현하면 민주주의 국가는 국민 모두가 주권을 가지고, 귀족주의 국가는 소수 귀족들만 주권을 가지며, 전제주의 국가는 왕 한 사람만 주권을 가진다.

결국 나라가 무엇을 선택하고 어떻게 할 것인가 하는 것은 주권자, 즉 주권을 가지고 있는 사람이 결정한다. 이러한 점에서 주권자는 곧 나라의 주인이고, 주권은 나라의 주인으로서의 권리이다. 그런데 이러한 나라의 주인으로서의 권리는 누가 주는가?

민주주의 국가에서는 국민 한 사람 한 사람 모두에게 주권을 주는 것은 자연이다. 이를 증명하기는 어렵지만 증명하지 않아도 그만이다. 어차피 국민 모두가 평등하게 주인으로서 권리를 행사할 수 있기 때문에 서로 서로 그 권리를 인정해 주면 되기 때문이다.

그렇다면 전제주의 국가에서 왕 한 사람에게만 주권을 주는 것은 누구인가? 자연이라고 답하면 다소 곤란한 문제가 생긴다. 근대적 의미에서의 자연은 의지를 갖지 않으며 누구에게나 똑같은 방식으로 작용하기 때문에 자연이 유독 한 사람에게만 주권을 준다는 것은 쉽게 이해할 수 없다. 그 때문인지 역사상 나타났던 대부분의 전제군주국가에서는 주권의 원천을 '하늘'이나 '신'에 돌렸다.

옛날에는 하늘이나 신은 사람들이 이해하지 못하는 특별한 방식으로 의지를 표명하는 인격체라고 여겨졌기 때문에 그것들이 한 사람에게만 주권을 주든지 몇 사람에게만 주권을 주든지 간에 인간이 관여할 바가 아니라고 생각하는 경향이 있었다. 그러므로 왕에게만 주권을 준 것이 하늘의 뜻이었다고 한다면 옛날 사람들은 대체로 수긍하지 않을 수 없었다. 이것이 바로 건국신화들에서 시조의 혈통이 하늘에 있다거나 신비한 기운에 있다고 설정하는 이유이다.

그런데 이러한 신비한 내용을 담은 이야기를 왜 당사자가 아니라 후세의 사람들이 만들어 낸 것일까? 당사자에 관한 뻔한 거짓 이야기를 당사자 자신이 지어내는 것이 낯간지러웠기 때문일까? 물론 그러한 점도 있었을 것이다. 그러나 개국시조들의 경우 스스로 그러한 신화를 만들어낼 필요가 없었다고 보는 것이 더 옳을 것이다.

확실히 개국시조들은 상당한 실력자들이었을 것이다. 그들 모두가 어떠한 방식으로든 하나의 나라를 세운 사람이었다는 사실이 그것을 증명한다. 예컨대 백성들을 평안하게 해 준 지도자였든 평안하게 살고 있는 백성들을 강제로 속박하여 그 위에 군림한 무력적 패권자였든 간에 당대의 백성들은 그를 왕으로 인정하지 않을 수 없었을 것이다. 그러나 그 다음부터가 문제이다.

왕에 의한 국가의 전제적인 운영이 항상 좋을 수만은 없다. 특히 이를 때 백성들이 왕의 자격에 대해 의문을 품는 일이 일어날 수도 있다. 어떤 백성들의 경우 단지 실력 있는 인간이었던 전왕의 아들이고 손자이며 자손이라는 이유만으로 (실력이 검증되지 않은) 현왕의 왕 자격을 인정하지 않으려 할 수도 있을 것이다. 그렇다면 왕실에서는 전왕의 혈통을 이어받고 있는 현왕의 왕 될 수 있는 자격을 다른 방식으로 정당화하지 않으면 안 된다. 그 한 가지 방식이 바로 개국시조의 신성한 혈통을 이야기하는 건국신화를 제작하여 유포하는 일이다. 그러므로 이러한 일은 개국시조의 신성한 혈통을 내세우고, 그 자손들 역시 신성한 혈통을 이어받고 있다는 사실에 호소하여 왕 자격을 인정받기 위한 정치적 의미를 가지고 있는 것이다.

* 주어진 텍스트의 결론을 전제로하는 새로운 글을 써보자.

부동산 가치와 가격에 관하여

부동산의 가치는 그것을 이용하여 부를 획득할 수 있다는 데 있다. 예를 들어 우리는 땅을 이용하여 농사를 짓거나 건물을 세워 사업을 함으로써 부를 획득할 수 있다. 그런데 땅을 이용하여 부를 획득하는 방식에는 이 방식 이외에도 다른 방식들이 있다. 예를 들어 땅을 임대하여 임대료를 받는다든지, 계속해서 땅을 매매하는 과정에서 생기는 거래의 차액을 통해서도 우리는 부를 획득할 수 있다.

이와 같이 부를 획득할 수 있는 두 가지 방식이 갖는 차이는 무엇일까? 첫 번째 방식은 부동산 그 자체의 가치보다는 그것을 이용하여 행하는 노동이 부의 획득에 중심이 된다는 것이고, 두 번째 방식은 부동산 그 자체의 가치가 부의 획득에 중심이 된다는 것이다. 그러므로 첫 번째 방식에 있어서는 노동이 개입되지 않으면 부동산 그 자체의 가치는 없다고 할 수 있지만, 두 번째 방식에 있어서는 부동산 그 자체가 일정한 가치를 갖는다고 할 수 있다.

그런데 이 두 번째 방식에서 설정되는 부동산 그 자체의 가치란 무엇인가? 엄격하게 말하면 이 두 번째 방식에서는 미래에 이 부동산을 이용하여 획득할 수 있는 부를 고려하여 그 가치가 책정된 것이다. 예를 들어 땅에 농사를 지어서 부를 획득하는 것은 사람이 일정한 씨앗을 심고 가꾸어 처음의 씨앗보다 더 많은 씨앗(곡물)을 획득하는 방식으로 이루어진다. 그런데 농사는 올해만 할 수 있는 것이 아니라 내년에도, 후년에도, 그리고 그 다음에도 계속해서 할 수 있다. 바로 이 미래의 가능성을 현재에 끌어와서 가치화한 것이 바로 부동산 자체의 가치인 것이다.

그렇다면 부동산 자체의 가치는 변동이 없어야 한다. 왜냐하면 해마다 그 부동산에 노동을 가해서 얻을 수 있는 이익은 크게 차이나지 않을 것이기 때문이다. 그럼에도 불구하고 현실적으로는 부동산 자체의 가치가 계속 상승한다. 이 때문에 사람들은 부동산의 계속적인 매매를 통해서 부를 획득할 수 있다. 다시 말해서 사람들은 처음에 그 부동산을 구입할 때의 가격보다 더 비싼 가격으로 판매함으로써 그 차액을 자신의 부로 획득한다는 것이다.

그런데 이러한 부동산의 매매차액이 왜 생기는 것일까? 그것은 그 부동산에 장차 노동을 가해서 얻을 수 있는 이익이 점점 더 크질 것이라는 믿음 때문이다. 예를 들어 1만㎡의 토지에 농사를 지어 얻을 수 있는 이익과 아파트를 지어 팔아 얻을 수 있는 이익은 큰 차이가 있다. 따라서 지금은 농토지만 장차 아파트를 짓게 될 땅이라면 그 땅의 가격이 상승할 수 있는 것이다.

이렇게 해서 부동산 투기(投機)라고 하는 현상이 생긴다. '투기'라는 말의 사전적 의미는 "확신도 없이 큰 이익을 노리고 무슨 일을 함"이다. 말의 뉘앙스는 '도박'의 의미에 가깝다. 이 때문에 투기는 사회적으로 비난받는 일이다. 뿐만 아니라 정부에서도 여러 가지 법을 만들거나 정책을 고안하여 부동산 투기를 억제하려고 노력한다. 그런데 부동산의 가치상승을 확신하고 그것을 구입해 두는 것은 정당한 이익추구 행위가 아닌가? 그렇다면 이것이 왜 사회적으로 비난받아야 할 일인가?

현실적으로 이루어지고 있는 부동산의 매매는 횟수를 거듭하면서 그 가격이 임의적으로 계속 상승한다. 예컨대 A라는 사람이 1만㎡의 토지를 1억원에 구입했다고 하자. 토지 가격의 상승이 예상되는 경우 그것을 더 비싼 가격에 사려고 하는 사람들이 생긴다. 토지는 한정되어 있기 때문에 공급보다 수요가 많아지면서 가격이 상승한다. 그래서 B라는 사람이 그것을 1억 2천만 원에 구입한다. 똑같은 방식으로 C는 1억 5천만 원에 그것을 구입하고, 다시 D는 2억 원에 그것을 구입할 수 있다. 이렇게 해서 몇 번의 매매가 거듭되는 동안 토지 가격은 2배로 상승한 것이다.

그런데 문제는 부동산 투기를 통해서 A, B, C, D 네 사람은 수익을 올렸지만, 최종적으로 이 땅에 지은 아파트를 구입하는 사람들은 그 만큼 더 비싼 가격으로 아파트를 구입해야 한다. 아파트를 짓는 비용에 토지를 구입한 비용도 포함되는데, 결국 이 네 사람의 매매차익으로 인한 수익 부분은 아파트를 사는 사람들의 주머니에서 나온 것이 된다. 물론 아파트 자체의 자격이 높아진다 하더라도 그것을 나중에 판매하게 되면 큰 문제는 없다. 그러나 그것을 판매하지 않고 주거용으로 사용하는 경우라면 사정은 달라진다. 본래는 보다 싼 가격으로 주거지를 구입할 수도 있었지만 몇몇 사람들의 투기 때문에 그보다 더 비싼 가격으로 주거지를 구입하였기 때문에 얼마만큼의 손해를 보게 된 것이다. 결국 투기가 특정한 부동산에 대해 그것의 기본 가치에 비해 지나치게 비싼 가격을 매기게 되는 것이다.

여기서 또 한 가지 문제가 생겨난다. 투기는 실질적으로 새로운 가치를 만들어내지 못한다는 것이다. 앞의 예에서 보았듯이 투기는 기존의 가치를 임의적으로 부풀림으로써 수익을 창출한다. 그러므로 투기를 통해 매매되는 부동산은 가치 그 자체의 상승이 없이 매매 가격만 이상적으로 상승되어 있는 셈이다. 이와 같이 가치와 가격의 불일치가 심해지면, 그 극한에 가서 엄청난 경제적 혼란이 생길 수 있다. 거품이 커지면 커질수록 터져버릴 위험도 그만큼 더 크게 되는 것이다.

그러나 투기에는 이보다 더 근원적인 문제가 있다. 반드시 부동산의 경우만 한정하지 않더라도 개개인이 부를 획득하는 방식은 두 가지가 있다. 하나는 노동을 통한 방식이고, 다른 하나는 투기와 같이 노동을 통하지 않는 방식이다. 여기에는 획득되는 부의 원천이 어디냐 하는 것의 차이가 있다. 노동의 통한 부의 획득에서 부의 원천은 노동활동 그 자체이다. 예를 들어 일정한 토지에 농사를 지어서 부를 획득할 경우 이 부의 원천은 농사짓는 행위라고 할 수 있는 것이다. 반면 노동을 통하지 않는 부의 획득에서 부의 원천은 위의 거듭되는 토지매매의 경우에 본 것처럼 다른 사람의 주머니이다. 이러한 점에서 노동은 사회적인 활동이지만 투기는 이기적인 활동이라고 할 수 있다.

* 주어진 텍스트의 결론을 전제로 하는 새로운 글을 써보자.

조선에서 시민혁명이 일어나지 못한 이유

… 태고시대에는 백성뿐이었으니 어찌 통치자(牧)가 있었으랴? 이 시대에는 백성이 순박하고 자유로운 상태로 무리지어 살고 있었다. 그런데 어떤 사람이 이웃사람과 다투게 되어 결정을 짓지 못하였다. 그들 중의 한 장로가 있어서 공정한 말을 잘 하므로 그들은 그 장로에게 가서 판결을 받았다. 그래서 온 마을사람들은 모두 그 장로에게 복종하고 그를 추대하여 이정(里正)이라고 불렀다. 또 몇 개 마을의 백성들이 서로 마을끼리 분쟁을 일으켜 매듭을 짓지 못하였다. 그들 중에 한 장로가 준수하고 지식이 많으므로 그들은 그에게 가서 판결을 받고 그 몇 개 마을 사람들이 모두 그에게 복종하고 그를 추대하여 당정(黨正)이라고 불렀다. 또 몇 개 구역의 백성들이 서로 분쟁을 하여 매듭을 짓지 못하였다. 그들 중의 한 어른이 현명하고 덕이 있으므로 그들은 그에게 가서 판결을 받고 몇 개 구역이 모두 그에게 복종하며 그를 추대하여 주장(州長)이라고 불렀다. 이상과 꼭 같은 사정과 절차에 의하여 몇 개 고을의 어른들이 한 사람을 추대하여 어른을 삼고 국군(國君)이라고 불렀으며, 몇 개 국군들이 한 사람을 추대하여 어른을 삼고 그를 방백(方伯)이라고 불렀다. 또 몇 개 방백들이 한 사람을 추대하여 우두머리를 삼고 황왕(皇王)이라 일컬었다. 요컨대 황왕의 근원은 이정에서 시작한 것이다. 그렇기 때문에 통치자는 본래 백성을 위하여 있게 되었다.

그 시대에 이정은 백성의 희망을 좇아 법을 제정하여 당정에게 올렸으며, 당정은 백성의 희망을 좇아 법을 제정하여 주장에게 올렸다. 주장은 국군에게 올렸으며 국군은 황왕에게 올렸다. 그러므로 그 법은 모두 백성에게 편리했던 것이다.[53]

53) 정약용, 「原牧」, 『與猶堂全書』 권 11.

조선 후기의 실학자 정약용(丁若鏞, 1762~1836)의 정치사상을 단적으로 드러내는 이 글은 근대 유럽의 사회계약사상에 비하면 다소 덜 세련되긴 하지만 확실히 '주권재민(主權在民)'의 이념을 주장하고 있다. 잘 알려져 있듯이 17~8세기 유럽에서 개진된 사회계약사상은 주권재민의 이념을 바탕으로 근대 민주주의의 이론적 기초를 제공하였고, 유럽의 시민계층은 이에 힘입어 시민혁명을 일으키고 시민사회를 이루어내었다. 그런데 위에서 본 것처럼 19세기의 조선에도 주권재민의 이념이 형성되어 있었지만 근대 유럽과 같이 시민혁명이 일어나지 못한 이유는 무엇일까?

18세기까지 조선의 양반사회를 지탱해 주었던 주자학적 국가이념과 비교할 때 정약용의 사상은 분명히 혁명적인 것이다. 돌이켜보건대 18세기 이후 조선의 사회상은 근대 유럽의 경우와 마찬가지로 혁명을 요구하고 있었다. 양반사회 내부에서의 당쟁으로 인한 분열의 심화, 양인사회 내에서 부농과 빈농의 양극화, 양반의 몰락과 양인의 신분상승으로 인한 신분질서의 파괴, 양반과 양인의 불평등 심화, 농 · 상 · 공업에서의 자본주의적 생산양식의 태동 등은 이미 봉건적인 구체제의 붕괴를 예고하고 있었다. 이러한 상황에서 정약용은 이른바 시민혁명의 이념을 제시한 셈이다. 이제 조선의 상황은 구체제를 무너뜨릴 수 있는 혁명의 주체세력을 기다리고 있었다. 그러나 끝까지 혁명주체세력은 현실화되지 않았다.

우선 그러한 혁명이념을 생산했던 정약용 자신이나 그와 같은 부류의 몰락양반들은 혁명의 주체세력이 될 수 없었다. 이들은 대부분 영 · 정조시대의 권력투쟁에서 밀려나 유배당하거나 낙향한 양반들로서, 그들의 생활근거지인 향촌사회에서 발견되는 사회적 모순을 인식함으로써 기존의 성리학을 비판하고 실용적인 학문(실학)을 제창한 지식인들이었다. 이들의 학문과 사상은 근대적이고 혁명적인 면모를 갖추고 있었지만 이들 개개인의 성품은 어디까지나 혁명가가 아니라 학자요 선비였다. 따라서 이들은 향촌의 세력을 기반으로 해서 조선왕조 자체를 부정하려거나 전복하려는 의식을 가지고 있지 않았다. 오히려 이들은 귀향지에서조차도 임금에게 충성을 다하는 모습을 보여주었을 뿐이다.

다른 한편 조선에서도 근대 유럽의 부르주아지에 해당하는 사람들이 있었으나 이들도 결국 혁명을 일으킬만한 의식은 없었다. 17세기 이후 농업, 상업, 공업 분야에서 싹트기 시작한 자본주의적 생산양식으로 인해 양인들 중에서 상당한 재력을 소유한 사람들이 생겨나기 시작했다. 물론 이들이 양인신분에 머물러 있을 수밖에 없었다면 혁명의식을 가졌을는지 모른다. 그러나 그 당시 신분구조의 혼란을 틈타 이들은 자신들의 재력을 바탕으로 공명첩을 사거나 몰락한 양반들의 족보를 사서 양반신분에로의 신분상승을 이룰 수 있었다.[54] 따라서 이들에게는 굳이 위험부담을 안고서 까지 혁명을 일으킬만한 이유가 없었던 것이다.

그러나 더 중요한 사실은 정약용이 주장한 주권재민의 이념이 일반 민중들뿐만 아니라 지식인 계층에게도 충분히 이해되지 못했다는 것이다. 이것은 곧 국가권력의 원천이 자기 자신을 포함한 국민 개개인에게 있다는 사실을 국민 스스로가 자각하지 못한 것이라 하겠다. 이러한 사실은 19세기 조선에서 일어난 수많은 농민봉기에서 정약용의 주권재민사상이 한번도 그 이념으로 작용하지 않았다는 것에서도 확인된다.

예컨대 1811년의 평안도 농민전쟁은 여러 가지 면에서 혁명적인 측면이 있었으나 그 이념은 정약용의 주권재민사상과 같은 것이 아니라 『정감록(鄭鑑錄)』과 같은 도참(圖讖)사상에 근거한 봉건

54) 이러한 사실은 17~8세기의 프랑스의 경우와 비교할 수 있다. 즉 17세기 후반 루이 14세 치하에서 프랑스의 부르주아들은 관직매매를 통해 귀족으로의 신분상승을 이룰 수 있었지만 18세기말에 가서는 관직매매가 전면 금지되었다. 이러한 사실은 프랑스혁명 발발의 여러 원인들 중의 하나로 꼽힌다.

적인 역성혁명(易姓革命)사상이었다.[55] 또 1862년 진주를 비롯한 삼남지방 70여 군현의 일련의 농민봉기들은 모두 국가의 조세수탈과 지배관료층의 부정부패 때문에 고통을 견디지 못한 농민들의 불가피한 항쟁이었다. 말하자면 농민들은 이러한 항쟁을 통하여 국왕에게 자신들의 고통을 고발하고 그러한 고통의 원인을 제거해 달라고 호소한 셈이다. 여기에서는 오히려 농민들에게 깊이 뿌리박혀 있는 '존왕(尊王)사상'을 확인할 수 있다. 또 1894년의 동학농민전쟁은 "사람이 곧 하늘이다(人乃天)."라는 동학이념을 그 이념으로 하고 있으며 '신분제 철폐'라는 보다 진전된 반봉건적인 개혁요구안으로 구체화되긴 했지만, 이것도 근본적으로 주권재민의 이념을 바탕으로 한 것이 아니라 전통적인 왕도(王道)이념에 호소한 것이었다.

한편, 1884년의 갑신정변은 주권재민의 이념에 입각한 입헌군주제를 채택하는 국가체제를 수립했던 혁명적 사건이었다고 할 수 있다.[56] 그러나 이 정변은 확고한 시민 민주주의 국가를 세우지 못하고 3일천하로 끝나고 말았다. 정변의 주체들은 주권재민의 이념을 갖추고 있었다 하더라도 이들과 아직도 '존왕사상'에 젖어있는 일반민중들 사이의 이념적 공감대가 이루어지지 못했기 때문에 정변은 일반민중의 지지를 받지 못하였던 것이다.

* 주어진 텍스트를 요약하여 쓰고, 자신이 쓴 글을 간명하게 나타내는 개요도를 그려보자.

---

55) 「평안도 농민전쟁 격문」에 의하면 홍경래(洪景來) 등 봉기지도자들은 자신들의 봉기가 "세상을 구원할 성인"의 뜻에 따른 백성의 구원을 목표로 한다고 명기되어 있다.

56) 갑신정변은 그 「14개조 정강」에서 "사람으로써 관(官)을 택하게 하고 관으로써 사람을 택하게 하지 말 것"을 명시함으로써 주권재민의 이념을 주장하고 있다.

나이키 운동화는 왜 비싼가?

'나이키(Nike)'는 원래 그리스신화에 등장하는 '승리의 여신'의 이름이지만, 오늘날에는 미국 스포츠 용품 생산회사의 상표명으로 더 유명하게 알려져 있다. 이 회사에서 만드는 용품들은 품질이 좋고 디자인도 산뜻하여 스포츠맨들뿐만 아니라 일반 사람들에게도 매우 인기가 높다. 그러나 이 상표를 단 상품들은 가격이 비싼 편이다. 그것과 비슷한 품질과 디자인을 가진 다른 회사의 동종 상품, 특히 널리 알려져 있지 않으며, 따라서 사람들에게 인기가 높지 않은 회사의 동종 상품보다 나이키 상품의 가격이 훨씬 비싸다. 그 이유는 무엇일까?

경제학에서는 상품의 가격을 결정하는 여러 가지 기준을 제시하지만, 어떤 기준을 가지고 측정하더라도 품질과 디자인이 비슷한 동종의 상품이라면 그 가격도 비슷해야 할 것이다. 그럼에도 불구하고 다른 회사에서 생산한 상품보다 나이키 상품이 비싼 이유가 있다면 그것은 다른 상품들과 구별되는 나이키 상품만의 특징 때문일 것이다. 물론 그러한 특징적인 것이 있다. 그것은 다름 아닌 나이키 회사를 표시하는 '상표'이다. 결국 품질과 디자인이 비슷한 두 상품의 가격 차이는 그 상품이 달고 있는 상표의 차이에 달려 있다고 할 수 있다.

이처럼 상표가 상품의 가격 차이를 결정하는 이유가 된다면, 상표 그 자체가 값어치(가치)를 가진다고 보아야 한다. 그런데 값어치는 가격의 근거가 되므로 상표도 일정한 가격으로 사고 팔리는 상품의 일종이라고 할 수 있다. 이러한 측면에서 보면, 우리가 나이키 운동화를 사는 경우 운동화라는 상품을 사는 것과 동시에 그 운동화에 붙어있는 나이키 상표도 함께 사는 것이라고 할 수 있다. 그러므로 우리가 나이키 운동화를 구입할 때 지불하는 총비용은 그 운동화의 가격과 그것에 붙어있는 상표의 가격을 합한 것이라고 보아야 한다.

그런데 우리는 이 나이키 상표를 왜 사는 것일까? 이 물음에는 두 가지 답이 가능하다. 첫 번째 답은 나이키 회사에서 만든 상품을 사기 위해서는 어쩔 수 없이 그 상표도 함께 사야 한다는 것이다. 왜냐하면 상표라는 상품은 다른 일반적인 상품들처럼 독자적으로 팔릴 수 있는 것이 아니라 반드시 특정한 상품에 덧붙여져서만 팔릴 수 있는 특별한 상품이기 때문이다. 즉 나이키 회사에서 만든 모든 상품에는 이 나이키 상표가 붙어있기 때문에, 이 회사의 상품을 사려면 무조건 거기에 붙어있는 상표까지도 사야 하는 것이다.

그렇다면 좀 억울하다는 생각이 들 수도 있을 것이다. 물론 억울하면 그 회사 상품을 사지 않으면 되는 것 아니냐는 말을 할 수 있다. 그러나 잘 생각해보면 그렇게 억울할 것도 없다. 왜냐하면 우리가 어떤 상품을 사기 위해 귀중한 돈을 지불하는 것은 그 상품이 우리에게 그만큼의 값어치를 하기 때문이듯이 특정한 상표도 그 가격에 적합한 값어치를 하기 때문이다. 이것이 바로 두 번째 답이다. 즉 나이키 상표는 적합한 값어치를 하기 때문에 우리는 그 상표를 사는 것이다.

예를 들어 운동화는 운동할 때 발을 아프지 않게 한다든지 운동능력을 더 잘 발휘할 수 있게 하기 때문에 우리는 그것을 가지기 위해 돈을 지불한다. 그리고 우리는 그 운동화 때문에 발이 불편하지 않았다든지 운동능력을 더 잘 발휘하였다고 느낀다면 그것을 가지기 위해 지불한 돈이 아깝지 않다고 생각한다. 이러한 경우 이 운동화는 우리에게 충분한 값어치를 한 셈이다.

상표도 이와 같이 어떤 값어치를 한다. 예를 들어 나이키 운동화 상표의 값어치는 다른 사람들에게 자기를 과시할 수 있는 기회를 준다. 자기를 과시한다는 것은 은근하게 다른 사람들보다 자기가 더 우월한 사람이라는 것을 나타내는 효과를 갖는다. 한 집단에서 우월한 사람은 그 집단을 자기에게 유리한 방향으로 이끌어갈 수 있으며, 이를 통해 자기의 이익을 도모할 수 있다. 그러므로 자기 과시는 자기를 우월한 사람으로 보이게 함으로써 일정한 이익을 얻을 수 있는 계기가 되는 것이다. 이것이 바로 상표의 값어치이며, 이 때문에 우리는 이와 같은 상표를 돈으로 사는 것이다.

그런데 상표의 값어치는 상품의 값어치와 약간 다른 점이 있다. 일반적인 상품의 경우 특별한 이유 없이 그 기능에 하자(瑕疵)가 발생할 때는 그것을 만든 회사에서 책임을 지고 고쳐주거나 교환해주거나 환불해준다. 그러나 상표의 경우 과시욕망과 관련하여 값어치가 책정되긴 하지만 그 기능을 나타내지 않는다고 해서 회사가 책임을 지지는 않는다. 예를 들어 새로 구입한 나이키 운동화를 신고 갔는데, 친구들이 그 운동화의 상표 때문에 나를 우대해주지 않는다고 해서 나이키 회사에 책임을 물을 수는 없다는 것이다. 이러한 점에서 상표라는 상품은 '불확실한(고정되지 않은)' 값어치를 가지는 것임에도 불구하고 '고정된(확실한)' 가격을 요구하는 거품 같은 상품이라고 할 수 있다.

* 주어진 텍스트를 요약하여 쓰고, 자신이 쓴 글을 간명하게 나타내는 개요도를 그려보자.

제한선거제에 대하여

오늘날 우리는 민주주의 국가라면 어디에서나 일정한 연령 이상의 전 국민에게 선거권을 부여하는 '보통선거제'가 실시될 것이라고 여긴다. 그러나 근대 민주주의 정치이념을 만들어내었던 서구에서는 20세기 초까지 신분, 재산(납세액), 성별, 교육 정도 등에 따라 선거권을 제한하는 '제한선거제'가 시행되었다. 예를 들어, 프랑스대혁명의 제 1단계 성과라고 할 수 있는 '91년 헌법'[57]은 모든 남자국민을 연간 일용노동자의 3일간의 일당에 해당하는 금액 이상의 세금을 내는 국민(능동 국민)과 그렇지 않은 국민(수동 국민)으로 나누어 능동 국민에게만 선거권을 부여하였다. 그 이후 프랑스의 헌법은 여러 번에 걸쳐 바뀌거나 새로 제정되었지만 1910년 즈음 보통선거제가 확립될 때까지, 그리고 여성에게도 선거권이 부여된 1946년에 이르기까지 프랑스에서는 제한선거제가 실시되었다.

이처럼 서구에서는 오랫동안 제한선거제가 시행되어왔지만, 오늘날 우리가 보통선거제를 당연한 것으로 여기듯이 그 당시 서구인들이 제한선거제를 당연한 것으로 여긴 것은 아니었다. 다만 서구에서는 보통선거제를 실시하자고 주장하는 사람들과 제한선거제를 실시하자고 주장하는 사람들이 나뉘어 오랫동안 서로 싸워왔으며, 20세기 초까지 이 싸움에서 대체로 후자가 이겨왔던 것

57) 1789년 5월에 소집된 신분회의 제3신분 대표들이 스스로 프랑스 국민의 대표라고 주장하면서 '국민의회'로 이름 짓고 새로운 프랑스의 헌법을 만들기 위한 제헌의회를 열어 1791년 9월 '91년 헌법'을 공표하였다.

이다. 물론 이 싸움이 '실력(實力)' 대결이라는 의미를 전적으로 배제할 수는 없지만 정치적 투쟁에서는 무엇보다도 '명분(名分)'이 중요하다는 것을 인정한다면, 제한선거제를 주장하는 사람들이 이 싸움에서 이겨왔다는 사실은 그들의 명분이 그 당시의 서구인들에게는 일리(一理) 있는 것으로 여겨졌다고 생각할 수 있다. 그렇다면 오늘날 우리에게는 매우 부당해 보이는 제한선거제가 한 세기 전까지의 서구인들에게는 일리 있는 것으로 여겨진 이유가 무엇이었을까?

그것은 근대 서구인들의 국가관과 관련된다. 봉건체제나 절대주의 체제에 있어서 국가는 군주의 것이고 거기에서 살아가는 개인들은 군주의 '신민(臣民, subject)'이었다. 이 두 경우 모두 국가는 처음부터 있는 것이고 개인들은 오직 국가를 구성하는 하나의 부분으로서만 간주되었다. 다시 말하면, 봉건국가나 절대주의 국가에 있어서 개인들은 자신의 사적 이익을 위해서 살아가는 사람들이 아니라 국가의 한 구성원으로서의 역할과 의무를 다하기 위해서 살아가는 사람들이었던 것이다.

그러나 근대의 서구인들에게는 새로운 개인의식과 그것에 근거하는 새로운 국가관이 싹트고 있었다. 이 새로운 개인의식은 각각의 개인들이 다른 어떤 사람에게 예속될 수 없는 주체적 인격체로서 각자 자신의 이익을 위해서 살아가는 사람이라는 것이다. 그런데 이처럼 개인들이 각각 자신의 이익을 위해서 살아갈 수 있다면 서로 갈등을 일으키거나 자신의 소유물을 다른 사람들에게 강제로 빼앗길 수 있는 위험도 스스로 감수해야 한다. 이 때문에 개인들은 자신이 당할 수 있는 위험을 막아줄 수 있는 국가를 만들게 된다. 이처럼 개인들이 자신의 사적 활동을 위한 필요에 따라 만든 것이 바로 근대적인 국가이며, 이 국가의 주인이 다름 아닌 개인들이라는 의미에서 민주국가인 것이다.

그렇다면 근대 민주주의 국가의 1차적인 기능은 개인의 생명과 재산을 보호하는 것이다. 따라서 국가는 외적의 침입을 막아내기 위한 군대와 국민들 상호간의 갈등을 조정하고 재산권의 침해를 방지하기 위한 경찰조직을 갖추고 있어야 한다. 그런데 군인이나 경찰은 그들의 고유한 임무를 수행하기 때문에 자신들의 삶을 위해 일할 시간이 없다. 이 때문에 그 밖의 국민들은 군인이나 경찰이 그들의 생명이나 재산을 지켜주는 대가로 경찰이나 군인에게 그들의 삶을 위한 일정한 돈을 지불해야 한다. 이것이 바로 세금이다. 물론 세금은 군인이나 경찰에게 봉급을 지급하는 데에만 쓰이는 것이 아니다. 국가에는 행정부, 입법부, 사법부의 업무를 담당하는 수많은 공무원들이 있고, 또 국가가 수행하는 여러 가지 사업들도 있기 때문에 세금은 국가를 운영하는 전체적인 경비로 쓰인다.

그렇다면 한 국가에 속하는 개인들은 각각 얼마만큼의 세금을 납부해야 하는 것일까? 우선 모두 똑같은 세금을 내자는 의견이 있을 수 있다. 그러나 이 의견에는 재산이 없는 사람들이 불만을 표시할 수 있다. 재산이 있는 사람들은 국가로부터 자신의 생명과 재산을 모두 보호받지만 재산이 없는 사람은 자신의 생명만 보호받기 때문이다. 이러한 불만을 없애려면 재산이 있는 사람이 그렇지 않은 사람보다 더 많은 세금을 내도록 해야 한다. 더 정확하게 하려면 재산의 정도에 따라 세금 납부액도 달라야 할 것이다.

한편, 민주국가에서는 국가의 운영이 개인들의 의지에 따라 결정되어야 하므로 모든 개인이 그 결정에 참여할 수 있다고 한다면, 이번에는 재산(납세액)이 많은 사람들이 불만을 가질 수 있다. 국가를 어떻게 운영할 것인가 하는 것은 개인들의 생명뿐만 아니라 재산운용에도 큰 영향을 줄 수 있다. 예를 들어 대규모의 토지재산을 소유하고 벼농사를 짓는 사람과 큰 자동차 제조회사를 운영하는 사람이 있다고 할 때 국가의 경제정책이 어떤 방향으로 결정되느냐에 따라 그들 각각의 재산상의 손익이 크게 달라질 수 있다. 이에 반해 재산이 없는 사람은 자신의 재산과 관련된 이해관계가 있을 수 없다. 따라서 재산이 없는 사람은 국가를 어떻게 운영할 것인가를 결정하는 일에 참여할 이유가 없는 것이다. 이것이 바로 재산의 소유 정도(세금납부액의 정도)에 따른 참정권의 제한을 정당화하는 근거이다.

* 주어진 텍스트를 비판하는 입장에서 자신의 글을 구성하고, 그 내용을 간명하게 나타내는 개요도를 그려보자.

농업 포기 정책에 대하여

기업은 가계로부터 노동, 토지, 자본, 경영능력 등과 같은 생산요소를 구입하고, 이를 사용하여 재화와 용역을 생산한다. 기업은 이렇게 생산한 재화와 용역을 가계에 판매함으로써 수익을 얻어 생산을 위해 구입하였던 생산요소들에 대한 대가를 지불한다. 이를 가계를 중심으로 다시 서술해보면, 가계는 노동, 토지, 자본, 경영능력 등 생산요소를 기업에 판매하여 얻은 수익을 가지고 기업이 생산한 재화와 용역을 구입한다. 결국 가계에서 기업에 제공하는 생산요소들의 가치총량과 기업에서 가계에 제공하는 재화 및 용역의 가치총량은 같다고 할 수 있다. 이것을 '경제순환모델'이라고 한다.

이러한 경제순환모델에 입각해서 보면, 하나의 경제단위로서의 국가의 경우 가계의 총수요에 맞추어 기업의 총생산이 이루어지도록 조절하는 것이 중요하다. 총수요에 비해 총생산이 부족하면 가계의 생활이 궁핍해질 것이고, 반대로 총수요에 비해 총생산이 많으면 생산물 중에 쓰고 남는 것은 버려질 수밖에 없을 것이다. 그러므로 한 국가 내에서의 총수요와 총생산의 균형을 이루는 것이 중요하다.

그런데 우리나라의 경우 석유와 같이 기업적 생산에 꼭 필요한 에너지원을 자체적으로 얻을 수 없기 때문에 이것을 외국에서 구입하지 않으면 안 된다. 따라서 우리나라 기업들은 우리나라 가계의 총수요보다 더 많은 재화와 용역을 생산하여 우리나라 가계의 수요를 충족시키고 남는 잉여분의 재화와 용역을 외국에 수출하여 그 수익으로 석유를 구입한 것에 대한 대가로 지불해야 한다. 뿐만 아니라 우리나라는 일제의 식민지상태로부터 해방한 이후 국가 경제를 본격적으로 시작할 때 민족자본이 부족하였기 때문에 상당한 외채를 들여왔는데, 이 외채의 원리금 상환을 위해서 우리나라의 기업은 우리나라 가계의 총수요보다 더 많은 생산을 해야 한다. 단적으로 말해서 우리나라 기업은 석유와 같은 에너지원을 구입하기 위한 비용이나 외채의 원리금 상환을 위한 비용을 확보하기 위해 가계의 총수요보다 더 많은 생산을 해야 하는 것이다.

그렇지만 무조건 더 많은 재화를 생산하는 것이 능사는 아니다. 잉여분의 재화를 외국에 수출한다고 할 때 외국의 가계들이 우리나라 기업의 생산물을 구입할 수 있어야 한다. 이 때문에 우리나라의 경우 외국에 수출할 수 있는 품목의 생산물을 생산하기 위해 노력해야 한다. 이러한 품목으로는 다른 모든 나라에서는 만들지 않고 우리나라에서만 만들어낼 수 있는 재화나 용역을 생산하거나, 다른 나라에서 특정한 재화나 용역을 생산하는 데 드는 생산비보다 더 낮은 생산비로 그 재화와 용역을 생산해서 수출해야 한다.

이 때문에 우리나라에서는 해방 이후 지속적으로 농업분야보다 중화학공업분야의 생산을 늘려왔다. 왜냐하면 우리나라의 농업방식은 적은 규모의 토지에 많은 사람의 노동력이 집약적으로 투입되는 방식이기 때문에 큰 규모의 토지에 기계를 이용하여 농사를 짓는 다른 나라들이나 값싼 인건비를 이용해서 농사를 짓는 다른 나라들에 비해 생산비가 높아서 경쟁력이 없다고 생각되었기 때문이다. 그리하여 우리나라에서는 농업분야의 생산 활동이 점점 축소되어 왔고, 그 결과 농업적 생산에 있어서의 자급자족이 어려운 형편에 도달했다.

그러나 농업에서의 자급자족이 이루어지지 않더라도 큰 문제는 없다. 중화학공업의 생산량을 늘려 더 많은 수출을 함으로써 외국으로부터 농산물까지도 수입하면 되기 때문이다. 그렇다면 우리나라의 경우 농업을 완전히 포기해도 좋다. 농업용 토지를 점차 중화학공업용 토지로 이용하고 농민들도 점차 공업적 생산에 필요한 노동자로 전환하도록 하여 공업적 생산물의 생산을 더욱 늘리는 것이 더 좋을 수 있기 때문이다.

실제로 우리나라의 경우 다른 나라들에 비해 공업적 생산의 생산비는 비교적 낮은 반면 농업적 생산의 생산비는 비교적 높은 편이다. 또 몇 가지의 공업부문에서는 우리나라 기업이 계발하여 보유하고 있는 기술력 때문에 다른 나라의 기업들이 만들 수 없는 것을 만들어낼 수 있는 경우도 있고, 또 동일한 기술력을 보유하고 있는 몇몇 나라들 중에서 생산비가 가장 낮아 우리나라 기업의 경쟁력이 높은 경우도 있다. 그러므로 우리나라에서는 농업을 완전히 포기하는 대신 이와 같은 분야의 공업적 생산량을 더욱 늘림으로써 우리나라 가계의 총수요에 해당하는 농산물을 전부 수입해서 쓰는 것이 더욱 효율적이다.

* 주어진 텍스트를 비판하는 입장에서 자신의 글을 구성하고, 그 내용을 간명하게 나타내는 개요도를 그려보자.

대의 민주주의에 있어서 대표자의 우월성과 도덕성에 관하여

대의 민주주의 제도를 시행하는 현대 민주주의 국가의 국민들은 대체로 주권자인 개인들을 대변하는 대표자가 그에게 권리를 맡기는 선거구민들보다 반드시 우월한 사람이어야 한다고 생각하는 경향이 있다. 그런데 사람들이 이렇게 생각하는 이유는 무엇일까?

대의제도에 있어서 대표자는 말 그대로 선거구민들의 의사를 대표(대리)하는 사람일 뿐이다. 우리가 염두에 두고 있는 '우월성' 이라는 것은 그러한 대리 업무를 '탁월하게 수행할 수 있음' 을 의미하는 것이 아니라 지역구민들을 '지도할 수 있음' 을 의미한다. 그렇다면 이 우월성은 민주주의의 근본이념과 잘 맞지 않는 것처럼 보인다. 왜냐하면 민주주의의 근본이념에서 국민 개개인은 스스로 주인이기 때문에 다른 어떤 사람들의 지도에 이끌려가서는 안 되기 때문이다.

이러한 점에서 대표자에게는 우월성이 그렇게 중요하지 않다. 그에게 필요한 능력은 선거구민들의 의견을 잘 종합하고 그것에 입각하여 국정운영을 위한 대표자회의에 참여하여 발언하고 의결하는 능력 정도이다. 여기에 한 가지 덧붙여 그가 대표자회의에 참여하여 발언하고 의결할 수 있는 회의진행법에 관한 정확한 지식과 실천능력을 갖추고 있다면 더 이상 바랄 것이 없을 것이다. 그러나 이러한 것들을 갖추고 있다고 해서 그를 우월한 사람이라고 하지는 않는다. 그러므로 대표자가 반드시 우월한 사람이어야 할 이유가 없는 것이다.

오히려 대표자에게는 선거구민들의 의견을 정직하게 전달할 수 있는 도덕성이 더 중요하다. 만약 그가 대표자회의에 참여하여 선거구민들의 의견을 무시하고 자기 자신의 개인적 이해관계 때문에 자의적으로 의견을 제시하거나 의결을 한다면 그는 그에게 대리 업무를 맡긴 구민들을 기만하는 셈이 된다. 이것은 대의 민주주의의 이념에 위배되는 것이다. 그러므로 대표자는 무엇보다도 먼저 대리 업무를 정직하게 수행할 수 있는 도덕성을 갖추어야 하는 것이다.

그럼에도 불구하고 오늘날에는 대표자들을 선출할 때 도덕성보다는 우월성을 더 중요한 기준으로 간주하는 경향이 있다. 예를 들어 우리나라에서 행정권의 대표자인 대통령이나 입법권의 대표자인 국회의원을 선출하는 경우 선거권자들은 후보자의 도덕성을 전혀 고려하지 않는 것은 아니라 하더라도 그의 학력이나 경력을 훨씬 더 중요한 선택기준으로 삼는다. 이것은 선거권자들이 그의 대리 업무를 성실하게 수행할 수 있는 대표자를 선출하는 것보다는 그를 이끌어갈 수 있는 지도자를 선출하는 것에 더 잘 어울리는 것이다.

그렇다면 오늘날 이러한 현상은 왜 일어나는 것일까? 그 이유는 여러 가지가 있겠지만 우선 다음 세 가지 정도를 주목할 수 있다. 첫 번째는 개개인의 민주의식 부족이다. 자기 스스로 주권자라는 의식이 부족하기 때문에 대표자를 자신의 대리인으로 인식하지 못하는 것이다. 이것은 일반국민들이 대표자의 관념보다는 지도자의 관념에 더 익숙하기 때문이기도 하다. 우리나라의 경우 민주주의의 역사는 이제 겨우 60여년이지만 그보다 훨씬 더 긴 군주정의 역사를 가지고 있다. 군주정에서 군주는 백성들의 대표자가 아니라 지도자이다. 그의 지도력이 어떠하냐에 따라 백성들은 웃기도 하고 울기도 한다. 따라서 군주에게는 도덕성도 중요하지만 그것은 어디까지나 우월성을 바탕으로 한 다음의 이야기이다.

두 번째는 정당정치제도의 구조적인 문제이다. 본래 대의제도는 대표자로 하여금 선거구민들의 의사를 대표하도록 하는 것이지만 구민들의 의사가 일치하지 않고 엇갈리는 경우 때문에 정당정치가 생겨났다. 예를 들어 대표자는 국가의 운영방안을 결정할 때마다 구민들의 의견을 물어보아야 할 것이다. 그러나 사안마다 그렇게 할 수는 없다. 그래서 각 정당에서 결정해야 할 중요한 항목마다 어떤 노선으로 국가를 운영할 것인지 정강정책으로 미리 정해두면, 선거구민들은 대표자를 선출할 때 특정한 정당의 후보를 지지하는 것으로 구체적인 결정사항들에 대한 모든 결정을 그 후보에게 맡기는 방식의 정당정치제도가 생겨난 것이다. 이러한 정당정치제도에 있어서는 대표자선출의 방식이 역전된다. 말하자면 선거구민들이 자신들의 의사를 대리할 사람을 선출하는 방식이 아니라 각 후보들이 자기 정당의 정강정책을 소개하고 선전하면서 지지를 호소하는 선거방식이 생겨난 것이다. 바로 이러한 선거방식에서 대표자의 이미지보다 지도자의 이미지가 더 중요하게 부각되는 것이다.

끝으로 세 번째는 정치를 엘리트집단의 직업적인 일로 간주하는 태도이다. 이것은 근대 민주주의의 발생과정에서부터 이미 형성된 정치의 역사에 기인하는 것이다. 유럽에서 근대 민주주의가 형성될 때 채택했던 제한선거제도와 같은 제도는 정치인을 정치권력을 소유한 엘리트집단으로 간주했다. 이 엘리트집단은 그들에게 부여된 정치권력을 가지고 권력의 재생산을 가능하게 하는 여러 가지 제도를 만들었다. 그 중 하나가 대표자가 되기 위한 여러 가지 자격제한을 만들어 둔 것이다. 예를 들어 오늘날에도 국회의원 선거에 입후보하는 사람은 일정액의 공탁금을 마련해야 하고, 또 선거운동을 하는 동안 엄청난 자금과 인력을 필요로 한다. 이로써 정치의 직업화가 이루어졌다. 말하자면 정치는 아무나 하는 것이 아니라는 생각이 유포된 것이다.

* 주어진 텍스트를 비판하는 입장에서 자신의 글을 구성하고, 그 내용을 간명하게 나타내는 개요도를 그려보자.

지대와 경제적 지대

'지대(地代)' 란 '다른 사람의 토지를 빌린 사람이 그것을 빌려준 사람에게 지불하는 물품이나 돈' 을 뜻한다. 그런데 다른 사람의 토지를 빌린 사람은 단지 토지를 빌렸을 뿐인데 그것을 빌려준 사람에게 왜 지대를 지불해야 하는 것일까? 그것은 토지라는 것이 이익을 만들어낼 수 있는 수단이 되기 때문이다. 즉 사람들은 토지에 일정한 양의 씨앗을 심어 그보다 훨씬 더 많은 양의 열매를 얻을 수 있는데, 토지를 빌려주는 사람이 농사를 통해 얻을 수 있는 이익을 포기하는 대신 토지를 빌리는 사람이 그 이익을 차지하는 셈이어서 토지를 빌린 사람이 차지한 이익 중의 일부를 토지를 빌려준 사람의 손해를 조금이나마 벌충해준다는 의미에서 지불하는 것이 바로 지대인 것이다.

그런데 이처럼 토지를 빌리고 빌려주는 현상은 경제적으로 매우 비효율적인 것처럼 보인다. 토지를 빌려주는 사람은 그 토지를 그 자신이 이용했을 경우 얻을 수 있는 이익보다 더 적은 이익을 얻었고, 토지를 빌리는 사람도 농사를 통해서 그가 얻은 이익의 일부를 상실하는 셈이 되기 때문이다. 그러나 여기서 한 가지 유념해야 할 것은 토지를 빌려주는 사람의 노동력이 고스란히 남는다는 사실이다. 그는 농사를 통해서 얻을 수 있는 이익을 포기하는 대신 그의 노동력을 다른 이익추구활동에 쓸 수 있다. 따라서 이 사람의 경우 농사와는 다른 이익추구활동을 통해서 일정한 이익을 얻을 수 있다.

그렇다면 이 사람은 단지 토지의 소유주라는 사실만으로 자신의 노동력을 전혀 쓰지 않고 일정한 이익을 얻은 셈이다. 물론 이 사람이 노동을 통하지 않고 얻은 이 이익은 이 사람의 토지를 빌린 사람의 이익 중에서 떼어낸 일부이다. 결국 토지소유자는 자신의 토지를 빌려 쓴 사람의 이익의 일부를 자신의 것으로 만들어 버리는 사람이라고 할 수 있고, 남의 토지를 빌려서 농사를 지은 사람은 자신이 얻은 이익 중의 일부를 다른 사람에게 주지 않으면 안 되는 사람이라고 할 수 있다.

이처럼 토지를 소유하는 것과 소지하지 않는 것의 차이는 엄청나다. 그렇다면 누구나 토지를 소유하기 위해서 노력할 것이다. 다시 말해 누구라도 '지대'를 받는 사람이 되기 위해 노력할 것이다. 그런데 아쉽게도 누구나 토지를 소유하는 것은 쉽지 않다. 그것은 토지가 한정되어 있다는 것과 이미 토지를 소유하고 있는 사람이 그 토지로 인해 쉽게 얻을 수 있는 이익을 포기하지 않을 것이라는 이유 때문이다. 이러한 점에서 '지대'는 자신의 노동력을 사용하지 않고도 일정한 이익을 얻을 수 있는 특별한 권리를 특정한 몇몇 사람에게만 허용하는 증표와 같은 것이라고 할 수 있다.

물론 산업구조에 있어서 농업부문이 차지하는 비중이 적어지고 경제활동의 영역이 폭넓게 분화된 오늘날에는 지대가 실제로 그와 같은 의미를 갖지는 못한다. 그러나 오늘날에는 지대 이외의 다른 것이 전근대사회에서 지대가 가지는 의미를 가질 수 있다. 즉 전근대사회에서 토지가 공급이 제한되어 있기 때문에 노동력을 쓰지 않고도 이익을 얻을 수 있는 수단이 될 수 있었던 것처럼 오늘날 공급이 제한되거나 비탄력적이어서 그 소유자가 공급이 원활하게 이뤄졌을 때의 이익보다 더 많은 이익을 얻을 수 있도록 하는 수단이 있을 수 있다. 그렇다면 그것은 전근대사회에 있어서의 토지와 같고, 그 때문에 얻는 이익은 지대와 같다.

실제로 오늘날에는 이와 같은 지대에 해당하는 것이 많다. 정부의 보조금, 세제상의 우대 조치, 진입규제 등과 같은 정부 정책에 따른 부가적인 이익이 그것이다. 이 때문에 경제학에서는 이러한 것들을 '경제적 지대' 라고 한다.

예를 들어 법학전문대학원이나 의학전문대학원의 학생 정원을 제한하는 것은 일종의 진입규제라고 할 수 있다. 정원이 제한된다는 것은 결국 변호사 자격증이나 의사 면허증을 가지는 사람의 수를 제한하는 것이고, 새롭게 변호사나 의사의 세계로 들어가는 길을 가로막는 장벽과 같은 기능을 하는 것이다. 이와 같이 변호사나 의사의 수가 제한되면, 즉 법률서비스와 의료서비스의 공급이 제한되면, 그 수요에 대비하여 가치의 상승이 예상된다. 이 때 변호사나 의사는 충분한 공급이 이루어졌을 경우 예상되는 수입보다 더 많은 수입을 얻을 수 있는데, 이 더 많은 수입이 바로 '지대' 와 같은 의미를 갖는 '경제적 지대' 인 것이다.

지대와 마찬가지로 경제적 지대도 그것을 얻는 수단을 가진 사람에게는 부가적인 수익을 제공한다. 그러므로 대개의 사람들은 이와 같은 부가적 수익을 얻을 수 있는 수단을 갖기 위해서 노력한다. 이러한 노력을 '지대추구행위' 라고 한다.

그런데 지대추구행위는 하나의 경제공동체 내에서 긍정적인 의미를 갖지 못한다. 토지와 그 지대의 경우에 보았듯이 토지소유자가 얻는 지대는 궁극적으로 임차인(賃借人)이 얻은 이익의 일부를 빼앗는 것이나 다름없는 것이다. 오늘날 변호사협회나 의사협회에서 자신들의 경제적 지대를 상실하지 않기 위해 진입장벽을 치도록 정부에 압력을 넣는 방식으로 지대추구행위를 할 수 있다. 그 결과 변호사나 의사는 일정한 경제적 지대를 얻게 된다. 이 때 그 지대에 해당하는 돈은 궁극적으로 법률서비스이나 의료서비스를 받는 일반시민들의 주머니에서 탈취한 것이나 다름없는 것이다. 이와 같이 지대나 경제적 지대는 하나의 경제공동체에 속하는 각각의 구성원들의 경제적 수익에 불평등을 심화하는 계기가 될 수 있는 것이다.

* 주어진 텍스트를 비판하는 입장에서 자신의 글을 구성하고, 그 내용을 간명하게 나타내는 개요도를 그려보자.

현대 민주주의의 이념과 그 한계

1. 민주주의의 근본이념은 일반국민(民)이 주권(主)을 갖는다는 사실에 있다. 이러한 민주적 이념에 따른 정치는 기원전 6세기에서 4세기에 이르기까지 고대 그리스의 몇몇 정치공동체에서 시행된 바 있지만, 현대적 의미에서의 민주주의 정체는 17-8세기 영국, 미국, 프랑스에서 일어난 일련의 시민혁명을 계기로 서양 각국에서 형성되었다. 그러나 무엇보다도 이들 나라에서 민주주의 정체를 채택할 수 있었던 것은 민주주의의 이념이 확립되어 있었기에 가능한 일이었다.

이러한 현대적 의미에서의 민주주의의 이념은 ‘사회계약설’이라는 이론적 형태로 발전되었다. 사회계약설에 따르면 인간의 ‘자연상태’ 혹은 그 직후에는 사람들이 각각 자신이 살기 위해 다른 사람을 헤치려고 한다(이기적 측면). 이러한 상황에서는 개인적인 인간의 삶이 안정되기가 어렵다. 따라서 생각하는 존재로서의 인간들(합리적 측면)은 이러한 싸움을 말려 줄 사람이 있었으면 하는 소망을 가질 수 있다.

2. 그런데 구체적으로 누가 싸움을 말릴 것인가? 싸움을 말릴 수 있는 사람은 우선 힘이 강한 사람이어야 하고, 또 스스로 먹고 살기에 바쁘지 않는, 그래서 다른 사람을 헤칠 필요가 없는 사람이어야 한다. 그렇지만 자연상태에서 이 두 가지 조건을 모두 갖추고 있는 사람은 결코 있을 수 없다. 그러므로 사람들은 특정한 한 사람을 적임자로 선출하고, 이 선출된 사람에게 위에서 말한

두 가지 조건을 '인공적'으로라도 만들어 주지 않으면 안 된다.

첫째, 어떤 자연인으로 하여금 다른 어떤 사람들과 겨루어도 이길 수 있는 절대적인 힘을 갖도록 하는 인공적 방법으로는 '무기'를 독점하게 하는 방법이 있다. 이것으로써 싸움을 말릴 사람의 첫 번째 조건은 해결된다. 둘째, 어떤 자연인이 스스로 먹을 것을 생산하지도 않고 또 다른 사람을 해쳐서 그의 것을 탈취하지도 않으면서 먹을 것을 해결하는 방법으로는 그 이외의 다른 사람들이 자신의 몫을 조금씩 떼어 모아 그 사람의 생계를 해결해 주는 방법이 있다. 이것으로써 싸움을 말릴 사람의 두 번째 조건도 해결될 수 있다. 여기서 무기를 독점하는 것은 '권력'이라는 말로 이해되고, 이 권력(을 가진)자를 위한 다른 사람들의 모금은 '세금'이라는 말로 이해된다.

여기서 잠깐 권력자의 입장을 생각해 보자. 자신이 원하였든 원하지 않았든 간에 권력을 가진 사람은 그 권력을 가질 수 있는 모든 조건들을 인공적으로 만들어 주었던 사람들(권력양도자)의 안전을 보장해 주어야 한다. 이것이 바로 사회계약의 내용이다. 그러나 이러한 계약내용이 제대로 이행될 수 있다는 것은 어디까지나 인간의 합리적 측면에서만 볼 때 그렇다. 앞에서도 보았지만 인간에게는 합리적 측면만 있는 것이 아니라 이기적 측면도 있다. 권력을 가진 자라고 해서 이기적 측면이 발동하지 않는다는 보장이 없다. 예컨대 우리는 이기심이 발동한 권력자가 독점한 무기를 권력양도자의 안전을 보장하는 데 쓰지 않고 오히려 권력양도자들을 억압하는 데 쓴다든지, 또 권력을 이용하여 필요 이상의 세금을 거둬들임으로써 개인적 부를 축적하는 경우를 얼마든지 상상할 수 있다.

만약 이러한 일이 일어난다면, 그리고 이러한 일이 지속된다면 권력양도자는 계약 이전의 상태보다 더 열악한 상황에 처할 수도 있게 된다. 그렇다면 권력양도자가 권력자를 교체할 수 있지 않은가? 그러나 권력양도자들이 권력자를 교체하려는 의지는 결코 실현될 수 없다. 왜냐하면 이미 모든 무기는 권력자에게 독점되어 있기 때문이다. 즉 무기를 독점하고 있는 일인의 권력자는 무기를 갖지 않은 만인보다 힘이 더 강하기 때문이다.

3. 그러므로 우리는 이런 방식의 사회계약을 통해서는 모두가 잘 사는 사회가 이루어지기 어렵다는 것을 알 수 있다. 그렇다면 우리는 다른 방식의 계약을 생각해 볼 수 있다. 여기서 우리가 간단하게 생각해 볼 수 있는 것은 새로운 방식의 계약이란 위에서 본 옛 계약에서 나타날 수 있는 단점들을 제거하고 보완하는 것이어야 한다. 옛 사회계약에 있어서 최고의 단점은 권력자가 계약을 위반할 때 그 권력자를 처벌할 수 있는 장치가 없다는 것이다. 따라서 새로운 사회계약은 권력자가 계약을 위반할 때 그 권력자를 처벌할 수 있는 장치를 갖춘 그러한 계약이어야 할 것이다.

우선 권력양도자가 권력자를 처벌하기 위해서는 권력자가 가지고 있는 힘의 총량보다 더 큰 힘을 가지고 있어야 할 것이다. 그러나 권력양도자가 권력자보다 더 큰 힘을 가지고 있다면 권력양도자는 애초부터 자신의 안전을 권력자에게 보장받지 않아도 되었을 것이고, 또 권력자가 있어야 할 원천적인 이유도 없어지고 말 것이다. 바로 이러한 문제를 해결하는 것이 새로운 사회계약의 묘미인 것이다.

근본적으로 권력자가 가진 권력의 원천이 권력양도자에게 있다고 할 때, 옛 계약의 골자는 권력의 '전부양도'에 있는 데 반해 새 계약의 골자는 권력의 '일부양도'에 있다. 예를 들어 10명으로 구성된 계약사회를 생각해 보자. 이 사회의 구성원들은 모두 자연적으로 타고난 힘을 가지고 있다. 이 자연적 힘을 '자연권'이라고 한다. 각각의 개인이 갖는 자연권의 크기를 10이라고 가정해 보자. 이들이 계약을 통해서 어떤 한 사람에게 자신의 자연권을 '전부' 양도한다면, 이 어떤 한 사람이 갖는 권력의 크기는 100이 되지만 나머지 아홉 사람은 각각 0의 권력을 갖게 되고 또 이 아홉 사람의 권력을 모두 합해도 0을 넘지 못하게 될 것이다. 이것이 바로 옛 계약사회에서 권력자가 계약을 위반하더라도 그 권력자를 처벌할 수 없는 이유이다.

이에 반해 새로운 계약은 동일한 상황에서 권력의 '일부' 만 양도하도록 되어 있다. 즉 각각의 사회구성원들은 어떤 한 사람에게 자신이 가지고 있는 자연권 10의 일부인 3을 양도함으로써 계약이 성립한다는 것이다. 그렇다면 권력자는 자신의 자연권 10과 나머지 아홉 사람으로부터 양도받은 27(9×3)을 합해서 모두 37의 권력을 갖게 되고, 나머지 아홉 사람 각각에게는 아직도 각각 7의 권력이 남아있게 된다. 이러한 상황에서도 개인이 갖는 7의 권력보다 큰 37의 권력을 갖는 권력자는 자신의 큰 권력에 기대어 계약을 위반할 수 있다. 그러나 이 경우에는 옛 계약의 경우와는 사정이 다르다. 즉 각각 7의 권력을 가지고 있는 권력양도자들 아홉 사람 중에 여섯 사람만 힘을 합치면 합계 42(7×6)의 권력을 만들 수 있다. 이것은 권력자의 권력을 능가하며, 따라서 계약을 위반한 권력자를 처벌할 수 있는 힘이 된다. 이것이 바로 '저항권' 의 근거이다.

4. 이처럼 권력양도자들이 권력자에 대해 저항권을 가질 수 있다는 것이 새로운 계약의 장점이다. 임의적으로 설정한 것이긴 하지만 최고 권력자에 대한 일반 시민들의 저항권을 확보하기 위해서 양도되는 자연권의 크기를 3으로 정한 것은 상당한 의미가 있다. 저항권은 일반 시민 전부가 아니라 2/3 이상만 찬성하더라도

발동할 수 있다는 사실을 의미한다. 만약 4라면 저항권을 발동하기 위해 일반 시민의 절대 다수가 합의해야 하므로 저항권의 실제적 발동이 거의 불가능하다. 만약 5 이상이라면 양도자 전부의 남은 권력을 합치더라도 최고 권력자에게 저항할 수 없다. 이것은 저항권이 없는 것이나 다름없다. 또 만약 2 이하라면 일반 시민 반수 이하의 합의만으로도 최고 권력자에 저항할 수 있다. 이것은 저항권이 남발됨으로써 사회적 혼란을 야기할 수 있다.

그러나 양도되는 권력의 크기를 3이라고 할 때에도 문제는 남는다. 이 경우 일반 시민 9명 중에 6명만 찬성하면 저항권을 발동할 수 있다. 그러나 나머지 3명이 어떤 태도를 보이느냐에 따라 사정은 상당히 달라질 수 있다. 예컨대 그 나머지 3명 중 1명이라도 최고 권력자의 편에 서서 그에게 자신의 남은 힘을 몰아준다면, 저항권이 제대로 발휘될 수 없게 되는 것이다. 이것은 결국 소수의 지배가 가능하다는 것을 의미한다. 이러한 소수의 지배가 민주주의의 이념에 위배된다는 것은 말할 나위도 없다. 이것이 바로 현대 민주주의의 이념에 내재하는 한계이다.

* 주어진 텍스트를 요약해 보자.

** 위의 글에서 보완하거나 비판할 점을 찾아보자.

*** 위의 내용을 포함하는 새로운 글을 완성해 보자.

**** 자신이 쓴 글을 간명하게 나타내는 개요도를 그려보자.

사회적 삶과 부의 분배

1. 인간은 다른 모든 생명체와 마찬가지로 자신의 생활에 필요한 것을 자기 외부로부터 획득하면서 살아간다. 다른 생명체는 자연적인 것을 획득할 뿐이지만 인간은 자연적인 것을 획득할 뿐만 아니라 자연적인 것을 개조하여 인공적인 것으로 만들어 쓰기도 한다. 자연적인 것을 획득하든지 인공적으로 만들든지 간에 인간이 생활에 필요한 것을 획득하는 일을 '생산'이라고 한다.

인간이 사회적 존재라는 것은 인간의 생산 활동도 역시 사회적 활동이라는 것을 포함한다. 물론 다른 사람의 도움을 전혀 받지 않고 혼자서만 어떤 하나의 물건을 생산하는 일도 가능하다. 그러나 인간의 삶 전체를 두고 보면 한 사람이 살아가는 데 필요한 여러 가지 물건들을 그 자신 혼자의 힘으로만 모두 만들어가면서 생활하는 것은 거의 불가능하다. 그리하여 인간은 자기가 잘 할 수 있는 일과 다른 사람이 잘 할 수 있는 일을 나누어 각자가 생산한 것을 다른 사람들과 바꾸어 사용하기도 하고, 또 여러 사람들이 협력하여 어떤 하나의 생산물을 생산하여 그것을 나누어 쓰기도 하는 것이다.

이처럼 인간의 생산이 사회적이기 때문에 항상 생산한 물건을 어떻게 나누어 가질 것인가 하는 '분배'의 문제가 생긴다. 여러 사람이 협력하여 하나의 물건을 생산했을 때 이 사람들이 그것을 어떻게 나눌 것인가 하는 것이 분배의 문제라는 것은 어렵지 않게 이해할 수 있다. 또 조금만 깊이 생각해보면, 한 제조회사에서 한 달 동안 생산한 상품이 몇 개이고 매출액이 얼마인데 각각 다른 업무를 담당한 여러 종류의 직원들이 월급을 얼마씩 받아야 할 것인가 하는 것도 역시 분배의 문제라는 것을 알 수 있을 것이다. 뿐만 아니라 내가 잘 할 수 있는 것이 빵 만들기이고 다른 사람이 잘 할 수 있는 것이 옷 만들기라고 할 때 내가 옷을 하나 얻어 입기 위해 얼마만큼의 빵을 주어야 할 것인가 하는 문제도 역시 분배의 문제로 이해하지 않으면 안 된다.

단순하게 보면 나는 빵을 만들어 팔아 돈을 벌어서 이 돈으로 옷이나 그 밖에 필요한 물건들을 사서 쓰는 것으로 생각되기 때문에 여기에는 생산물을 어떻게 분배할 것인가 하는 것이 문제되지 않는 것처럼 보인다. 그러나 이 사람의 경우 빵을 만들기 위해서도 수많은 다른 사람들의 도움을 얻어야 하고, 또 자신의 생활에 필요한 다른 여러 가지 물건들을 얻기 위해서도 수많은 다른 사람들의 도움을 얻어야 한다. 다른 모든 사람들 또한 마찬가지이다. 결국 한 사회에 소속된 모든 사람들은 혼자서든 서로 협력해서든 그들이 만든 갖가지의 물건들을 모두 한 곳에 모아놓고 그것을 다시 각자의 필요에 따라 나누어 갖는 방식으로 살아가는 것이다.

2. 그런데 지금까지의 인류의 역사를 돌아보건 현재 우리 사회를 둘러보건 간에 언제 어디서든 각 개인들은 저마다 더 많은 몫을 차지하기 위해 애쓰고 있는 것처럼 보인다. 이와 같이 개인들이 더 많은 몫을 차지하려고 애쓴다면, 개인 모두의 욕구를 충족시키기 위해서는 거의 무한한 사회적 생산이 이루어져야 한다. 그러나 현실적으로 사회적 생산량은 한정되어 있기 때문에 개인 모두가 충분한 몫을 차지하지 못한다. 특히 사회적 생산물의 분배는 항상 제로섬게임의 원칙[60]에 따르기 때문에 특정한 사람이 많은 몫을 차지해버리면 그 밖의 다른 사람들은 보다 적은 몫을 차지

할 수밖에 없다. 그러므로 어떤 기준으로 사회적 생산물을 분배할 것인가 하는 문제와 관련하여 사람들 사이의 이해관계가 매우 복잡하게 얽혀진다.

이러한 사회적 생산물의 분배와 관련되는 기본적인 논쟁점은 사회적 생산 총량을 두고서 각 개인이 얼마씩 가져갈 것인가를 누가 어떻게 결정할 것인가 하는 문제이다. 우선 각각 얼마만큼 가져갈 것인가를 결정하는 분배의 기준 문제가 있다. 이 기준은 크게 능력주의, 평등주의, 필요주의로 나누어진다. 능력주의는 사회적 생산에 참여하는 사람들의 생산(능)력이 각각 다르므로 능력이 큰 사람은 많은 몫을 가져가고 능력이 작은 사람은 적은 몫을 가져가는 방식으로 분배하자는 것이다. 평등주의는 사회적 생산에 참여한 모든 사람들이 그 생산력의 차이를 고려하지 말고 평등하게 나누어갖자는 것이다. 그리고 필요주의는 사회적 생산에 참여한 사람들이 자신의 능력과 무관하게 각각 필요한 만큼 가져가자는 것이다.

다음으로 이 기준을 '누가 어떻게' 선택할 것인가 하는 문제가 있다. 사회에서 전제적인 권력을 행사하는 한 사람이 그의 자의에 따라 선택할 수도 있고, 몇몇의 특권적 개인들이 합의해서 선택할 수도 있고, 모든 사회 구성원들이 합의해서 선택할 수도 있을 것이다. 이 중에서 우리 사회가 앞의 두 가지 상황에 처해 있다면 분배기준에 대해 일반 개인들이 논의하는 일 자체가 무의미하다. 그러나 세 번째의 상황이라면 사회적 생산에 참여하는 모든 개인들이 그 생산물의 분배기준을 결정하는 일에 참여할 수 있으며, 따라서 이에 대한 일반 개인들의 논의도 충분히 의미 있는 일이다.

3. 우리 사회가 사회적 생산에 참여한 모든 개인들이 분배의

기준을 결정하는 일에 참여할 수 있는 상황이라 하더라도 우리 사회에는 능력이 다르고 이해관계를 달리하는 다종다양(多種多樣)한 사람들이 포함되어 있기 때문에 분배기준에 대한 사회적 선택에 있어서 합일점을 찾기가 매우 어렵다. 여기서 우리는 '사회적 삶'의 근원적 의미를 다시 생각하지 않을 수 없다. 인간이 사회적 존재라는 것은 인간이 사회를 형성하지 않고서는 결코 살아갈 수 없는 존재라는 것을 의미한다. 따라서 모든 사회적 선택에 있어서 우리는 개인적 이해관계를 전적으로 무시할 수는 없지만 사회적 차원에서의 좋고 나쁨을 고려하지 않으면 안 된다.

결국 중요한 것은 사회적 선택의 문제에 직면했을 때 논의의 중심이 개인적 수준에 머물러 있어서는 안 된다는 것이다. 그러므로 분배 기준에 대한 사회적 선택에 있어서도 우리는 나 자신에게 어떤 기준이 유리할 것인가를 고려하는 수준에 머물러서는 안 되고 내가 속한 우리 사회 전체적 차원에서 어떤 기준이 더 좋을 것인가를 고려할 수 있어야 한다.

이와 같이 어떤 문제의 사회적 결정에 참여하는 사람이 자기 자신의 개인적 수준을 넘어 사회적 수준에서 더 좋은 것을 선택할 수 있는 태도가 중요하다면, 어떤 사회가 좋은 사회인지를 생각할 수 있어야 한다. 다시 말해서 이 경우 우리는 우리의 현실 사회의 모습에만 주목하고 있어서는 안 되고 다른 가능한 사회의 모습도 상상해볼 수 있어야 하는 것이다.

4. 현실의 우리 사회에서는 각 개인이 저마다 더 많은 몫을 차지하기 위해 애쓴다. 이 사회에서는 많은 재화를 소유하고 있는 것이 여러 가지 차원에서 삶에 유리하기 때문이다. 이 때문에 이 사회에서는 능력주의를 지지하는 사람들과 평등주의를 지지하는 사람들의 갈등이 나타날 수 있다. 능력이 큰 사람은 대체로 능력

주의를 지지함으로써 자신의 몫을 늘리려 할 것이고, 능력이 작은 사람은 대체로 평등주의를 지지함으로써 다른 사람들보다 적은 몫을 차지하지 않으려 할 것이기 때문이다. 그러나 이것은 모두 사회적 차원에서의 좋음을 고려하지 않고 오직 개인적 차원에서의 좋음만 고려하는 태도이다.

능력주의 사회에서는 개인들이 저마다 자신의 능력을 최대할 발휘할 뿐만 아니라 계속해서 자신의 능력을 더욱 향상시키려고 노력할 것이다. 이것은 궁극적으로 사회적 생산량이 계속 늘어나게 되는 결과를 낳을 것이다. 이러한 사회적 생산량의 증대는 사회적 차원에서 좋은 것이라고 할 수 있다. 그러나 그렇지 않은 측면도 있다. 예컨대 이 사회에서는 능력이 큰 사람은 계속 많은 몫을 차지하고 능력이 작은 사람은 계속 적은 몫을 차지하게 된다는 바로 이 분배방식 때문에 사회적 생산량의 증가분이 사회구성원 모두에게 골고루 분배되는 것이 아니라 능력이 큰 사람에게만 몰릴 수 있다. 이 경우 사회적 생산량의 증대가 빈익빈부익부 현상을 심화하는 요인이 될 수 있기 때문에 반드시 사회적으로 좋다고만 할 수 없는 것이다.

평등주의는 빈익빈부익부라는 능력주의의 문제를 극복할 수 있기 때문에 사회적 차원에서 좋다고 볼 수 있다. 그러나 평등주의 사회에서는 사회적 생산에 있어서 개인들이 자신의 능력을 최대한 발휘하지 않을 뿐만 아니라 능력을 개발하거나 향상시키려 하지도 않을 것이라는 문제가 있다. 이것은 물론 사회 전체의 생산량을 점차 감소시키고, 결국 사회 구성원 전체가 극심한 궁핍에 시달리는 사태를 초래할 수도 있다. 이러한 점에서 보면 필요주의는 평등주의의 문제를 고스란히 가질 뿐만 아니라 각자 자신의 필요를 더 크게 보이기 위해 다투는 또 하나의 문제를 야기할 수 있다.

5. 그런데 능력주의를 채택하면 개인들이 자신의 능력을 최대한 발휘할 것이고 평등주의나 필요주의를 채택하면 개인들이 자신의 능력을 최대한 발휘하지 않을 것이라는 전망은 아무런 문제가 없는가? 여기서 우리는 인간이 사회적 존재이긴 하지만 개인의 이해관계를 결코 포기하지 못하는 존재인가 하는 문제를 먼저 논의해야 한다. 그 결과 우리가 인간이 개인적 이해관계를 포기할 수 없는 존재라는 사실을 인정한다 하더라도 또 하나의 문제가 남는다. 그것은 재화를 더 많이 소유하는 것이 삶에 더 유리하다는 우리의 현실 사회를 수용할 때만 위와 같은 전망이 가능하다는 사실이다.

만약 우리 사회가 쓰고 남는 재화를 축적하는 것이 삶에 유리한 것이 아니라 오히려 불리한 것으로 작용하는 구조를 가지고 있다고 상상해보면 어떨까?

> 옛날 이집트의 노예계층인 히브리들이 모세의 인도 하에 이집트를 탈출하여 새로운 보금자리를 찾아 떠났던 일에 대한 이야기가 있다. 이들은 오랫동안 사막에서 유랑생활을 했다. 이들이 사막생활에서 죽지 않고 살아남을 수 있었던 것은 그들의 수호신 야훼가 매일 심야에 하늘에서 '만나'라는 먹을 것을 내려주었기 때문이다. 히브리들은 아침마다 언덕 너머에 가서 만나를 수집하여 와서 먹었는데, 시간이 지남에 따라 내일도 만나가 내려올 것인지 의심하는 사람들이 생겨났다. 그래서 어떤 사람들은 내일 먹을 만나까지 수집하여 왔다. 그런데 이 만나는 하루가 지나면 썩어버렸다. 이 썩은 만나는 집안을 더럽히는 부담이 되었다. 그래서 그들은 오직 그날 하루에 필요한 만큼의 만나만 챙기게 되었다.

이것은 『구약성서』의 '이집트 탈출기'에 등장하는 이야기이다. 물론 여기에는 사회적 생산의 문제가 빠져있다. 그러나 이것은 개인이 재화를 축적하는 것이 불리하게 작용하는 사회구조의 한 사례를 보여준다. 이러한 사회에서는 개인들이 각각 그날 하루 필요한 만큼의 몫 이상의 것을 가져가려고 하지 않을 것이다.

그렇다 하더라도 여기에는 여전히 하나의 문제가 남아 있다. 사회적 생산에 있어서 개인들이 자신의 능력을 최대한 발휘할만한 이유가 없다면 개인들이 각자 필요한 만큼만 가져간다고 해도 최소한의 개인적 필요를 모두 충족시킬 수 있는 사회적 재화의 총량이 부족하게 된다는 문제이다.

이를 해결하기 위해서는 재화의 축적이 아닌 다른 것으로 개인적 능력을 최대한 발휘할 수 있는 이유를 마련해야 한다. 예를 들어 각자 능력을 최대한 발휘하는 사람에게는 자신이 재미있어 하는 일을 직업으로 가질 수 있는 기회를 부여하는 것을 고려해볼 수 있다. 그러면 각 개인들은 자신이 재미있어 하는 일을 하는 직업을 얻기 위해 자신의 능력을 최대한 발휘하고 또 그 능력을 계속 향상시키거나 새로운 능력을 개발하려고 노력할 것이다. 그렇다고 해서 개인적 능력의 향상에 따른 사회적 재화의 증대와 이에 따라 남는 재화의 처리 때문에 고민할 필요는 없다. 능력 이상으로 생산하는 것은 어려울지 몰라도 능력 이하로 생산하는 것은 그렇게 어렵지 않다. 필요한 만큼만 생산하고 나머지 시간에는 생산과 무관한 흥밋거리를 즐기면 되는 것이다.

물론 이것으로 모든 문제가 해결되었다고 할 수는 없다. 이 밖에도 많은 문제들이 있을 수 있다. 그러므로 우리의 상상은 훨씬 더 다각적이고 심도 깊게 뻗어 나아가야 한다. 그래서 거기에서 나타날 수 있는 문제들을 모두 고려해야 한다. 결국 이것은 민주주의 사회에서 사회적 문제를 선택하는 데 참여해야 할 사회구성원이라면 누구라도 그러한 선택에 자신의 의견을 주체적으로 제시하기 위해서 그 문제와 관련된 다양한 사항들에 대해 그만큼 신중하게 생각해야 한다는 것을 의미한다.

* 주어진 텍스트를 요약해 보자.

** 위의 글에서 보완하거나 비판할 점을 찾아보자.

*** 위의 내용을 포함하는 새로운 글을 완성해 보자.

**** 자신이 쓴 글을 간명하게 나타내는 개요도를 그려보자.

과학 · 기술

프로메테우스신화를 통해서 본 과학기술의 의미

티탄신들과의 전쟁을 치룰 때 티탄신이면서 제우스 편에 서서 싸운 프로메테우스(Prometheus, 먼저 아는 자)와 에피메테우스(Epimetheus, 나중에 아는 자)는 올림포스 신들의 승리로 전쟁이 끝난 후 제우스로부터 생명체들을 만들라는 명령을 받고 지상에 내려왔다.

프로메테우스가 물과 흙을 빚어 여러 가지 생명체들을 만들어 내면 에피메테우스는 그 생명체에게 각기 적당한 특징들을 부여하였다. 어떤 것에게는 날카로운 발톱을, 어떤 것에게는 날개를 달아주었다. 또 어떤 것은 단단한 껍질을, 어떤 것은 빠른 발을 부여 받았고 어떤 것은 물속을 헤엄칠 수 있게 되었다.

그렇게 수많은 생명체들을 창조한 후 마지막에 이르러 프로메테우스는 신들의 형상을 빌어 인간(남자)을 만들어 내었다. 하지만 그 인간에게 영혼이 주어지고 에피메테우스에게 보내어지자 문제가 발생하였다. 그러나 어리석은 에피메테우스는 자신이 줄 수 있는 재능을 다른 동물들에게 다 나누어주어 인간의 차례가 되어서는 줄 것도 없었다.

이 때 프로메테우스가 내려와서 인간들에게 불을 줄 것을 제안하였다. 하지만 제우스를 비롯한 신들은 이에 반대했다. 인간들이 불을 사용하게 되면 결국에는 신들을 우습게 여기고 경배하지 않게 되리라는 것을 알았기 때문이다. 하지만 인간이란 존재는 너무도 허약하게 만들어져서 자신을 보호할 수 있는 힘이나 특징이 아무 것도 없었기에 만일 불이 없이 그들을 그대로 세상에 내보

내게 된다면 금방 멸망해 버릴 것이 뻔하였다.

그래서 프로메테우스는 몰래 하늘로 올라와 태양의 마차에서 불을 훔쳐내어 인간들에게 주고 사용하는 법을 가르치니 인간들은 다른 동물들과는 달리 불을 두려워하지 않게 되었다. 뿐만 아니라 그 불을 이용해서 추위도 견딜 수 있게 되었고, 여러 가지 연장과 무기를 만들 수 있게 되었다. 이것이 기술의 시작이다.

이상의 프로메테우스의 신화에서 나오는 불은 인간의 과학기술의 근원이라고 할 수 있다. 불을 이용해서 인간은 생존에 필요한 여러 가지 도구를 만들었고 그 도구들이 결국 인간을 현재와 같은 과학기술의 시대로 이끌었다. 그러나 인간은 과학기술의 발달로 인해 얻은 힘을 너무 맹신했다. 그리하여 예전에 경외하던 자연의 거대하고 신비로운 힘을 과학기술로 누르려고 했다.

다른 시각에서 보면, 불을 통해 인간의 문명이 발달할 수 있었듯이 불이란 기술문명을 의미한다. 그러나 인간은 기술문명의 진보적 발전에 대한 맹목적 믿음이나 호기심으로 인하여 금기의 영역에 접근을 시도한다. 예를 들면, 더 많은 고기를 생산하고자 양고기를 갈아 소에게 먹인 것이 광우병이란 재앙이 되어 나타났듯이, 금기의 영역에 대한 과학기술의 접근은 여러 가지 부작용을 초래하고 있다.

이는 곧 과학기술의 양면성을 뜻한다고도 할 수 있다. 인간의 호기심은 과학기술이 진보하게 하는 원동력이었지만, 다른 한편으로는 인류에게 재앙을 끼친 것 역시 호기심이었다. 다시 말해 과학기술이 인간에게 무한한 발전을 제공했지만 그로 인한 폐해 역시 과학기술 때문이라는 것이다. 그렇다고 오늘날 우리가 지금 당장 과학기술로 인해 나타나는 재앙에 좌절하여 과학기술의 진보적 발전을 포기하자는 이야기는 아니다. 즉, 인간에게는 여전히 남아 있는 '희망'이라는 비밀의 열쇠가 있다. 그러므로 '희망'이란 과학기술을 인간으로 하여금 발전시키게 하는 동기이자 과학기술 발전의 종착역이라 할 수 있다.

* 다음에 나오는 낱말의 의미를 이해하고 주어진 텍스트를 다시 읽어 보자.

올림포스 신들과 티탄 신들의 전쟁 : 크로노스를 왕좌에서 몰아낸 제우스는 어린 형들과 누이를 데리고 올림포스(Olympus) 산 꼭대기에 하늘의 궁전인 천궁(天宮)을 짓고 그들의 세력을 확장 시켜 나갔다. 그러던 중 오르튀스 산 꼭대기에 웅거하고 있던 티탄(Titan)신 들과 치열한 전투가 벌어졌다. 이 싸움을 '티타노마키아(Titanomachia)' 라고 하는데, 이는 '티탄들과의 싸움' 이라는 뜻이다. 이 전쟁에 있어서 티탄신 중에 제우스 편을 들어 싸운 신이 있었는데, 그들은 바로 오케아노스(Oceanus)와 딸인 스튁스(Styx)와 스튁스의 자식들인 크라토스(Kratos, 무적), 비아(Bia, 힘), 젤로스(Zelos, 경쟁과 질투), 니케(Nike, 승리)가 있었다. 이아페토스(Iapetos)의 아들 프로메테우스(Promethus)와 에피메테우스(Epimetheus), 가이아(Gaia), 레아(Rhea)도 제우스 편에 서서 싸웠다.

프로메테우스 : 티탄 신족의 하나로, 이아페토스와 테미스(또는 오케아노스의 딸 클리메네)사이에서 태어난 아들. 그는 신들에게 반항하여 그들의 적의로부터 인간을 지켰다. '선견(先見)' 을 의미하는 프로메테우스라는 이름이 그 성격을 잘 나타내고 있다.

에피메테우스 : 프로메테우스의 동생, 판도라는 그의 아내.

인간=남자 : 남성중심주의적 사고방식의 전형으로 여성은 인간은 간주되지 않았다. 여성은 단지 남성의 자식을 낳아주는 매개물일 뿐이다.

문명이란? : 사람들은 문명(文明)이라는 말을 서로 다르게 사용하고 있다. 어떤 사람은 야만상태가 아닌 개화된 사회라는 뜻으로, 또 어떤 사람은 과거의 역사에서 성장 소멸한 문명으로, 또 어떤 사람은 세계화, 정보화, 민주화 등 현재의 새로운 경향들을 포괄하여 신문명이라는 말을 쓰고 있다. 그렇다면 이 책에서 말하려고 하는 문명이란 무엇일까?

문명이란 civilization의 번역어이며, 이 어원은 라틴어 civilizatio(도시화)이다. civis는 '시민'의 뜻이며, civilis는 '시민의'란 형용사이고, civilizatio는 그와 같은 도시민의 신분을 지니는 일 또는 도시민 신분을 가진 상태를 뜻한다. 따라서 국가의 성립, 계급의 분화, 문자의 발명을 수반한 '도시혁명' 이후의 인간이 만든 것을 문명이라고 할 수 있다. 인류사는 문명사다. 인류의 발전을 문명 아닌 다른 용어로 이해하기란 불가능하다. 인류의 발전사는 고대 수메르와 이집트에서 그리스, 메소아메리카를 거쳐 서구와 이슬람 문명에 이르기까지 헤아릴 수 없이 많은 세대를 통하여 전개되었으며 이 과정에서 중국과 인도 문명 또한 지속적으로 자신을 드러냈다. 역사 속에서 문명은 사람들에게 가장 폭 넓은 자기 동일성의 틀을 제공하였다. 그래서 많은 연구가들이 문명을 수준 높고 정밀하게 비교 분석한 방대한 문헌을 내놓았다. 이 문헌은 관점, 방법론, 초점, 개념에서 많은 차이를 드러내지만 문명의 본질, 주제, 변동 양태에 관한 중심적 명제에 대해서는 폭넓은 합의가 이루어 졌다.

기술과 과학기술의 개념 : 기술은 도구와 기계를 만들고 다둘 줄 아는 능력을 가리키고, 과학기술은 기술적 능력에 관한 이론을 제공한다. 좀 더 구체적으로 살펴보면, 기술은 영어에서 technique 혹은 technology를 의미한다. 이 중 technique는 숙련, 방법을 의미하고 technology는 인간이 만든 대상, 물건이나 그것을 만드는 과정, 기예를 의미한다. 기술이라는 단어 technology는 그리스어 *techné*(기예, 숙련)와 *logia*(학문)의 합성어이다.

근대과학의 역사적 영향

인류 역사에서 과학과 과학기술의 등장은 최근의 일이다. 단적인 예로 인류 역사 5백만 년을 30일로 압축하여 전개한다면, 인류는 비교적 오랜 시간인 29일 22시간 30분을 자연에 의존하여 **유목민**으로 사냥과 채집을 하면서 살았다. 그리고 1시간 20여 분 동안 농업에 종사하며 추수하고, 집을 짓고 고대 도시를 만들었다. 르네상스 이후, 근대에 접어들어서는 불과 4분에 지나지 않는다. 이 시대에 시민사회와 국가가 발전하고, 중산층이 출현하고 노예제도도 없어졌다. 과학기술의 발전으로 산업 시대에 접어든 것은 불과 1분 30초 전의 일이다. **전화의 발명**을 기점으로 삼으면 전자정보시대는 50초 전에 시작하였고, 컴퓨터가 등장한 것은 불과 12초 전의 일이다. 아주 짧은 기간에 이루어진 과학기술의 발전은 모든 분야에서 경이로운 변화를 유발시켰다. 공업화가 이루어진 나라에서 대부분의 사람들은 도시로 집중적으로 몰려들어 공장이나 회사에 근무하거나 서비스업에 종사하면서 살고 있다. 게다가 과학기술의 발전은 경제성장을 촉진하고, 경제성장은 자본주의라는 이념의 이름으로 민주화의 길을 열어주었다. 이런 이유로 과학과 기술이 인류의 복음으로 찬양받게 된 것은 결코 놀라운 일이 아니다.

그러나 20세기에 접어들면서 상황은 반전되었다. 적어도 지식인 사회에서 과학은 찬양이 아니라 비판과 비난의 대상이 되어버렸다. 1-2차 세계대전과 환경파괴를 계기로 과학이 역사진보의 원동력이라는 믿음은 깨어져 버렸고, 객관적인 진리로서 과학에 대한 전통적인 믿음도 상당부분 손상되었다. 이제 과학은 과거의 영화(榮華)를 상실하고, 그 **역기능으로 인한 비판과 심지어 비난의 세례를 받는 신세가 되었다.** 한마디로 말하자면, 이성의 총아로 우대 받던 과학이 포스트모던의 열풍에 뒷전으로 밀려난 것이다.

1700년대 후반 한 과학자는 "모든 방향으로 확장되는 빠른 지식의 진보는 과학뿐만 아니라 종교에 있어서도 모든 오류와 편견을 근절할 것이라고 확신한다. 최근에 특별히 이 나라에서처럼 자연적 지식이 이렇게 진보한 시대는 존재하지 않았다. 베이컨 경의 지적처럼 **지식은 힘**이며 인간의 힘은 실제로 확장될 것이다. 우리는 자연을 통제하게 될 것이다. 이 세계에서 인간은 자신의 상황을 더욱 편안하고 안락하게 만들 것이며 이 땅에 더욱더 오래 살게 될 것이다. 모든 사람은 날마다 더 행복해지고, 우리가 지금은 상상할 수 없을 정도로 영광스럽고 무궁한 행복을 누릴 것이다" 라고 확신하였다. 그러나 21세기를 살아가는 우리들에게는 이러한 과학에 대한 믿음이 점점 희박해진다고 보아도 전혀 불편하지 않게 되어버렸다.

* 다음에 나오는 낱말의 의미를 이해하고 주어진 텍스트를 다시 읽어 보자.

유목민 : BC 8세기 경부터 건조지대 초원이나 반사막지대에서 일정한 가축을 방목하기 위하여 항상 목초지를 찾아다니며 이동생활을 하는 집단(nomad). 21세기의 새로운 패러다임을 논의하는 과정에서, 최근 우리 사회는 '유목(이동)'이 가지고 있는 힘에 대해 새롭게 인식하며, 유목민(Nomad)적 삶의 방식을 속도의 시대(Speed-of-Thought)에 적용하려는 시도를 곳곳에서 볼 수 있다. 백과사전에 의하면, 노마드(nomad)는 '유

목민', '유랑자'를 뜻하는 용어로, 프랑스의 철학자 들뢰즈(Gilles Deleuze)가 그의 저서 《차이와 반복》(1968)에서 노마드의 세계를 '시각이 돌아다니는 세계'로 묘사하면서 현대 철학의 개념으로 자리 잡은 용어이다. 특히 노마디즘(nomadism)은 현대로 들어오면서 그 의미가 확대되어 '공간적인 이동만을 가리키는 것이 아니라, 버려진 불모지를 새로운 생성의 땅으로 바꿔 가는 것, 곧 한 자리에 앉아서도 특정한 가치와 삶의 방식에 매달리지 않고 끊임없이 자신을 바꾸어 가는 창조적인 행위'를 뜻하게 되었다. 철학의 영역에서는 각 학문 분야를 넘나들며 '새로운 삶을 탐구하는 사유의 여행'을 의미하고 사회·경제의 영역에서는 '정착의 틀에서 벗어나 끊임없이 생성과 파괴를 거듭하며 살아가는 21세기 현대인의 새로운 생존전략'을 의미한다.

전화의 발명 : 사람들의 일상생활을 바꾸어 놓은 통신 수단 중 가장 획기적인 것은 전화였다. 전화의 기본 원리는 소리를 여러 가지 주파수의 전기 신호로 바꾸었다가 다시 원래의 소리처럼 들리도록 재생하는 것이다. 1831년 영국인 마이클 패러데이가 금속의 진동을 전기 신호로 바꿀 수 있다는 사실을 증명해냄으로써 전화의 이론적 기초가 마련되었다. 하지만 1861년까지는 아무도 이 원리를 이용하여 소리를 전송하진 못했다. 독일의 요한 필리프 라이스는 1876년 소리를 전기 신호로 바꾸었다가 다시 소리로 전환하는 간단한 기계를 만들었다고 한다. 그러나 이 기계는 조잡해서 모든 영역의 주파수를 다 전송하지 못했고, 따라서 더 발전하지 못했다. 최초의 실용적인 전화는 미국의 엘리샤 그레이와 스코틀랜드 태생인 알렉산더 그레함 벨이 독자적으로 개발했다. 믿을 수 없게도 두 사람은 같은 날 특허출원을 냈는데, 벨이 그레이보다 두 시간 빨라서 벨에게 특허가 주어졌다. 최초의 전화 교환국은 1877년 코네티컷의 하트포드에 설치되었다. 최초로 교환국이 도시 간에 연결된 것은 1883년 뉴욕, 보스턴 간이었다. 미국 외에서 최초로 교환국이 설치된 곳은 1879년 런던이었는데, 교환국에는 큰 스위치판과 그 앞에서 일하는 교환수가 있었다. 교환수는 걸려오는 전화를 받고 수동으로 전화 받을 곳에 연결하였다.

과학에 대한 비판 : 본문의 과학비판주의라고 표현되는 생각은 과학기술을 원천적으로 부정하고 태초의 원시로 돌아가자는 주장이 아니라, 역사적으로 경험했던 가공할 위력을 지니고 있는 과학기술의 리스크를 줄이려는 노력이 중요하다고 본다는 점이다.

지식은 힘 : 베이컨의 '아는 것이 힘이다' 라는 말은 앎으로써 힘을 갖는다는 의미도 포함하지만, '안다' 라고 하는 과학 자체가 힘의 형태라는 의미도 갖고 있다는 말이다. 즉 과학은 자연 위에 존재하면서 그것을 다루는 자연에 대한 지배학문이라는 것이다.

인간의 욕망과 과학기술

모든 사람은 욕망을 가지고 산다. 좋은 친구를 만나고 싶다든지 맛있는 것을 먹고 싶다든지 오래 살고 싶다든지 하는 등 기본적인 욕망의 차원인 본능적인 차원으로부터, 다른 사람을 부려먹고 지배하고 싶다든지 명예를 얻고 싶다든지 하는 사회적인 차원까지 욕망의 모양은 실로 다양하다. 대체로 욕망은 상대적인 것이기에 살아가는 방식인 사회적 본연의 자세와 밀접하게 연관되어져 있다. 그래서 욕망은 사회제도에 의해 조절되고, 욕망은 반대로 사회제도를 조절하고 있다. 마찬가지로 과학기술도 또한 욕망과 강하게 상관되어져 있다.

우선 욕망의 정의부터 하자면, 욕망이란 실현가능한 희망을 향해서 행해지는 어떠한 사회적인 행위이다. 단적으로 말해서 실현불가능한 희망은 욕망이 아니다. 예를 들면, 심장이식수술을 받고 오래 살고 싶다는 욕망이 일어나는 것은 그것이 가능하기 때문이다. 그러므로 새로운 가능성은 새로운 욕망을 발생시킨다고 볼 수 있다. 그러나 어떠한 행위도 동반하지 않고서 머릿속에서만 상상하는 헛된 꿈 따위는 욕망이라고는 볼 수 없다.

거의 모든 나라의 신화 속에 인간이 하늘을 난다는 게 그려지고 있는 것을 보면 하늘을 나는 것은 오래 전부터 인간의 꿈이자 욕망이었다. 그 중에서도 유명한 게 그리스의 이카로스 신화로서 인간의 욕망과 꿈에 관한 흥미로운 이야기거리를 제공해 주고 있다.

천재적인 발명가이자 명장인 다이달로스(Daedalus)가 나무를 자르는

톱을 발명하여 명성이 높아진 조카를 질투한 나머지 신전의 지붕 위에서 조카를 떨어뜨려 죽이고 말았다. 이 죄로 다이달로스는 아들 이카로스(Icarus)와 함께 크레타 섬으로 쫓겨 가, 미노스(Minos)왕 밑에서 일을 하게 되었는데, 왕비의 매혹에 말려들어 왕의 노여움을 받아 아들과 함께 미로에 갇히게 되었다. 감옥에 갇힌 다이달로스와 이카로스는 궁리 끝에 새의 깃털을 모아 밀랍으로 열심히 날개를 만들고 양팔에 달아 미로에서 탈출을 시도했다. 아버지 다이달로스는 아들에게 너무 높이 올라가 태양 가까이 가지는 말 것을 몇 차례고 되풀이해서 당부했다. 그럼에도 불구하고 공중을 난다는 희열로 사로잡힌 이카로스는 태양 가까이까지 올라갔다가 그만 날개의 밀랍이 녹아 바다 속으로 떨어져 죽고 말았다. 아버지 다이달로스의 엄중한 경고도 미지의 세계를 향한 이카로스의 욕망을 막을 수는 없었던 것이다.

오늘날 과학기술은 풍요로움을 꿈꾸는 사람들에게 크나큰 혜택을 가져다주었다. 생활이 편리해진 것은 물론이고, 인간이 건강하게 장수하며 살아갈 수 있는 것도 과학기술의 덕택이다. 땅덩어리 저쪽 끝으로 가면 낭떠러지가 될 것이라는 옛사람들의 믿음은 실험과 관찰이라는 과학기술자들의 행동을 통하여 헛된 믿음이라는 것이 밝혀졌다. 비행기로 열 시간만 가면 지구 저쪽 대륙에 갈 수 있게 되었고, 콩나물 사러 갈 때도 자동차를 이용할 정도로 편한 세상이 되었다. 그런데 문제가 생기기 시작했다.

과학기술의 목적은 인간의 행복을 추구하는 데 있다고 말한다. 그렇다면 과연 행복이 무엇인가를 따져보아야 한다. 여기에는 행복이 물질적인 것으로 충족될 수 있는가의 문제가 함축되어 있다. 물질의 충족은 과학기술이 가져다주었지만 그에 대한 책임 역시 과학기술이 질 수 있는지에 대해서는 의구심이 든다. 과학기술의 발전이 인간의 욕망을 충족시킬 수 있다는 것 역시 헛된 꿈인 환상이다. 인간에게 있어서 욕망이란 채우면 채울수록 더 커지는 그런 구조를 갖고 있다. 그래서 욕망을 채우려고만 들 것이 아니라 욕망의 그릇을 작게 만드는 것이 더 중요하며, 이는 추상적인 요청이 아니라 아주 구체적인 현실이다.

예를 들어, 인간의 끝없는 소비욕구를 채우려고 원래 제한되어 있는 공급구조를 과학기술의 혜택으로 영원히 늘릴 수 있다는 환상에서 벗어나야 한다는 것이다. 그리고 소비와 욕망을 줄일 수 있는 마음의 변화를 가져와야만 인류문명의 시급한 위기를 극복할 수 있다는 것이다. 그렇다고 과학기술을 무조건 거부하자는 것이 아니라 과학기술을 제대로 이해해야만 과학기술로부터 야기된 병들을 치료할 수 있는 것이다.

역설적이지만 인간의 욕망 없이는 과학기술의 발전도 없다. 실재로 새로운 제품이 나오면 그것을 기필코 사서 스스로는 다른 사람과 다르다는 의식이 사람들로 하여금 신제품을 사도록 유도하고, 과학문명에 둘러싸여진 생활을 강요하고 있는 것이 일상이다. 결국에는 마음대로 죽을 자유까지 빼앗아버려 사람들로 하여금 그것이 인간의 자발적인 욕망이라고 쉽게 마음먹게 하는 것이다. 물론 현시점에서 대다수의 인간은 그것을 원하고 있는 것은 아닐까? 만약 이러한 욕망의 존재가 인간의 본성이고 생물학적으로나 본능적으로 어쩔 수 없는 것이라면 과학기술문명은 갈 수 있는 데까지 가서 결국 파멸에 빠져들지도 모른다는 것이다. 그러나 욕망의 그릇을 될 수 있는 한 작게 만든다면 파멸을 다소 온화시킬 수 있을지도 모른다는 점이다.

* 각 문단의 요지를 한 문장으로 표현해 보자.

** 각 문단의 요지들이 일정한 맥락에 따라 이어지는지 생각해 보자.

*** 위에서 만든 글과 주어진 텍스트의 맥락이 일치하는지 생각해 보자.

Aristoteles의 과학에 대한 이해

우리들에게는 철학자로서 널리 알려진 Aristoteles(B.C. 384~322)는 그에 못지않게 과학자로서도 중요한 위치를 차지하고 있다. 실제로 Aristoteles의 과학사상은 16~17세기의 근대과학이 나오기 까지 거의 2000년의 세월을 지배하고 영향을 미쳤다. 그의 철학은 자연을 설명하려는 시도라고 단적으로 말해도 과언이 아니다. 그래서 그는 그의 스승인 Platon의 이데아설을 헛된 말이고 시적 비유라고까지 비판했다. 그러나 그의 과학관 전반에 걸쳐 나타나고 있는 확신 가운데 형상이 실제로 존재한다는 사고와 목적론적 견해에 입각해서 자연현상을 설명하고 있는 것은 Aristoteles가 Platon으로부터 받은 소중한 유산이다.

Aristoteles를 이전의 과학과 구별 짓게 하는 특징은 무엇인가? 첫째, 그는 Platon과는 달리 자연현상에 대해 기본적으로 경험적인 태도를 취한다는 점이다. 둘째, 원자론자들이 우주를 설명하는 데 있어서 양적 기준을 설정하고 그것의 원리를 밝히려 한 것과는 달리, 그는 질적인 과학을 발전시켰다는 점이다. 셋째, 그는 엘레아학파의 존재의 불생, 불멸, 불변의 원리를 인정하지 않았다. 그러나 하늘의 세계는 영원불변한 것으로 보았으나, 지상은 생성소멸이 자행되는 혼란한 세계로 보았다는 점이다.

그의 이론에 따르면, 달 아래의 세계, 즉 지상의 세계는 아래로부터 흙, 물, 공기, 불이라는 4원소가 있는 데 그것들은 순서로 이루어져서 완전한 하늘의 세계에서 가장 떨어져 있는 흙이 가장 비천하고 불은 반대로 상당히 고상하다. 그리고 하늘의 세계는 제

5원소인 에테르(ether)가 차 있어 영원하고 완전한 곳이다.

좀 더 구체적으로 설명하자면, 흙과 물의 두 원소는 무게가 있으므로 우주의 중심(지구는 우주의 중심)으로 향하려는 경향이 있고, 공기와 불은 가벼우므로 본래의 장소인 공중으로 상승하려는 경향이 있다. 따라서 불은 공기보다 본래의 가치가 높으므로 더 귀하고, 공기는 물보다, 그리고 물은 흙보다 귀하다. 이와 같이 모든 것은 우주의 중심으로부터 멀어질수록 한층 더 그 완전성이 더해 간다. 우주의 중심인 지구에서 가장 가까운 달은 천체 중에서 가장 완전성이 떨어지기 때문에 그 표면이 얼룩져 있는 것이다.

Aristoteles는 진공을 부정했다. 왜냐하면 그는 물리적 효과를 직접적인 접촉에 의해 전해지는 것이라고 보고, 그 효과가 전해지기 위해서는 공간이 있어서는 안 되고 물질로써 채워져 있어야 한다고 생각했기 때문이다. 따라서 진공은 없어야 한다는 것이다. 물체가 운동할 수 있다는 것은 그것이 갈 빈자리가 있음을 전제로 한다는 주장에 대해서 Aristoteles는 반드시 그런 것만은 아니고, 서로 자리바꿈에 의해서도 운동이 가능하다고 했다. 이에 대하여 물질이 수축하는 것은 그 속에 공간이 있기 때문이 아니냐는 의문이 제기될 수 있다. 그러나 그는 물체의 수축을 그 물체 속에 있는 미묘한 물질이 겉으로 빠져나오는 현상이라고 설명함으로써 이 의문에 반박했다.

진공을 부정하는 그의 또 한 가지 근거는 '무거운 물체는 가벼운 물체보다 빠른 속도로 낙하한다'는 것이다. 무거운 물체가 빨리 떨어지는 이유는 매질을 뚫는 힘 더 크기 때문이다. 그런데 만약 매질인 공기가 없는 진공의 상태라면 무거운 물체와 가벼운 물체는 똑같이 떨어질 것이다. 따라서 무거운 물체가 빨리 떨어진다는 그의 주장은 진공이 없다는 것을 입증하는 것이다. 그러나 2000년 뒤 Galilei가 실시한 피사의 사탑에서 행한 실험에서 무게가 다른 두 물체는 같은 속도로 떨어진다는 것을 입증한 후에 이것은 오류라고 판명되었다.

이러한 Aristoteles의 과학관은 그의 철학과 함께 여러 학문 영역에서 다양하고도 위대한 업적을 후세에 남겼다. 그러나 자연물의 존재와 변화는 최종적인 목적인 정지상태에 이르기까지의 과정이라는 '목적론'을 물리학에까지 적용시켰기 때문에, 그 후 과학의 발전에 나쁜 영향을 끼쳤다. 이러한 사실은 과학의 암흑기라고 할 수 있는 중세까지 자연과학이 신비주의적 설명에 치중하여 유물론적 요소를 잃어버리고 정상적인 발전을 하지 못한 구체적인 이유이다. 다시 말해서 Aristoteles의 중심 학설이 중세 말기에는 기독교의 권위 아래에서 의심의 여지가 없는 진리로 존중되어 근대 초기의 과학자들이 수난을 겪지 않으면 안 되는 처지에 놓이게 만들었다는 것이다.

실제로 그는 문학 이론부터 역사, 정치학, 논리학, 생물학에 이르기까지 수학을 제외한 거의 모든 분야에서 큰 업적을 남겼다. 더욱이 그는 이 분야들을 하나로 포괄하는 거대한 체계를 만들어 내었다. Aristoteles의 이론은 대단히 거대하고 잘 짜인 체계였다. 이렇게 거대한 체계의 일부를 부정하려면 필연적으로 여러 현상들을 합리적으로 잘 설명하고 있는 다른 이론들까지 문제 삼아야 했다. 이렇게 잘 짜인 체계였다는 점 때문에 Aristoteles의 과학과 철학은 이후 약 2천 년 동안이나 지식인들의 사고를 지배할 수 있었던 것이다.

* 각 문단의 요지를 한 문장으로 표현해 보자.

** 각 문단의 요지들이 일정한 맥락에 따라 이어지는지 생각해 보자.

*** 위에서 만든 글과 주어진 텍스트의 맥락이 일치하는지 생각해 보자.

발견과 발명

'발견' 이라는 개념과 '발명' 이라는 개념을 구분하기 위해서 사전을 찾아보니 '발견' 은 "남이 미처 찾아내지 못하였거나 세상에 널리 알려지지 않은 것을 먼저 찾아내는 것"이라고 정의되어 있고, 반면에 '발명' 은 "그때까지 없던 기술이나 물건 따위를 새로 생각하거나 만들어내는 것"이라고 정의되어 있다. 사실 우리가 일상생활에서 발견과 발명의 뜻을 서로 구별하여 사용하기란 그리 쉽지 않은 일이다. 위의 정의를 약간 더 세련되게 말하면 '발견' 은 자연에 이미 존재하는 현상을 찾아내는 일이고, '발명' 은 자연에서는 볼 수 없는 새로운 사물을 만드는 일이다.

좀 더 구체적인 예를 들어 설명하면 우리가 쓰는 '전기' 는 발견이고 '전구' 는 발명이라는 것이다. 인류가 전기를 쓰기 전부터 전기는 자연 상태에서 벼락이나 정전기의 형태로 있는 것이었는데, 사람들이 그것을 전기로 알아차린 것을 발견이라고 한다. 이처럼 우리가 모르고 있던 사실이나 물질, 물건 등을 알아내는 것이 발견이다. 반면 발명은 이전에 존재하지 않던 것을 만들어 내거나 존재하던 것을 개조하여 새롭게 만들어 내는 것이다. 컴퓨터, 원자폭탄, 축음기 등은 전자의 예이고, 고무타이어, 수소자동차 등이 후자의 예이다.

발견과 발명은 역사의 발전을 이끌어 왔다. 인류는 눈앞에 보이는 것들에서 규칙과 원리를 찾으려 애쓰면서 수많은 발견들을 해냈다. 그리고 이 발견들은 다시 새로운 발견과 발명으로 이어져 왔다. 세포의 발견은 염색체와 유전자, 그리고 DNA의 발견으로 이어졌고, 뇌파를 측정하고 불임을 치료하는 등 의학적, 생물학적으로 유용한 발명도 낳았다. 인간은 하늘에 망원경을 들이댐으로써 새로운 항성과 행성과 은하를 발견했다. 원자의 발견은 양자론과 같은 새로운 이론들을 낳았고, 한편으로 원자 폭탄 같은 무기와 원자력 같은 에너지원과 새로운 의료 장치들을 낳았다. 이처럼 발명과 발견은 떼려야 뗄 수 없는 관계에 놓여 있다.

이런 발견과 발명의 원동력은 인간의 호기심일 것이다. 불행히도 21세기를 살아가는 우리는 오랫동안 수많은 발명과 발견을 해온 조상 덕분에, 컴퓨터와 휴대전화를 비롯해 안을 들여다보아도 알 수 없는 복잡한 발명품들과 들어도 무슨 말인지 이해가 안 되는 어려운 과학 이론들에 시달리고 있다. 그래서 우리는 남아도는 호기심을 감각적으로 눈과 귀와 손을 만족시키는 새로운 오락거리나 발명품에 쏟아 붓게 된다.

그러나 철학적으로 조금 더 깊이 들어가 살펴보면, 인간의 발명은 아무리 혁신적인 것이라도 결국 '유로부터의 창조'다. 이에 비하여 종교적으로 기독교에서의 창조는 이른바 '무로부터의 창조'(creatio ex nihilo)라고 불린다. 하지만 '무로부터의 창조'라고 할 때 그 무는 또 어디에서 올까? 돌이켜볼 때 지난 수세기 동안 인류는 자연환경을 적대시하면서 살아왔다. 그것을 극복하려면 인간 정신을 드높이고 북돋워야 했다. 그리하여 일찍이 자연에 없었던 새로운 현상과 물건을 생성하면 발명이라고 불렀고 그것은 이른바 '인간의 창조'였다.

그러나 따지고 보면 인간 스스로가 바로 자연과 진화의 산물이다. 따라서 그로부터 나오는 모든 육체적 · 정신적 산물 또한 기본적으로 자연의 산물이다. 그러므로 발명과 발견은 본질적 차이로 구별되는 절대적 개념이 아니다. 하나의 현상을 두고 어떻게 해석 · 설명할 것인지에 대한 사고의 방식이자 어떻게 생각하며 살아갈 것인지에 관한 삶의 방식으로서의 상대적 개념이다.

* 이 글의 근본적인 물음과 답이 무엇인지 생각해 보자.
** 이 답이 나올 수 있는 근거를 찾아보자.

두 얼굴을 한 과학기술

인류의 기술은 간단한 불과 간단한 도구를 사용하면서 사고의 확장과 함께 역사적으로 끊임없는 발전을 거듭해 왔다. 예를 들면, 소가 끄는 나무 쟁기의 발명으로 농업은 이동 경작에서 관개 경작으로 정착하였고, 도끼와 철제 쟁기는 산림 지대에까지 그 영역을 확대시켜났다. 그리고 근대 이후 기술은 과학과 결합하면서 산업 혁명을 이루었고, 오늘날 우주항공공학에서부터 컴퓨터의 발전에 이르기까지 많은 발전을 하였다.

이러한 과학기술은 인류의 물질적 측면에 직접적인 영향을 주었을 뿐만 아니라 정신적인 측면에도 영향을 끼쳤다. 물질적 변화의 성과는 실생활에서 직접적으로 나타나기 때문에, 누구나 그러한 물질적 변화가 과학기술의 성과라고 생각한다. 즉 과학기술의 발달로 인간은 물질적인 풍요를 누리고 생명을 연장시키고 시간과 공간을 단축시켰고, 합리적인 사고체계를 이루어 냈다. 실제로 과학기술의 이러한 성과 없이는 오늘날의 기계, 전기, 전자, 화학, 유전공학, 의학 등에서의 기술 개량과 신기술 개발이란 상상조차 할 수 없다. 이와 같은 과학 기술의 성과는 분명히 인간의 물질적 생활을 변화시키고 윤택하게 만들었다.

또한 과학기술은 물질적 측면 못지않게 정신적 측면에도 깊은 영향을 미치고 있다. 과학사상은 정치, 예술, 철학, 종교를 포함한 모든 인간 사고와 행동에 복합적인 영향을 미친다. 과학사상은 이전 시대의 사회적, 지적 배경에서도 도출되며, 과학적 실험을 거쳐 대개 부분적으로 변형된다. 이러한 과학사상은 다시 사회사상에 영향을 미친다.

과학기술의 이러한 영향력은 현대사회를 '과학기술의 시대'라고 말하는 데 아무런 이의를 제기할 수 없게끔 만들었다. 오늘날 과학기술은 이처럼 매우 빠른 속도로 발전하고 있으며 인간사회의 다양한 활동에 영향을 미치고 있다. 그러나 과학기술의 발달로 환경오염, 생태계 파괴, 생명경시풍조, 핵전쟁의 위험, 자연고갈과 같은 많은 문제들이 생겨나기도 했다. 환경오염의 구체적인 예로는 지구 온난화, 오존층파괴, 스모그 현상, 산성비 등을 들 수 있다.

이런 문제에 대해서 과학자에게는 책임이 없다고 주장하는 사람들이 있다. 과학자는 가치중립적이어서 가치에 영향을 받지도 않고 가치에 영향을 주지도 않는다는 것이다. 그런데 과학의 가치중립성에 대한 믿음과 과학기술의 예측 불가능성이라는 한계가 있기 때문에, 과학기술은 대부분 환경 문제를 야기 시킨다. 게다가 과학자는 물질이나 명예에 영향을 받는다는 점에서 과학자에게도 책임이 있다.

오늘날 과학기술과 관련해서 환경 문제를 해결하려는 입장은 크게 두 가지로 나누어진다. 하나는 과학기술이 환경 문제를 해결할 수 있을 것이라는 낙관적 입장이고, 다른 하나는 과학기술은 환경 문제를 해결할 수 없고, 오히려 더 큰 재앙을 불러올 것이라는 비관적 입장이다. 학술적으로는 전자를 기술주의적 환경론(기술 지향주의 혹은 기술 우위론)이라 하고, 후자를 생태주의적 환경론(생태 지향주의 혹은 환경 우위론)이라 한다.

기술주의적 환경론은 생산력과 경제가 무한히 성장할 수 있다는 신념에 기초하고 있다. 반면에 생태주의적 환경론은 인간이 자연의 일부로서 자연의 질서를 지켜야 한다는 생태학적 신념에 기초해 있다. 기술주의적 환경론은 과학 기술의 분명한 한계를 인정하지 않는다는 점에서, 생태주의적 환경론은 과학 기술이 이룩한 생활양식의 변화라는 현실성을 인정하지 않는다는 점에서 각각 문제를 안고 있다.

그런데 이 두 가지 환경론, 즉 기술주의적 환경론과 생태주의적 환경론은 각각 장점과 단점을 가지고 있다. 기술주의적 환경론은 과학 기술이 환경 문제를 해결할 수 있다는 입장이지만 과학 기술의 한계를 분명히 인정하지 않는다는 점에서, 생태주의적 환경론은 인간을 자연의 일부로 보고 자연의 질서를 지켜야 한다는 점, 그리고 생태학적 신념을 가지지만 과학 기술이 이룩한 생활양식의 변화를 인정하지 않는다는 점에서 각각 문제점을 노출시키고 있다.

기술주의적 환경론은 과학자가 문제를 일으켰으므로 과학자가 문제를 해결해야 한다는 결자해지의 원칙을 견지한다. 환경오염을 측정하고 예측하고 해결책을 내어 놓는 것도 과학이다. 오염용수의 재처리, 무연연료의 개발, 프레온 가스의 대체 물질을 개발하는 것과 같은 환경친화적인 기술을 개발하는 것도 과학이라는 것이다. 그러나 이런 기술주의적 환경론은 정확한 예측을 할 수 없다는 한계가 있다. 해충을 박멸하기 위한 디디티는 새들을 죽임으로써 오히려 해충을 번식하게 만들었다. 플라스틱이 썩지 않아 플라스틱을 부식시키는 박테리아를 대량으로 만들었는데 이것이 오히려 생태계를 파괴시키는 문제가 생겨났다. 교통문제를 해결하기 위한 자동차는 지구 온난화를 만들었고, 온난화를 해결하기 위해 대체 에너지로 만든 핵에너지는 폐기물로 환경을 오염시킨다. 또한 과학은 점점 분업화되어 자신이 무엇을 하는지 모르고 연구를 한다.

생태주의적 환경론은 과학기술을 억제하고 생태계의 질서를 복원시켜야 한다는 것이다. 이는 환경오염의 근본적인 원인이 근대

과학의 기계론적 세계관과 환원주의에서 비롯되었다고 보는 것이다. 인간은 자연을 정복하는 우월한 존재가 아닌 생태계의 일부이므로 생태계의 질서에 순응을 해야 한다는 것이다. 생태주의적 환경론의 핵심적인 주장은 상호의존성과 인간과 자연의 평등성에 있다. 이는 과학기술의 발달과 경제 성장을 억제하고 생태계의 조화를 추구하므로 근본적인 환경문제의 해결책이라고 볼 수 있다. 그러나 인간이 과학기술의 편리에 길들여져 있으므로 과학기술을 포기하지 않을 것이라는 점에서 생태주의적 환경론은 비현실적인 면이 있다.

1992년 브라질의 리우 데 자네이루에서 채택된 "환경과 개발에 관한 리우선언"은 기술주의적 환경론과 생태주의적 환경론의 주장을 적절히 반영하고 있다. 이 선언의 중심이 되는 개념은 '지속 가능한 개발' 이다. '지속 가능한' 이란 미래 세대를 고려한 것으로서 성장 위주의 기술주의적 환경론에 대한 적절한 견제라고 작용할 수 있다. 그리고 지속 가능한 범위 내에서의 '개발' 이란 생태주의적 환경론에서 주장하는 '인구와 경제 성장 저지 운동', '자급자족', '소규모 생산 위주' 등과 같은 성장의 부정 혹은 저성장 정책에 대한 보다 적극적인 방안이라 할 수 있다. 예를 든다면 썩는 비닐과 같은 환경친화적인 기술, 휴먼테크와 같이 '인간의 얼굴을 한 과학기술' 도 그 예이다. 이는 만인을 위한 과학기술, 후손을 생각하는 과학 기술이다.

* 이 글의 근본적인 물음과 답이 무엇인지 생각해 보자.
** 이 답이 나올 수 있는 근거를 찾아보자.

생명의 기원에 대한 과학적 이해

"생명이란 무엇인가"라는 물음은 철학과 마찬가지로 그 역사가 가장 오래된 문제 중의 하나이다. 이러한 물음에 대하여 적합한 답을 찾기 위한 노력은 지금까지도 계속되고 있다. 기원전에 사람들은 생명의 근원을 바다라고 믿었다. 이 믿음은 생명이라는 것이 어느 날 갑자기 바다에서, 그것도 무로부터 발생했으며 그 이후에 계속해서 새로운 생명체들이 느닷없이 탄생했다고 본 것에 근거한다.[58] 비록 이러한 주장이 21세기를 살아가는 우리들의 관점에서 보면 '비과학적'이라고 거부감을 느끼게 되겠지만, 17세기 이전까지 과학자들을 비롯한 모든 사람들에게는 올바른 주장이라고 받아들여졌다.

그러나 17세기 이후 근대과학의 등장과 함께 사람들은 생명이 무로부터 탄생한다는 불분명한 설명에 대하여 관찰할 수 있고 검증할 수 있는 보다 더 눈에 보이는 실증적인 증거를 요구했다. 다시 말하면 그때 믿어왔던 주장이 틀렸다는 것을 반박하기 위해서 사람들은 도구를 이용한 정교한 실험과 세심한 사고를 필요로 했고, 이러한 조건은 근대과학의 태동기인 17세기에 이르러 점차 형성되기 시작했다. 그러나 17세기에 나타난 이러한 생명의 근원을 밝히려는 실험과 과학적 사고의 수준도 가장 오래된 생명의 근원에 대한 주장을 반박하는 데는 어느 정도의 한계가 있었다.

이렇게 역사적으로 오래된 편견을 깨는 데에는 프랑스의 화학

---

58) 자연발생설: 생물은 자연계에서 존재하는 무생물로부터 우연히 발생한다.

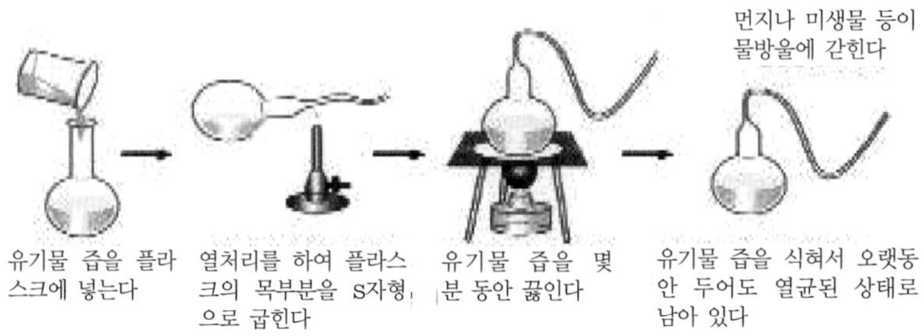

파스퇴르의 실험

자이자 생물학자인 루이 파스퇴르(1822~1895)의 연구업적이 있었다. 그는 가열된 공기는 생명력을 없앤다는 그때까지의 믿음을 깨고 신선한 공기를 같이 놓아두어도 미생물이 생기지 않는다는 것을 입증할 실험방법을 연구하였다. 예컨대 그는 유명한 백조 목처럼 생긴 플라스크실험을 실시하게 되었고 이 실험으로 자연 발생설에 종지부를 찍고 프랑스 과학원상을 받았다. 그의 실험은 플라스크를 만들어 고기즙을 넣은 다음 고기즙을 끓였다가 천천히 식히면서 시간을 두고 고기즙을 살피는 과정으로 진행되었다. 그러나 아무런 변화도 일어나지 않았고 그대로 있었다. 그 후 그는 백조 목을 없앤 뒤 48시간 안에 플라스크 속에 미생물들이 우글거리는 것을 관찰함으로써 자연발생설에 대한 종지부를 찍게 되었다.[59)]

그러나 파스퇴르의 이러한 실험도 21세기를 살아가는 우리가 보았을 때 감탄을 자아낼 만큼 정교했을 뿐만 아니라, 생명의 기원을 밝히고자 하는 그의 열정도 탁월했다. 파스퇴르는 오늘날 미생물학이라고 부르는 학문 영역을 개척하였으며, 이에 대한 연구

59) 파스퇴르는 이러한 실험을 통하여 생명의 자연발생설을 반박하고 생물은 생물에서 나온다는 생물속생설을 확립했다.

는 생명의 형태에 대한 올바른 지식으로 우리를 안내하였다. 그 덕분에 우리들은 오늘날 오래된 주스나 우유가 담긴 병 속에 곰팡이가 피는 현상에 대한 올바른 이해를 하게 되었다. 즉 우리는 눈에 보이지 않는 공기 중의 세균이나 곰팡이의 홀씨가 실제로는 눈으로 보기에는 아무 것도 없는 데서 곰팡이가 피는 현상의 원인이라는 것을 이해하게 된 것이다.

파스퇴르는 연구를 통해서 세균이나 곰팡이의 끈질긴 생명력을 알아 낼 수 있었기에, 그러한 것들이 피는 것을 막으려면 아주 세심한 멸균과정이 있어야 한다는 사실도 발견하였다. 이러한 연구를 통해서 생물학자들은 우리 주변 곳곳에 세균이나 곰팡이가 서식하고 있다는 사실을 알게 되었다. 게다가 알코올이나 열을 이용하여 충분히 가열하면 더 이상 세균이나 곰팡이가 생성되지 않는 멸균 상태가 된다는 것도 알게 되었다. 이러한 그들은 연구를 통해서 액체를 섭씨 58도에서 여러 번 가열해주는 방법인 '파스퇴르화' 라고 부르는 과정을 발견했다. 오늘날 이 방법은 우유를 오래 보존하기 위해서 우유 속에 있는 세균을 멸균하는 방법으로 사용된다.

그러나 생물이 무에서 탄생하지 않고 생물에 의해서만 탄생한다는 파스퇴르의 주장이 과학적으로 명백한 사실로 인정하더라도, 생명에 대한 의문은 여전히 남아 있다. 우리가 살고 있는 지구에서의 최초의 생명의 발생이라는 사건을 사변적으로 설명하기 위해서는 생명의 자연발생설이 과학적으로 보이지만 그것이 하나의 가설이라는 점을 염두에 두어야만 한다. 아주 오래 전 지구가 탄생하고 어느 순간부터 지구에 생물이 살게 되었을 것이다. 이것은 생명이 없던 지구에 생명이 탄생하는 사건, 즉 무생물만 있던 지구에 자기 복제와 신진대사를 통하여 환경에 적응하고 반응하는 유기체인 생물이 탄생한 사건이 일어났음을 뜻한다. 그러면 언제 이러한 사건이 일어났으며, 더 나아가 무생물에서 생명의 상태로 나아가기 위해서 어떠한 선결조건들이 갖춰졌고, 이러한 사건을 어떻게 실험적으로 검증할 수 있는가가 여전히 풀리지 않는 의문으로 남는다.

* 주어진 텍스트의 내용을 요약해서 써보자.

과학기술의 대중적 이해의 의미

오늘날 과학기술의 발전은 눈부시게 빠른 속도로 진행된다고 해도 과언이 아니다. 더욱이 과학기술은 우리들의 일상생활에 엄청난 영향을 주고 있다는 점도 전혀 놀라운 일이 아니다. 이제 과학기술은 우리들에게 특정영역의 전문적 지식의 차원을 넘어, 그것이 존재하지 않는 현대사회를 상상하기 힘든 상황을 빚어내고 말았다. 과학기술은 그 자체로서 매우 복잡한 연관성을 지니고 있을 뿐만 아니라, 사람들의 일상생활을 특정한 방식으로 구조화하고 있다.

오늘날에는 과거와 달리 과학기술이 과학기술을 하는 사람만의 것이 아니라 사회 속의 모든 대중들과도 여러 가지로 관계를 강하게 맺고 있는 것이다. 이는 이미 등장한 과학기술이 사회성원들 모두에게 막대한 영향을 준다는 점에서도 그렇지만, 바로 그 과학기술을 개발하는 과정에서 엄청난 '사회적' 비용지출이 이루어진다는 점에서도 그렇다. 이러한 상황 속에서 과학기술자들이나 사회의 엘리트 계층이 아닌 '대중'들이 과학기술에 대해 어떻게 생각하고 있는지를 파악하는 작업의 중요성이 부각되는 것은 어찌 보면 지극히 당연하다고 볼 수 있겠다. 과학기술을 통하여 나타나는 결과물들이 사회 속에 도입되었을 때 직접적으로 맞부딪치면서 직접 그것을 겪어야 하는 이들은 사회 속의 대중들이기 때문이다. 1990년대 들어서 서구, 특히 영국을 중심으로 '과학기술의 대중적 이해(public understanding of science)'라고 명명된 분야의 중요성이 부각된 것은 이러한 맥락을 배경으로 하고 있다.

이러한 시도는 대체로 영국 '왕립학회의 1985년 보고서'에서 잘 드러난 다음과 같은 문제의식을 공유하고 있다. 첫째, 대중들은 과학기술에 대해 별반 관심이 없으며, 그 결과 과학기술적인 지식이 대단히 부족하다. 둘째, 핵발전소나 유전공학의 경우와 같이 과학기술의 사회적 문제를 둘러싸고 벌어진 논쟁들은 대부분 대중들이 과학기술적인 지식을 '잘못' 이해한 결과 빚어진 것들이다. 셋째, 우리가 과학기술을 적절히 이해하고 또 사용한다면, 과학기술은 사회 전반에 대해 균등하고 보편적인 혜택을 가져올 것이다, 넷째, 대중들에게 충분한 과학기술 지식을 공급하는 것은 과학기술정책 수립과정을 향상시키는 것에 도움이 될 것이다. 비록 이러한 문제의식이 과학기술에 대한 대중들의 무지를 한탄하는 과학기술자들의 엘리트적 관점으로부터 출발한 것이긴 했지만, 대중들이 일상생활 속에서 과학기술과 만나는 구체적인 방식을 탐구하고 이러한 상황의 개선을 위해 노력해야 한다는 문제의식은 그 자체로 분명 의미가 있는 것이었다.

1988년에 영국에서 실시된 과학기술의 대중적 이해에 대한 의식조사는 과학기술의 대중적 이해의 중요성을 내세운 초기 주창자들의 문제의식을 잘 보여줌과 동시에 이들이 갖고 있는 사고 틀의 한계 역시 드러내고 있다. 이들은 영국인들 중 계층별로 안배하여 무작위로 추출한 2000여 명을 대상으로 과학기술에 대한 관심도와 지식정도를 측정하는 설문조사를 실시하였고, 또한 일반적인 과학지식을 얼마만큼 정확하게 알고 있는가를 측정한 퀴즈풀기에서도 대단히 낮은 '정답율' 이 나타났다는 것은 이를 어느 정도 '입증' 하고 있다.

이러한 결과는 비록 과학기술에 대한 사람들의 (의외로) 높은 관심을 보여주긴 했지만, 그럼에도 과학자들의 '우려', 즉 과학기술에 대한 대중들의 '무지' 와 '오해' 를 어느 정도 입증하는 것처럼 보였다. 이것은 과학기술 영역이 실제로 많은 사람들에게 커다란 파급효과를 낳고 있음에도 불구하고, 그에 대한 지식이나 권위는 대단히 편중·독점되는 현상이 널리 퍼져 있음을 의미한다. 즉, 사회 대다수 성원들에게 있어 과학기술적인 권위로부터의 소외가 만연해 있는 것이다.

1990년대 들어 '과학기술의 대중적 이해'의 문제에 새로운 방식으로 접근을 시도한 몇몇 학자들은 전문가와 대중들 사이의 이러한 일방적이고 불평등한 관계에 주목하는 것으로부터 출발하였다. 이들은 전문가들의 시각으로 대중들의 과학기술에 대한 이해 수준을 재단하였던 기존의 논의의 틀을 비판하면서, '테이블을 돌려' 대중들이 이해하고 있는 바 그 자체에 관심을 집중하여야 한다고 주장하였다. 특히 이들은 '사람들에게 보편적인 의미에서의 과학지식이 부족하다'라는 식으로 진단하는 입장을 비판하면서, 대중들이 특정하고 구체적인 맥락 속에서 과학기술을 어떻게 이해하는가에 연구를 집중하였다.

이러한 입장은 전문적인 과학지식이 과학기술의 문제 해결에 항상 중요한 역할을 하는 것도 아니며, 전문가들만이 항상 '옳은' 판단을 내릴 수 있는 것 역시 아니라는 것을 내포하고 있다. 즉, 과학기술의 사회적 문제 해결에 있어서는 과학기술 전문가들이 내놓은 주장의 객관성, 투명성, 문제 해결에 있어서의 중심성과 같은 의제들이 자명한 것으로 간주되어서는 안 된다는 것이다. 그러므로 이러한 상황에서 과학기술에 대해 전문가가 아닌 대중들이 어떠한 생각을 가지고 있는가는 대단히 중요한 역할을 할 수 있을 것이다. 이들은 과학이 모든 이들의 삶에 영향을 주고 있기 때문에 사람들이 이에 대해 알 필요가 있으며, 정책결정이 민주적인 과정이 되기 위해서는 대중적인 논쟁이 선행될 필요가 있고, 과학기술의 개발이 사회적인 비용지출에 의해 후원되고 있으므로 이에 대한 대중들의 최소한의 인지가 필요하다는 점을 들었다.

* 주어진 텍스트의 내용을 요약해서 써보자.

우리는 과학기술의 미래에 대하여 낙관적인가?

"오늘날 과학기술은 공기와 같다"라는 비유가 있다. 이러한 비유를 통해서 우리는 과학기술의 사회문화적 영향력을 실감하게 되고, 과학기술이 우리가 살아가는 데 없어서는 안 될 조건이라는 것을 감지할 수 있다. 21세기를 살아가는 우리들에게 과학기술이 가져다 준 공헌은 말할 수 없을 만큼 크다 해도 과언이 아니다. 그러나 우리는 이러한 공헌 이면에 함께 따라오는 다른 힘이 인간성과 삶 자체를 송두리째 뒤흔들어 놓은 역사적 사실을 되새겨 본다면 과학기술의 문제점도 크다는 것을 부인할 수 없다. 우리는 과학기술이 우리의 의도에 관계없이 잘못 사용되는 날이면 자연과 인류 전체를 파멸로 이끌어갈지도 모른다는 데 주목한다.

이런 점에서 본다면 우리는 과학기술의 발전과 함께 따라온 사회문화적 발전에 대해 다음의 몇 가지 점을 이해해야 할 것이다.

첫째, 과학기술은 우리의 삶의 모습을 전적으로 변혁해 놓을 만큼 혁명적이다. 즉 과학기술은 인간의 사고방식, 교육제도, 인간과 자연의 관계를 포함한 삶 전체를 변경시켜 놓고 만 것이다.

둘째, 발전이라는 개념을 바라보는 관점의 전환이다. 지금까지 경제적으로 성장만 하면 다 발전이라고 생각하여 어떻게 해서든지 산업화를 이룩하여 물질적으로 성장만 하면 된다는 그런 관점은 바뀌어야 한다. 즉 지금 우리가 당면하고 있는 생태학적 또는 문화적 위기를 감안하여 경제적이고 물질적인 성장을 넘어 "적정 수준의 발전"이라는 개념에로의 전환을 시도해야 하는 것이다.

셋째, 어떻게 하면 급속도로 발전하는 과학기술이 가져다주는 혁명적 변화를 바르게 방향지어 나갈 것이냐 하는 문제이다. 현대 사회를 '위험사회'라고 정의하는 학자의 진단은 우리가 이대로 나가다가는 모조리 멸망할지도 모른다는 위기위식을 반영하는 것이다. 예를 들어 생태학적 위기가 오늘날 우리에게 가져오는 문제만 하더라도 인류가 지구상에 존속하느냐 파멸하고 마느냐 하는 중대한 경고를 우리에게 던져준다.

이제 인류는 자연을 대상화 하여 마치 기계처럼 함부로 조작하고 지배함으로써 환경을 파괴해 온 사상사적 배경에 비판을 가하고, 이제는 어떻게 하면 자연과 공존할 수 있는가를 배워야 한다. 인류의 과제는 어떻게 하면 인간과 자연이 서로 조화롭게 살아가느냐 하는 것을 해결하는 것이다. 더욱이 과학기술이라는 영역이 지금까지 세분화되고 전문화되어져서 그 지식을 적용하는 데 '부분적 확실성'을 기하기는 비교적 용이하나 '전체적 연관성'을 찾아보기는 어렵다. 즉 과학기술자들은 숲에 고립되어 나무라는 부분의 지식을 전문적으로 찾았을 뿐 숲이라는 전체를 보는 데는 소홀했다는 것이다.

또한 갈수록 현대 과학기술에 대한 대중의 불신이 커지고 있다. 그 불신의 정도를 정확히 가늠하는 것은 쉽지 않은 일이나, 최소한 그 추이를 짐작해보는 것은 가능하다. 그 한 가지 방법은 대중들이 가장 많이 접하는 영화 속에서 과학기술이 어떤 식으로 비춰지는지 살펴보는 것이다. 영화 속에 비친 과학기술 이미지를 계속 추적해온 한 과학기술학자는 "영화 속에 비춰지는 미래사회의 모습은 유토피아보다 디스토피아의 전망이 우세하며, 과학자의 이미지 역시 이타적이고 선하기보다는 사악하고 미친 과학자로 그려지는 경우가 대부분"이라고 지적한다. 상업적인 영화들이 대중들의 정서를 크게 벗어나지 않는 방식으로 제작된다는 것을 염두에 둔다면, 이런 영화 속 과학기술 이미지는 대중이 과학기술의 발전에 근본적인 우려와 불신을 갖고 있다는 것을 말해준다. 대중은 한편으로는 과학기술의 발전에 기대를 갖고 있으면서도, 다른 한편으로는 그것이 가져올 미래를 불안해하고 있는 것이다.

결국 21세기를 살아가는 우리는 공기와 비유되는 과학기술의 영향력이 우리의 손아귀에서 벗어나 우리의 삶과 앞날을 좌지우지한다는 것을 깨달았다. 거대한 힘을 가지고 인간의 삶과 사회구조를 송두리째 변천시켜 가고 있는 이 엄청난 과학기술의 권력 앞에 인간은 무력한 존재가 되어가고 있다. 즉 인류는 인간이 스스로의 호기심을 채우려는 욕망으로 만들어 놓은 바로 그 과학기술이 인류를 노예로 삼을지도 모른다는 위기에 처해 있는 것이다. 이러한 위기의식에서 벗어나기 위하여 우리는 과학기술이 더 이상 인간과 자연 간의 생태적 불균형을 심화시키는 수단이 되도록 내버려 두어서는 안 된다. 미래를 지향하는 인류는 현대와 같은 자연에 대한 과학기술의 횡포를 지양하고 환원적인 자연과의 균형을 이룰 수 있는 과학기술의 창안에 주력해야 한다.

* 주어진 텍스트에 대해 비판할 점을 찾아보자.

** 위에서 찾은 내용을 활용하여 자신의 입장을 글로 표현해보자.

과학기술은 무엇이든 할 수 있다

인류의 역사 중 가장 긴 시간을 차지하고 있었던 중세를 벗어나 근대에 들어서면서 인류는 이성의 빛으로 더 이상 신의 섭리에 따라 살아가지 않고 자아를 발견하게 되었을 때 자연은 두려움의 대상이 되어버렸다. 인간은 생존을 위해서 두려움의 대상이던 자연을 분석할 수 있고 설명할 수 있는 것으로 바꾸었다. 별의 운행에도 규칙이 있는 것을 발견하고 여러 물리학적 법칙들이 발견되면서 인간은 자연이 하나의 정교한 기계처럼 움직이는 것처럼 인식하였다.

이러한 인간의 생각이 16~17세기에 이르러서는 이른 바 과학혁명이라는 전환기를 맞이하게 된다. 인간은 이성의 힘으로 실험하고 연구하는 과학이 객관적이고 가치중립적이며 공공의 이익을 위한 것이라고 생각하였다. 실제로 많은 과학적 발전은 사람들에게 큰 변화와 유익을 주었다. 쉬운 예로 자동차의 발명은 길거리에 널려있는 말똥의 공해로부터 사람들의 삶을 해방시키는 것으로서 크게 환영받았다. 과학기술의 발전은 사람들로 하여금 과학기술이 모든 문제를 해결할 수 있을 것이라는 믿음을 갖게 해주었고, 이것은 과학만능주의 또는 과학주의로 나타났다.

과학주의(scientism)란 뉴턴 이래 자연과학에 의해 확고히 성립된 탐구방법을 그대로 사회현상에도 적용해야 한다고 주장하는 일체의 학파나 주의를 통칭하는 개념이다. 과학주의는 과학에서 사용하는 가정, 방법, 심지어 추론들이 종교를 포함한 모든 지식들을 적절히 이해하기 위해서 필수적이 아니라면 동등하게 타당하다고 믿는 것이다. 갈릴레오나 뉴턴과 같은 과학자 등에 의한 많은 과학적 발견들은 중세의 많은 사람들이 오해하고 있던 우주관과 세계관을 근본적으로 바꾸어 놓았다. 더욱이 다윈의 진화론이 과학계의 정설로 자리 잡혀 가며 창조주의 존재 자체를 근본적으로 부정하게 되었다. 이러한 분위기는 사람들의 마음을 현혹하여 인간의 이성과 과학만이 인류에게 지구상의 유토피아를 제공할 수 있는 유일한 길이라는 과학만능주의를 지향하게 만들었다.

이러한 과학주의의 주장을 요약해 보면 다음과 같다. 첫째, 모든 신념들은 경험이나 실험, 즉 과학적 방법에 의해 검증되어야 하며 과학적 방법만이 진리에 이르는 유일한 길이다. 둘째, 계량화된 것만 과학에 의해 알려질 수 있으므로 오직 측정 가능한 물리적 실재들만이 알려질 수 있다. 셋째, 과학은 전제가 없으며 객관적이다. 즉, 과학은 주관의 여지가 전혀 없는 순수 객관적인 학문이므로 무전제에서 출발한다. 넷째, 모든 우주는 기계적이며 인과율의 사슬로 연결되어 있기 때문에 모든 것은 결정되어 있다. 다섯째, 과학은 자기의 고유한 방법론을 통해 궁극적으로 인간의 모든 문제를 해결해 줄 것이다. 여섯째, 과학적 방법만이 진리에 이르는 참된 방법이므로 다른 모든 학문도 과학적 방법으로 하여야 한다.

그러나 자세히 보면 첫째 주장은 실험주의이며, 둘째 주장은 유물주의이며, 넷째 주장은 결정주의이며, 다섯째 주장은 진보주의이며, 여섯 번째 주장은 방법론적 환원주의임을 알 수 있다. 근본적으로 과학주의는 존재론이나 인식론에서는 자연주의를, 내용에 있어서는 합리주의를, 정신에 있어서는 휴머니즘을 배경으로 하고 있다고 할 수 있다. 결국 과학주의란 인간이 신의 주권과 섭리를 삭감하고 인간 자신의 자율성을 바탕으로 이론을 구축하는 데서 나온 자연스런 주장이라고 할 수 있겠다.

실제로 우리는 지난 100여 년 동안 과학기술이 인간의 모든 어려움, 예를 들어 가난, 기근, 질병을 해결하는 가장 좋은 수단이라고 생각해 왔다. 이러한 어려움은 이제까지 모든 것을 의지해 왔던 신이 아니라 과학기술이 해결해 주고 있다는 것을 우리는 실질적으로 목격했다. 과학기술은 현실적으로 그러한 임무를 잘 수행해 왔다. 그러나 이제 인류는 과학기술 덕분에 가난과 질병의 차원을 넘어 전쟁과 평화까지도 해결할 수 있을 것으로 믿고 있다. 게다가 엄청난 과학기술의 힘은 인류에게 위협이 아니라 헌신을 할 것이라는 기대를 갖고 있다. 과연 과학과 기술은 우리 기대에 맞게 움직이고 있는지 다른 안목으로 살펴봐야 한다. 과학기술은 마치 숨을 쉬는 공기처럼 우리에게 밀접하게 다가와 있다. 공기가 청정한지 오염됐는지를 감시하는 것은 대중의 권리다. '그 공기에 대한 감시를 방치하는 것이 과연 옳은 일인가' 라고 우리는 반문할 수 있다. 그래서 과학기술에 대해 비판할 수 있는 자세를 가져야 한다. 또한 대중이 과학기술에 적극적으로 참여해야만 한다. 과학기술의 미래는 인류의 미래와 같은 선상에 놓여있다. 그래서 과학기술에 대한 대중의 사고와 의식이 무엇보다 중요하다는 것이다. 과학기술에 대하여 단순하게 좋고 나쁨의 감정이나 정서에서 벗어나 과학기술에 대한 대중의 비판적인 사고가 활발할 때 궁극적으로 미래를 유토피아로 전망할 수 있다.

그렇다고 과학기술에 대한 비판적인 자세가 결코 비난의 대상이 돼서는 안 된다. 실제로 과학기술이 70년대부터 비난이라는 도전을 받기 시작한 이유는 윤리와 도덕을 중요하게 여기지 않는 자본주의의 이기적인 속성과 결탁했기 때문이라고 볼 수 있다. 이러한 분위기가 결국에는 비판을 겸허하게 받아들이는 젊은 과학자들 가운데 과학기술의 진보는 인류에게 더 이상 의미가 없고 사실상 끝났다고 생각하며, 심지어 세상과 인류의 미래를 진지하게 연구하고 고민하는 과학자 중에는 과학기술이 더 이상 가치가 없다고 주장한다. 그렇다고 과학기술을 부정하고 태초의 원시로 돌아가자는 생각은 아니다. 그것은 가공할 위력을 지니고 있는 과학기술의 리스크를 줄이려는 노력이다.

'과학만이 인간을 이롭게 할 수 있다' 라든가 혹은 '과학만이 살 길이다' 또는 '과학적 방법만이 세계를 충분히 설명해줄 수 있다' 더 나아가 '과학기술은 무엇이든 할 수 있다' 라는 식으로 과학기술을 잘못 이해하거나 잘못 사용하는데서 생겨난 생각이라고 할 수 있다. 그러나 이러한 생각의 가장 큰 문제는 과학기술은 원래 가치에 대해 중립적인 즉 '인간성 없는 과학기술' 이라고 하는데 있으며, 이로 이해 과학기술의 가치가 중요하게 여겨질수록 인간성은 관심 밖으로 밀려난다는 데 어려움이 있다. 더 큰 문제는 과학기술에만 매달리면 바람직하지 않은 결과가 생긴다는 것을 알면서도 세상의 여러 가지 여건상 그것을 멀리할 수 없다는 데 있다. 기술은 편리하다. 그것은 육체노동의 고통에서, 가사노동의 번잡함에서, 정신노동의 낭비성에서 우리를 자유롭게 했다. 며칠을 걸려야 할 수 있는 일을 단 몇 시간 만에 끝나도록 해준다. 말로는 기술문명을 비난하면서도 그 스스로 그것들과 떨어지지 않으려고 하는 것이 오늘날의 우리의 모습이다.

* 주어진 텍스트에 대해 비판할 점을 찾아보자.

** 위에서 찾은 내용을 활용하여 자신의 입장을 글로 표현해보자.

과학적 사유

21세기를 살아가는 우리에게 과학기술은 마치 공기와도 같이 우리의 삶을 위해서 없어서는 안 될 소중한 것이라고 믿어진다. 그럼에도 불구하고 우리는 '과학'이라는 말만 들어도 머리가 아프다고 말하거나 무작정 딱딱하다고 느끼는 알레르기 반응을 일으킨다. 과학이라 하면 의식적이든 무의식적이든 심리적으로 거부감을 느낀다는 것이다. 과학이 이렇게 어렵다고만 느껴지는 이유는 학교에서 과학시험에 풀어야 할 문제가 너무 어렵기 때문일 것이다. 그러나 이것이 과학의 전부가 아니다. '과학'이라는 개념을 전체적으로 이해하기 위해서 우선 '넓은 의미의 과학'과 '좁은 의미의 과학'으로 나누어 그 의미를 풀어보자.

'넓은 의미의 과학'은 과학적으로 생각하는 방법을 뜻하는 말이다. 눈으로 보이는 자연현상을 포함하여 우리를 둘러싼 모든 현상인 삼라만상에 대해 '왜?'라는 질문을 던지고, 그에 대한 '해답'을 찾기 위해 이성과 통찰을 이용하여 사유하는 모든 것을 '과학적 사유방식'이라고 한다. 반면에 '좁은 의미의 과학'은 이러한 과학적 사유방식이 하나의 특정 '학문'에 적용된 것으로서, 구체적으로 물리학, 천문학, 화학 등과 같은 학문들을 지칭하는 말이다. 우리에게 과학이 어렵고 딱딱한 것으로 여겨지는 이유는 이와 같은 좁은 의미의 과학에서 구체적인 법칙을 암기하고 이를 적용하여 문제를 풀이해야 하는 시험문제 풀이가 어렵기 때문이다. 그러나 넓은 의미의 과학, 즉 과학적으로 생각하는 것은 사실상 인간이라면 누구나 일상에서 늘 하고 있는 일이다. 말하자면 누구나 할 수 있을 정도로 어렵지 않다는 것이다.

그렇다면 이제 '과학적'이라는 것에 대해서도 한층 쉽게 이해할 수 있다. 흔히 사람들은 자신이 하는 말에 권위를 부여하거나 설득력을 높이기 위해서 '과학적'이라는 수식어를 붙이곤 한다. 그리고 거기에는 과학 지식이 그 자체로 어떤 특별한 힘을 발휘해 줄 것이라는 생각이 스며들어 있다. 그렇지만 대개의 경우 '과학적'이라는 말은 '사리에 맞는', '합리적인', '논리적인' 등의 말로 바꾸어도 무방하다.

요즈음 '창의력', '과학적 사고 배양' 등의 말이 자주 쓰이고 있지만, 정작 과학적 사유가 무엇인지는 분명히 드러나지 않는 경우가 많다. 과학적인 사고를 배양하는 것이 흥미로운 과학 실험을 많이 하게 하는 것인지 책을 많이 읽게 하는 것인지 혼란스러운 느낌이 들기까지 한다. 그것은 과학적 사유가 한두 가지 접근만으로 형성될 수 없음을 반증하는 것이기도 하다.

가장 많은 오해가 빚어지는 부분은 과학 지식을 과학적 사유와 혼동하는 경우다. 물론 과학 지식이 중요한 것이긴 하지만, 과학 지식을 많이 가지고 있다고 해서 자동적으로 과학적 사유 능력을 갖게 되는 것은 아니다. 지식 중심 교육을 받는 현실에서 그 지식을 곧바로 문제 해결에 적용하지 못하는 것과 마찬가지로, 사전적인 과학 지식이 사고력이나 창의력에 직접 응용되는 것은 아니다. 그것은 추상적인 지식이 구체적인 현실의 문제 해결을 위해 반드시 필요한 선행 조건이 아니라는 뜻이다.

중요한 것은 가능한 한 실제로 세계에서 있음직한 상황을 설정하고, 그 상황에서 문제 해결을 위해 요구되는 여러 가지 요소들을 스스로 찾아서 다양한 해결책을 내놓게 하는 것이다. 예를 들어, 우리 고장에 핵폐기물 처리장이 들어온다는 소식을 들었을 때 주민들은 우선 '핵', '폐기물', '처리장'이 무슨 뜻인지 알아야 하고(과학 지식의 습득), 그리고 그것이 우리 마을에 좋은 것인지 나쁜 것인지 따져 보고(여러 가지 경제적, 문화적, 교육적 요소 고려) 최종적으로 가부 결정을 내려야 한다(종합 판단). 현실에서 어떠한 문제에 부딪히더라도 항상 이와 동일한 과정으로 그 문제를 풀기 마련이다. 현실에는 순수하게 물리적이거나 화학적인 문제는 없으며, 순수하게 과학적인 문제도 없다. 그 속에는 여러 가지 요소들이 복합적으로 개입해 있으며, 모두 이미 그런 사실을 잘 알고 있다. 따라서 중요한 능력은 필요한 지식을 구하고, 여러 요소들을 고려해서 나름대로의 해결책을 마련하는 실천적 능력인 것이다. 이러한 능력은 다름 아닌 과학적 사유방식에서 비롯되는 것이다.

* 주어진 텍스트의 결론을 전제로 하는 새로운 글을 써보자.

생각의 확장－불의 경우

과학의 역사적 뿌리는 대체로 두 가지로 생각된다. 하나는 기술적인 전통으로서, 생활 속의 경험과 솜씨가 손에서 손으로 옮겨지고 마찬가지로 시대를 뛰어넘어 계승 발전하여 과학이 성립하였다는 것이다. 다른 하나는 정신적인 전통으로서, 그 속에서 인간의 욕망과 생각이 계승 발전하여 과학이라는 개념이 확대되었다는 것이다. 이런 맥락에서 보자면, 과학은 사람들의 사고를 바탕으로 성립된다. 다시 말하면, 과학의 특성은 사람의 생각이 어디까지 미치느냐에 따라, 어떻게 발전하였으며 어디까지 발전할 것인지에 따라 결정된다. 그러면 여기서 인간의 생각이 어떻게 확대되어 왔는지 '불'을 예로 들어 설명해보자.

인간이 불과 만남으로써 과학기술이 시작되었다. 명확히 알 수는 없지만, 한 종족의 인간이 불을 만남으로써 '우연히' 불을 이용하는 방법을 터득하게 되었을 것이다. 그때까지 사람들은 자연적으로 발생한 산불과 번쩍이는 번개 그리고 화산에서 분출하는 용암을 단지 공포의 대상으로 보았다. 그러나 불을 이용하는 방법을 터득하고 난 후에는 사람들은 불이 더 이상 공포의 대상이 아니라 거리감을 둔 친근한 대상으로 여기게 되었고, 이용의 범위를 점점 넓혀감으로써 문명을 발전시킬 수 있는 계기를 마련하였다.

불은 인류가 어두운 동굴이나 나무 위에서의 생활에서 벗어나서 땅위로 서식처를 옮길 수 있는 큰 역할을 했다. 그로 인해서 인간은 서서 걷는 것이 가능해진 직립원인으로 진화되었다. 추운 겨울에 불 가까이 갔을 때 사람들은 따뜻하다는 감각을 가지게 되고 호기심이 나서 아주 가까이 가거나 손으로 불을 만지기도 했을 것이다. 그러나 뜨거움을 느끼고 일정한 거리를 유지할 줄 알게 되었을 것이다. 여기서 호기심은 과학의 본질이라고 볼 수 있고, 불을 만져서 뜨거운 것을 경험한 것은 실험이라고 볼 수 있다. 게다가 일정한 거리를 유지할 줄 알게 된 것은 기술로 볼 수 있다.

불이 꺼진다는 사실을 알게 되고 난 후 재 속에서 불이 오랫동안 살아남는 것을 경험한 사람들은 불씨의 이용방법도 터득하게 되었을 것이다. 불씨를 갖고 있던 사람들은 처음에는 그들이 살고 있었던 동굴로부터 멀어질 수 없었다. 왜냐하면 불을 항상 갖고 다니는 것이 어렵다는 사실을 알았기 때문이다. 그러나 부싯돌을 발명하여 언제나 필요한 시간에 필요한 장소에서 불을 만들 수 있게 되자 동굴을 떠나 넓은 대지로, 더욱이 추운 지역까지 영역의 확장이 가능할 수 있었다. 실제로 불의 이용은 인류가 겪은 최대의 사건이었다.

오랜 시간이 흐른 뒤 '불이 과연 무엇인지'를 생각한 사람들은 고대 그리스의 철학자들이었다. 그 중에서도 거의 2,000년 이상 후세에 영향을 미친 아리스토텔레스를 예로 들 수 있다. 아리스토텔레스는 세계가 흙 · 물 · 불 · 공기로 이루어져 있다고 보았다. 여기서 보듯이 그는 불을 4가지 원소 중의 하나로 설명하였다. 이것은 '불이 과연 무엇인지'라는 물음 즉, 불의 본질에 관한 물음의 시작이었다. 그러나 그는 불이 '왜' 그렇게 타는가하는 이유를 생각하지 못했고 그 후에도 오랫동안 그러한 물음은 제기되지 않았다. 17세기에 이르러 불이 타는 이유가 '플로기스톤 이론'을 통하여 주장되었다. 그러나 그 원리를 밝히는 데는 여전히 생각의 한계를 드러내었다. 즉, 플로기스톤 이론에 따르면 불이 딴다는 것은 타는 물체 속에 들어 있는 플로기스톤이 빠져나가는 것이다.

그러나 이것은 사실이 아니다. 그리하여 18세기에 이르러 사람들은 생각의 영역을 확대하여 불이 타는 원리를 물질이 빠져나가는 것이 아니라 덧붙여지는 것이라는 생각을 하게 되었다. 이러한 생각은 실험을 통해서 불이 타는 현상이 연소라는 것, 즉 타는 물질이 산소와 결합하는 현상이라는 것을 발견하였다.

오늘날에 와서는 불이 '에너지' 라는 개념으로 정립되면서, 사람들은 전기와 원자력을 발명하기에 이르렀고 사람들의 생각의 영역은 더욱 더 확장되었다. 미래에도 필연적으로 인류를 이롭게 하고 편리하게 할 새로운 에너지의 개발을 위해 생각의 영역은 계속 확대되어 나갈 것임에 틀림없다. 한 가지 예를 들어, 산소와 수소를 에너지 자원으로 개발할 수 있는 가능성이 무한하다고 가정해보자. 그렇다면 태양광선을 이용하여 물을 값싸고 쉽게 분해하는 기술이 개발된다면, 인류의 미래는 '에너지 문제' 의 대부분을 해결할 것이다. 이와 같이, 인류의 과학적 행위의 역사는 '생각의 영역 확대' 의 과정이었고, 미래에도 그 과정은 지속될 것이다.

* 주어진 텍스트의 결론을 전제로 하는 새로운 글을 써보자.

반과학주의에 대한 이해

반과학주의는 과학기술의 객관성에 의문을 제기하거나, 과학적 사고에 배치되는 현상에 관심을 갖는데서 출발하였다. 반과학주의는 초자연적 현상을 믿는 행위와 현대과학기술의 자연 탐구방법에 대한 반감과 대량 살상무기나 환경오염과 같은 과학기술발전의 파괴적인 결과들에 대한 환멸 등에서 유래한다. 반과학주의는 소위 '과학주의' 또는 '과학만능주의' 에 대한 반작용에서 큰 힘을 얻고 있다. 과학기술만이 객관적이고 확실하며 모든 문제를 해결할 수 있다고 주장하는 극단적인 견해는 반대쪽 극단을 정당화시킨다. 대표적인 예가 미국에서 수십 년 동안 폭탄테러를 자행한 '유나버머(Unabomber)' 다. 이러한 흐름은 20세기 후반, 특히 1990년대에 세기말 분위기에 편승해 여러 형태로 위세를 떨쳤다.

과학기술은 인간에게 편리함을 제공하고 사회의 부를 증대시키는 새로운 설비들을 지속적으로 사회에 공급한다. 다른 한편, 현대의 과학기술 활동의 더 많은 부분을 뒷받침하고 있는 응용과학지식의 집약적인 발전은 사회 전반에 실질적인 변화를 야기했다. 그리하여 생활에서 과학기술의 중요성이 더해감에 따라 과학기술은 세계관을 형성하는 데에 주요한 힘이 되었다. 그리고 과학기술의 진보가 사회에 미치는 영향은 개인의 정신세계에 혼란을 일으키는 데, 이는 동시에 그러한 영향에 대한 모순된 평가가 나타날 가능성을 제공한다.

"과학주의"라는 단어가 어떤 특정한 가치 판단 체계를 반영하는 것이기 때문에, 보통 그 단어는 대립 개념의 한 항으로 사용된다. 그 대립항 중 나머지 한 항을 나타내는 것이 휴머니즘이나 인간중심주의와 같은 개념이다. 그리하여 과학주의는 과학기술을 완전무결한 것으로 상승시키고 그것을 물신화시키며 과학기술을 그 자체의 목적으로 확립하고 과학기술과 인간의 관계에서 인간 자신을 단지 수단으로만 간주하는 것을 자신의 기초로 삼는 관점으로 여겨진다. 또는 과학주의는 정신적 이해의 상이한 형식이나 방법들을 필요로 하는 인간존재의 여러 문제들을 관통하기에는 부적합한 입장으로 여겨진다.

두 경우 모두는 과학기술이 원칙적으로 현실의 인간 문제를 긍정적으로 해결을 발견하는 수단으로서는 한계가 있다는 것, 과학기술의 역할을 그 자연적 한계를 넘어 나아가게 하려는 모든 시도는 인간의 지고한 가치를 심각하게 위협한다는 것을 암시하고 있다. 이러한 접근은 과학주의를 발생시키는 실제의 원인과 상황을 드러내지 못한다. 그래서 세계관 또는 정신자세로서의 반과학주의는 인간 존재의 주요 문제들을 해결하는데 과학기술의 능력이 제한되어 있다고 가정하는 것으로부터 출발한다. 반과학주의에 대한 평가는 과학기술에 대한 급진적인 과학주의적 절대화를 비판하는 입장에서부터 과학기술을 순전히 실용적인 장치 정도로 격하시키거나 경시하는 단호한 반과학주의적 관점에 이르기까지 넓은 범위에 걸쳐 다양하게 존재한다.

반과학주의의 극단적인 형태는 과학적 성과들이 순전히 실용적인 중요성을 가진다는 것과 과학이 실제 생활에서 방향타의 역할을 한다는 것도 인정하지만 과학이 세계관에서 어떤 역할을 한다는 일체의 주장에 대해서는 단호히 거부한다. 이러한 입장은 미학적, 윤리적 혹은 종교적 가치를 기초로 하는 인간 존재의 어떤 영원한 형태나 원리에 대한 무조건적인 믿음에 기초하고 있다. 과학기술 그 자체는 그러한 가치들의 기초를 위태롭게 하고 파괴하는 힘이며, 문화의 전통적 원칙들을 대신하는 세계관의 전체적인 방향을 발전시킬만한 능력이 없는 것으로 간주된다.

좀 더 구체적으로 살펴보면, 과학주의는 과학기술의 목표들을 자기 완결적인 실체로 묘사하고 과학기술의 사회적 기능 및 사회적 의존에 관계되는 전반적인 문제들을 경시하거나 무시하고 과학기술에 대해 독립된 활동이라는 절대적인 지위를 부여한다. 더욱이 과학주의는 과학기술 활동이 사회에 미치는 영향의 효과나 결과는 무시한 채 그것이 높은 수준의 확실한 문화적 가치를 가진 것으로 본다. 사회 조건 및 요소의 전체 체계에 대한 과학의 복잡한 의존성을 이해하지 못하거나 의식적으로 무시하는 것은 과학기술을 과학주의적으로 절대화시키는 것의 본질적인 결함이다.

그러나 반과학주의는 실질적으로 문화 및 생생한 활동들의 다른 유형들과 과학기술이 유기적으로 통일되어 있다는 사실에 대해 똑같이 부정하기에 이르는 데, 그것은 비록 다른 가정에서 출발하기는 하지만, 필요 이상으로 과학기술을 문화 속에서 안정된 근거를 전혀 갖지 않는 자율적인 힘으로 간주하기 때문이다. 실제로 과학기술에 대한 반과학주의적 비판은 현대사회의 사실상의 공리주의 및 실용주의적인 과학 발전의 추세가 위험스러워 보였기에 어느 정도 정당화 된다.

그럼에도 불구하고 과학기술의 발달은 인류에게 다채로운 생활을 가져다주었고, 그리하여 사람들은 과학기술의 위대함을 알게 되었다. 그러나 핵무기의 발명과 생명복제 기술의 남용, 그리고 환경오염의 등장은 사람들로 하여금 “과학기술은 과연 인간들에게 행복하고 안정된 생활을 가져올 수 있을까?”라는 문제를 생각하게 하였다. 그러나 지금 우리는 “과학기술은 환경문제의 주된 원인이다”라고 섣불리 결론지어 말할 수 없다. 실제로 그 자체에는 특별히 환경을 파괴하는 가능성이 없다. 그러나 응용, 생산 공정 그리고 사용하는 과정에서 아주 심각한 환경문제가 나타났다. 예를 들어, 폐수의 직접적 배출, 정화과정을 거치지 않은 물질의 처리 등이 있다. 또한 정부의 관리감독 소홀과 통제 그리고 소극적인 과학기술 및 환경정책이 또한 환경파괴를 야기했다. 지금까지 과학기술은 60억 세계 인구를 먹여 살리기 위해서 과학기술을 개발할 수밖에 없었다. 과학기술과 환경보호 둘 다 포기 할 수 없다면 해결 방법은 생태 효율이 높은 과학기술을 개발하는 것이다. 즉 자연과 공생할 수 있는 과학기술을 개발한다는 것이다.

* 주어진 텍스트를 요약하여 쓰고, 자신이 쓴 글을 간명하게 나타내는 개요도를 그려보자.

근대과학의 패러다임

현대문명의 뿌리가 되는 과학기술은 근대과학에 그 역사적 근원을 두고 있다. 그리고 모든 과학기술과 문화체계는 그것의 사상적 토대가 되는 일정한 패러다임[60]위에 성립한다. 따라서 현대 과학기술문명은 근대과학이라는 패러다임의 토대위에 성립한 것으로 판단된다. 근대과학의 패러다임은 기계적 결정론, 탈목적론, 실증주의, 서술적 방법, 실용주의, 가치중립주의, 과학주의 등으로 설명할 수 있다.

기계적 결정론이란 자연은 수학적 형식과 기계적 원리에 따라 조직된 물질의 총체로, 그것의 존재방식이 기계적 인과관계에 따라 결정되어 있다는 것이다. 이러한 기계적 결정론은 플라톤의 수학적 우주관에 나타나는 자연개념과 데모크리투스의 유물적이고 일원적 원자론으로 거슬러 올라가는 것으로서, 대부분의 근대과학의 창시자들이 자연에 대한 기본관념으로 수용한 것이다.

탈목적론이란 과학의 대상인 자연에서 정신적 관념인 목적성을 배제해야 한다는 것이다. 탈목적론은 기계적 결정론의 자연스러운 귀결이며, 자연에 인간에게서와 유사한 정신적, 합목적적 행위능력을 인정하는 아리스토텔레스의 목적론적 자연개념을 거부하

60) 패러다임이란 원래 미국의 토머스 쿤(Thoms Kuhn)이 1962년 그의 역저 "과학혁명의 구조"에서 주장한 개념이다. 흔히들 "코페르니쿠스적 전환"이라는 말을 쓴다. 이것이야말로 당대의 천동설을 뒤엎은 지동설의 개가이자 패러다임의 대전환이다. 뉴턴의 "만유인력"이나 아인슈타인의 "상대성 원리"도 패러다임 변혁의 예가 될 수 있다. 두 과학자의 업적들은 이전의 과학적 유산을 점진적으로 발전시킨 소산물이 아니다. 질적으로 그 이전과 이후를 단절시키는 획기적 계기가 되었다. 즉 과학의 발전이 전통 과학자들이 생각한 것처럼 새로운 지식이 차곡차곡 쌓여 누진적으로 이루어지는 것은 아니라는 것이다.

는 것이다. 데카르트는 영혼과 몸을 각각 정신적인 것과 물질적인 것으로 대치시켰다. 데카르트는 영혼과 몸을 “사유하는 것”(res cogitans)와 “연장하는 것”(res extensa)으로 구분하였는데, 인간의 몸을 복잡하고 생동력 있는 기계로 묘사하고, 영혼을 의지와 오성, 의심과 상상력 등을 모두 포함하는 사유작용이라고 규정한다. 데카르트는 인간이 자연을 조정하고 착취할 수 있다는 기계론적 자연관을 철학적 체계로 구축하고 과학적으로 승인한 대표자이다. 데카르트에 있어서 물질세계는 하나의 기계였으므로 그 안에는 정신, 생명, 목적이 존재하지 않는다. 따라서 자연은 기계적 법칙에 따라 움직이며 물질세계의 모든 것은 각 부분의 배열과 운동으로 설명 가능한 것이었다. 이러한 탈목적론적 사고는 근대과학의 발생의 가장 핵심적인 사상이며, 그것은 자연을 객체화하고, 자연물에 어떤 생명권도 인정하지 않음으로써 생명체의 기술적 조작을 정당화하고, 자연의 파괴와 살생에 대해 어떤 윤리적 의식도 가지지 않게 하는 기술지향적이고 반생명윤리적 태도의 근거를 제공하는 것이다.

실증적 방법이란 경험적으로 엄격히 정당화될 수 있는 주장만이 과학적 진리로 인정된다는 것이다. 또한 서술적 방법이란 과학은 경험적으로 확인될 수 없는 자연의 궁극적 원인에 대해서는 언급하지 않아야 한다는 것이다. 과학의 과제는 관찰될 수 있으며, 수학적으로 측정 가능한 자연의 현상방식을 단순히 서술하는 것이다. 이러한 두 가지 방법은 진리의 경험적 정합성을 요구하고, 과학적 인식에서 사변적인 요인을 배제할 것을 요구하는 것인데, 이 방법들은 오로지 지각가능하며 수학적으로 측정 가능한 것만을 물리적 실재로 규정하는 준칙으로 통용되어 오고 있다.

실용성이란 과학의 궁극적 목적은 과학법칙의 기술적 이용을 통해 인간의 물질적 복리를 증진시키는 데 있다는 것이다. 실용주의가 등장하는 배경은 중세과학의 사변성에 대한 비판과 더불어 과학적 지식의 실용성에 대한 주장에서 나온 것이데, 그것은 위의 기계적 결정론과 탈목적론이라는 두 관념과 더불어 자연은 인간의 기술적 이용의 대상으로서의 가치만 지닌다는 식으로 자연의 기술적 효용성을 절대화하고, 과학의 의미를 단순한 지식이나 기술로 축소시키는 근거가 되는 것이다.

가치중립주의란 과학적 연구는 어떤 종류의 가치판단, 예를 들면 사회윤리적, 종교적 가치판단으로부터도 자유롭고 단순히 인식의 문제에만 관여해야 한다는 것이다. 가치중립주의는 과학적 연구가 인식의 발전을 위해 종교적이고 정치적인 이데올로기로부터 자율적이기를 요구하는 목적으로 주장된 것이다. 그러나 이것은 오늘날 인식과 가치의 분리라는 식으로 부당하게 일반화되어, 과학자가 그의 과학적 연구에 의해 야기될 사회적 결과에 대해 책임의식을 가지지 않아도 된다는 식의 생각을 정당화하고, 그럼으로써 과학적 지식의 파괴적 이용 가능성을 간과하는 요인이 되었다.

과학적 합리주의란 인간의 모든 문제는 궁극적으로 과학적 지식에 의해 해결될 수 있다는 것이다. 과학적 합리주의는 근대 과학적 방법과 가치관을 합리성의 절대적 기준으로 규정하고, 과학이 물질적 문제뿐만 아니라 정신적 문제 등 모든 문제를 해결해 줄 수 있다는 과학에 대한 맹목적인 믿음을 낳았으며, 과학기술에 의한 물질적 풍요가 마치 행복의 척도인 것처럼 오도하는 요인이 된다. 그러나 우리는 과학적으로 해결할 수 없는 것이 얼마나 많은지를 알고 있으며, 과학이 모든 삶의 척도로 되고, 삶의 모든 영역이 과학적 체계에 따라 조직되는 가운데, 인간은 정신적으로 오히려 빈곤해짐을 인지하고 있는 것이다. 또한 과학적 합리성이 정치사회적 사고의 절대적 기준으로 성립 할 때, 대중적 의사표현과 비판이 배제되고 소수 과학기술집단에 의한 사회통제가 정당화된다.

이러한 패러다임들을 토대로 하여 성립한 근대과학은 인간중심적이며 기술지향적 과학으로 규정될 수 있다. 그러나 이 관념들은 바로 현대가 직면하고 있는 환경 문제의 근본적 원인이 되는 것으로 판단된다. 과학기술이 친환경적이고 생태적으로 되기 위해서는 지금까지 우리가 당연한 것으로 받아 들여왔던 이런 관념들에 대한 비판과 더불어 과학기술과 인간적인 삶에 대한 근본적인 재고와 새로운 패러다임의 모색이 요구된다. 이를 테면 자연을 단순히 물질의 기계적인 합성체로, 비주관적인 객체로만 규정하는 것은 정당한가, 자연은 단순한 이용의 대상으로서 만의 의미를 가지는가, 생명이란 무엇인가, 인간이외의 생명체도 유사한 생명권을 가질 수 없는가, 인간은 생명체를 조작할 권리를 가지는가, 친환경적이고 생태지향적인 과학이 가능한가 하는 질문들이 심도있게 논의되어야만 한다.

* 주어진 텍스트를 요약하여 쓰고, 자신이 쓴 글을 간명하게 나타내는 개요도를 그려보자.

미래과학기술에 관한 소고

16~17세기 근대과학의 탄생과 함께 과학은 엄청난 속도로 발전해 왔다. 19세기 말 과학의 이념은 기술의 실용성과의 자연스러운 만남을 통해 과학기술이라는 개념으로 변모하게 되었다. 20세기 후반에 접어들면서 과학기술은 국가권력의 통제 아래에 '중앙 집중화', '거대과학화(big science)', '이데올로기'에 의해 주도되는 모습이었다. 2차 대전 중의 핵무기 개발을 필두로 하여 핵발전, 우주탐사계획, 거대 입자가속기, 핵융합 등이 이러한 과학기술을 대표하는 것들인데, 이 과학기술들은 대부분 냉전이라는 이데올로기의 산물로 국가 주도로 시작되었고 정부-기업-대학이라는 복합체에 의해 추진되어왔다. 예를 들어 핵발전이나 우주탐사는 모두 냉전시대의 미소경쟁에서 거대과학기술을 통해 자국과 자기 체제의 우월함을 보여주려는 의도를 가진 것이었고, 또한 핵미사일 개발계획과 밀접한 연관을 가진 것이었다.

20세기 말에 접어들면서 냉전이 종식되자 과학기술에도 변화의 바람이 일기 시작했다. 변화를 가장 잘 나타내는 것은 미국 국방성 '아르파넷'이 개방되어 민간용 인터넷으로 개발되었다는 것, 그리고 개인컴퓨터(pc)가 개발되어 각 개인에게 널리 보급되었다는 것이다. 냉전이데올로기로부터 자유롭지 못한 국가주도의 우주탐사계획은 규모가 축소되었고, 그 대신 민간용 위성 개발계획은 크게 확대되었다. 이러한 변화의 특성은 과학기술의 거대화, 중앙집중화가 약화되고 규모의 축소와 분산화로 나아간다는 것이다. 물론 거대 과학기술도 여전히 존재하기는 하지만, 이것들은 이제까지 지켜왔던 과학기술의 중심 자리에서 밀려나고 그 대신 규모가 작지만 분산적인 과학기술이 서서히 중심의 자리를 향해 밀려오고 있다.

21세기 과학기술이 20세기 과학기술에 비해 분산적으로 추진되고 있고 중앙집중적인 성격을 지니지 않은 것은 사실이지만, 우리가 이들 과학기술에서 반드시 주목해야 하는 한 가지 중요한 특성은 이들이 서로서로 연결된 네트워크형 과학기술의 성격을 지니고 있다는 것이다. 전력기술은 전선망을 통해 네트워크를 이루고 있고, 개인컴퓨터는 인터넷이라는 정보통신망의 네트워크에 연결되어 있으며, 유전자 연구기술도 분산적으로 이루어지는 것처럼 보이지만 실은 인터넷을 통해 전 세계에서 유전정보와 유전자 연구결과가 소통되는 일이 없이는 수행이 불가능하기 때문에 네트워크형 기술의 도움 없이는 불가능한 성격을 가지고 있다고 보아야 한다. 이와 같은 과학기술의 네트워크형 기술로의 변모는 21세기 과학기술이 국지적으로는 분산적이고 규모가 작은 과학기술처럼 보이지만 전지구적으로 볼 때는 거대 입자가속기나 핵융합로와 달리 실체를 잡기는 어렵지만 어쨌든 대단히 커다란 무엇이라는 것을 암시한다.

지난 20세기는 과학기술에 있어서도 비약적인 발전과 커다란 변화가 진행되었던 시기였다. 이제 미래과학기술은 우리에게 어떠한 모습으로 다가올 것인가? 과거와 마찬가지로 지속적으로 발전하리라는 것은 분명하지만, 몇 가지 새로운 모습을 보이게 될 것으로 예측된다.

첫째, 자연의 궁극을 밝히려는 환원주의적 경향의 과학 연구보다는 실용적인 응용과 관련된 분야가 더욱 활기를 띨 전망이다. 20세기가 양자역학과 상대성이론으로 대표되는 '환원주의적 물리학'이 대세를 이룬 시대였다면, 이러한 조류는 갈수록 쇠퇴하고 미래는 생명과학 등의 시대가 되지 않겠느냐는 예측이 나왔던 것도 이 때문이다. 농업 분야에서 유전공학의 응용이 지속적으로 확대되고 있으며, 1990년부터 시작된 인간게놈 프로젝트는 인간유전체의 구조뿐만이 아니라 그 기능을 해명하는 더욱 야심에 찬 연구로 발전해서, 전 세계에서는 미래에 높은 부가 가치가 예상되는 이 부분에서 치열한 연구개발 경쟁이 벌어지고 있다. 20세기 말에 세상을 놀라게 했던 체세포 복제 기술은 무분별한 생명 조작과 이에 따르는 윤리 문제의 중요성을 일깨워주면서 앞으로 우리 사회에 엄청난 영향을 미칠 것이다. 한편 미래에는 노화에 대한 비밀이 밝혀져 영원한 젊음을 유지하려는 인류의 오랜 꿈이 실현될 것이다. 또한 장기 이식이 보편화되고 인공 장기도 개발되며, 각종 첨단 진단 장비가 개발되어 인간의 수명 연장에 기여할 것으로 전망된다.

둘째, 미래과학기술의 동향은 고도의 기술력을 근간으로 하여 정보통신(IT), 생명과학(BT), 나노과학기술(NT) 위주가 될 것이며, 학문적 측면에서는 여러 학문 분야를 포괄하는 다중 학습적(multi-discipline) 또는 학문간 학습(inter-discipline)의 시대가 될 것으로 예상된다. 기초과학과 응용공학, 기술의 경계가 갈수록 엷어지고 구분이 어려워질 뿐 아니라, 여러 분야가 융합되는 '학문 분야 간 연구(Interdisciplinary Study)' 가 일상적인 연구의 형태로서 자리를 잡을 것이다.

셋째, 미래에도 남달리 탁월한 과학기술자들의 뛰어난 활약은 여전히 지속되겠지만, 과거 뉴턴이나 아인슈타인과 같은 몇몇 천재적인 '슈퍼스타' 들에 의해 과학전체가 좌우되는 모습은 아마도 보기 힘들게 되지 않을까 싶다. 이와 관련해서 어떤 사람들은 이미 "과학계에서 영웅시대의 종언"을 예측하기도 한다. 따라서 과학기술자들은 예전의 과학자들처럼 자연에 내재하는 비밀을 푸는 열쇠의 역할을 하는 이론을 찾는 일에 몰두하기 보다는 기술력 개발에 모든 역량을 투입하고 있는 것이 사실이다.

우리는 현재 과학기술의 새로운 르네상스 시대에 들어서고 있다. 16세기의 르네상스가 가능하였던 큰 요인의 하나는 중세까지의 암흑시대를 벗어나서 레오나르도 다 빈치로 대표되는 바와 같이, 철학, 예술, 과학, 공학이 동일한 지적 원리로 통합되어 창조와 변혁에의 활발한 정신을 공유하였기 때문이었다. 인문학, 예술, 과학, 기술이 융합되어서 시대를 뛰어넘는 새로운 아이디어와 과학기술적 산물을 내었던 것이다. 미래과학기술의 발전과 인류문화의 발전을 위하여 이러한 수렴적이며 융합(hybrid)적이고 전체적(holistic)인 접근이 지금 절실히 요청되고 있는 것이다. 과학기술과 문화의 각 분야들이 더 이상 낱개로 쪼개지거나 이분법적으로 경계 지어지고 연결이 안 되어서 어느 한 분야만 발전되어서는 효율적인 발전이 이루어질 수 없으며 결국은 발전에 한계가 빠르게 드러나게 될 것이다.

아울러 과학기술의 객관성 및 가치중립성에 대한 전통적인 신념이 다소 약화되면서 과학기술의 사회적 성격에 대한 논의가 활발하게 진행되어 왔다. 또한 과학기술의 사회적 영향력이 커지면서 과학기술에 대한 대중의 관심이 높아졌고, 과학기술 분야에서도 대중의 영향력이 증대되고 있다. 최근 인간 복제를 둘러싼 생명 복제 문제, 국가 및 기업의 연구개발의 방향, 환경 문제에 대한 대중의 관심이 높아지고 있는 것도 이런 변화와 밀접히 연결되어 있다. 20세기 과학기술이 우리에게 항상 밝은 모습만을 보여주지 않았듯이, 미래과학기술도 인류를 위해 공헌할 것인지 아니면 인류를 파멸로 몰아넣을 것인지는 아무도 모른다. 또한 과학기술자들로 하여금 자유롭게 연구하고 과학적 탐구 의욕을 높이게 만들어 주면서도, 다른 한편으로는 과학기술이 이룩한 성과가 특정 계층의 전유물이 되는 것이 아니라 인류 모두에게 혜택이 가게 하는 분배적 정의가 실현되어야 할 것이다. 이를 위해서는 과학기술자들의 사회적 위치를 높이고, 과학기술을 올바르게 활용하는 사회적 가치관을 분명하게 확립하며, 과학기술자들 스스로도 사회적 책임 의식을 재고하는 일이 무엇보다도 시급하다고 하겠다.

* 주어진 텍스트를 요약하여 쓰고, 자신이 쓴 글을 간명하게 나타내는 개요도를 그려보자.

우주선 윤리

우주선윤리(spaceship ethics)란 우리가 살고 있는 지구를 우주선에 비유하여 환경문제에 윤리적으로 접근해가는 것을 의미한다. 우주선윤리를 주장하는 대부분의 학자들은 인류와 자연이 서로 분리해서 생각할 수 없는 친밀한 관계에 있으며 인류 혹은 자연이 서로 다른 쪽을 지배하거나 손상할 수 있는 관계가 아니기 때문에 어느 한 쪽에 우월성을 부여하는 것은 불가능하다는 입장에서 출발한다.

그 중에 대표적인 학자가 '우주선윤리' 라는 논문을 발표한 환경윤리학자 프레이세트(Schrader Frechette)이다. 그는 우주선이 인간과 환경의 관계를 나타내는 하나의 상징이 된 것이 1965년도 미국의 UN대사 스티븐슨(A. Stevenson)의 '작은 우주선[61]' 이라는 제목의 연설에서 유래되었다고 주장한다. 그 이후 풀러(R. Buckminster Fuller)는 그의 저서 『매뉴얼Manual』을 통하여 우주선윤리를 본격적으로 발전시켰다. 그에 따르면 지구는 지름이 겨우 8000마일인 우주선이라고 가정하여, 이 우주선에 에너지를 공급하는 모선에 해당하는 태양이 지구에서 9,200만 마일 떨어진 곳에 있고, 매 시간 약 6만 마일의 속도로 태양의 주위를 비행하고 있다. 이 우주선이 너무도 정교하게 만들어져 있기 때문에 인간들은 그곳의 승무원이 된 이후 약 200만 년 동안 우주선에 타고 있다는 사실을 알지 못했다. 엔트로피 증대 현상에 따라서 모

61) 지구는 작은 우주선에 불과하며 이대로 나간다면 어느 날에는 석유를 비롯한 각종 천연자연이 고갈되고 우주선 지구호의 미래는 위기를 맞게 될 것이라고 우려를 표명했다.

든 물리적 시스템은 에너지를 상실하게 되지만 인간의 생명은 우주선에서 재생을 거듭해왔다. 지구상의 식물이나 바다 속 해초들은 광합성을 통하여 인간들을 위한 재생 에너지를 저장해왔고 동물들은 이러한 식물을 먹고 살아왔으며, 인간들은 다시 이 동물들로부터 우유와 고기라는 것을 섭취하게 되었다.

그러나 풀러는 오늘날 우리가 직면하고 있는 환경문제의 위기를 다음과 같이 진술하고 있다. "분명히 우주선 지구호는 독자의 내적 유지 시스템을 갖고 있다. 그러나 이 사실에도 불구하고 현재에 이르기까지 인간은 탑재된 에너지 교환구조를 오용하여 오염시켜왔다. 그것은 우주선내에서 생명을 재생시키는 일이 점차로 어렵게 되는 데까지 이르고 있다. 자동차를 움직이려면 어떻게 해야 하는지 알고 있지만, 우주선 지구호가 원활하게 비행을 계속하려면 어떻게 해야 좋은지 알고 있는 사람은 환경위기가 표시하고 있는 바와 같이 거의 없다."

풀러의 이러한 진술은 비교적 간단하게 표현되어 있지만 우리가 지구환경을 위해 어떻게 해야 할 것인가 하는 함축적인 의미를 명백하게 제시하고 있다. 결국 우리가 우주선 지구호의 조종방법을 알지 못하게 된 이유는 우주선의 풍부한 기능이 제공하는 안전성이 너무도 정교하기 때문이다. 그러므로 지구상에 자원과 부가 충만하기에 인간은 그것을 개발하여 행복을 증진시켜야 한다는 "프론티어윤리[62]"나 정의 실현의 완전한 파국이 아니면 공멸의 딜레마에 빠진다는 "구명보트윤리[63]"는 유지될 수 없으며,

62) 카우보이로 상징되는 프론티어의 윤리는 자연의 지배자로서의 인간 윤리로 오늘날 심각해진 '지구의 환경 위기'를 초래한 원인이라 하여 비판받는다.

63) 구명보트의 윤리는 이미 폭풍우를 만난 구명보트에 탄 사람이 살기 위해서는 다른 사람을 타지 못하게 해야 하고 다 태우자니 모두 죽게 되어 정의실현의 완전한 파국이 아니면 공멸의 딜레마에 빠진다는 윤리이지만 근본적으로는 인간 중심이 아닌 환경 중심의 윤리라고 생각된다.

새로운 우주선윤리로 대치되어야 한다는 것이다.

지구는 태양의 방사에너지에 의존하고 있지만 실제의 우주선과 마찬가지로 상대적으로 닫혀 진 체계이다. 지구나 실제의 우주선은 모두 유한하며 따라서 그 우주선상에서의 활동도 제한이 되며 양 쪽 모두 승객이나 자원의 탑재능력에 한계를 갖는다. 결국 우리가 유한하게 닫혀 진 우주선에서 살아남기 위해서는 보존과 절약을 실천하지 않으면 안 된다. 수십억 년에 걸쳐 보존하여 온 결과로 축적된 자원을, 우주의 역사에서 말하면 '순간'에 사용해버리는 우행을 범해서는 안 된다. 좀 더 구체적으로 살펴보면 우주선내에 인류는 더 이상 고갈될 수밖에는 천연자원을 사용해서는 안 되며 바람, 파도, 물 등 매일 태양으로부터 유입되는 방대한 에너지에만 의존해야 한다. 즉 에너지원을 소유하겠다는 의식에서 빌려 쓰겠다는 의식으로의 전환을 말한다. 사실상 우주선윤리가 추구하는 바는 대부분의 소유형태에 관해서 우리들이 지니고 있는 시대에 낙후된 습관을 모두 털어 버리게 한다. 단순한 형태의 자재를 사용함으로써 리사이클이 가능해지고 또한 그로 인해 개인은 물건의 소유에 대한 구태의연하고 번거롭고 비경제적인 습관으로부터 자유롭게 되는 것이다. 이러한 윤리를 실행에 옮기면 인간은 스스로 인격적 자기를 물질에 구속하는 억압으로부터 해방된다는 것이다.

* 주어진 텍스트를 요약하여 쓰고, 자신이 쓴 글을 간명하게 나타내는 개요도를 그려보자.

환경보호운동과 생태운동

19세기 말에서 20세기 초쯤에 미국에서 현대 환경운동의 시조로 볼 수 있는 국립공원이나 동물보호구역 등이 설정하기 시작했다. 이러한 움직임은 오늘날의 생태운동과는 사뭇 다르다. 그 이유는 국립공원이나 동물보호구역을 설정하는 등의 움직임의 동기가 순전히 자연을 보호하겠다는 생각에서 출발했다고 볼 수 없고 보다 효율적으로 자연을 이용하고 관리하겠는 생각에서 출발했기 때문이다. 좀 더 자세히 들여다보면, 당시 미국의 환경보존운동은 사냥을 좋아하고 즐기는 사람들이 사냥감이 되는 동물들을 자연에서의 천적이자 경쟁자인 다른 동물들로부터 보호 하고자 하는 목적에 상당히 큰 비중을 두고 있었다. 더욱이 농작물을 먹어치우는 해충이나 가축을 해치는 육식동물은 물론, 방목동물의 먹이경쟁 상대인 초식야생동물들을 구제하자는 노력들이 함께 펼쳐졌었다. 이것은 그 사람들의 시각에서 보았을 때 해로운 동물들을 박멸함으로써 자연과 심지어 인간사회를 정화하자는 슬로건 아래 자연의 정화에 대한 논의로 이어지는 "혁신운동"의 일부였음을 보여준다.

20세기 초의 환경에 대한 인식에 비해서 1970년대 환경운동의 근저에는 분명 강한 목가적 자연, 즉 소박하고 평온한 시골풍경과 같은 자연과 같은 것에의 동경이 있었다. 이러한 배경에는 그 당시의 위기감이라고 할 수 있는 에너지 문제, 인구문제를 비롯해서 우주선으로부터 바라본 푸른 지구의 연약한 모습을 사진으로 보고 난 후 사람들이 느꼈던 두려움이 있었다. 게다가 1960년대 후반에는 각종 사회운동—흑인민권운동, 여성운동, 반전, 반문화 등 자유주의와 진보적인 이념과 활동들—이 활발했던 시기로서 이러한 격동에 대한 중산층의 불안감과도 그것과 무관하지 않는 것처럼 보인다. 초기 환경운동을 통해 열린 현대, 즉 생태운동의 시대는 이러한 역사적 배경에 반응하는 사람들의 도덕관, 가치관, 열망이나 두려움의 결과이기도 했다. 그래서 이러한 생태운동의 역사는 인간과 자연 사이의 관계에 대한 두 경쟁 상대들, 즉 보전된 자연의 내재적이고 본질적 가치를 찾아내려는 쪽과 자연을 도구화하고 이용할 방법을 추구하는 입장 사이의 갈등의 역사로 비춰진다.

자연을 바라보는 관점 가운데는 인간중심주의적 관점과 생태중심주의적 관점이 있다. 전자는 인간이 다른 모든 존재나 생명체와 본질적으로 다르고 우월하며 고귀하다는 관점이다. 따라서 이 관점에서는 인간이 다른 모든 존재나 생명체를 자신의 목적을 위한 도구나 재료로서 소유하고 지배하고 개조하고 이용할 권리를 갖고 있다고 믿는다. 이러한 인간중심주의적 관점은 인간을 자연의 일부로 보지 않으며, 자연을 인간의 목적 대상으로 자연을 본다. 후자는 인간이 다른 생명체와 마찬가지로 본래 자연의 일부이라고 본다. 그렇기 때문에 인간은 자연을 초월한 우월한 존재라고 말할 수 없고, 인간뿐만 아니라 생태계의 모든 구성원이 본래 고귀하다. 따라서 생태중심주의적 관점은 인간이 자연을 오직 인간만의 목적으로 마음대로 지배하거나 착취할 수 없다는 믿는다.

최근에는 자연과 인간을 이분법적으로 나누어 보는 관점에 대한 강한 비판이 일고 있다. 이러한 입장에 서 있는 사람들은 인간의 손이 미치지 않은 자연, 즉 야생의 보전을 주장하면서 인위적인 자연의 상태를 낭만적으로 동경하는 태도를 비판적으로 바라본다. 이러한 비판의 배후에는 자연에 관한 여러 개념들이 결국 인간이 만들어 낸 것이라는 인식이 있다. 그러나 인간이 만들어 낸 자연의 개념이라고 해서 인간이 어떠한 자연의 개념이든지 만들어 낼 수 있는 것은 아니다. 실재로 자연은 여전히 인간이 만들어 낼 수 있는 자연의 모양새를 강하게 결정 또는 제한한다. 그리고 또 자연이란 인간이 만든 개념이라는 인식 자체가 이미 우리가 인간과 자연을 구분함이 무의미하다고 느낄만한 분위기 속에서 살게 되었기 때문일지도 모른다.

생태운동에 내재되어 있는 이러한 생각들은 자연 속에서 인간이 경험하고 체험하는 객관적 실재가 반영되어 있음은 당연한 일이다. 그래서 생태운동에 대한 인식은 그것 자체가 사회문화적 배경에 따라 나타나는 역사적 산물이라는 사실이 설득력 있게 보인다. 생태운동의 소박하고 순수한 동기에도 이미 인간사회의 입김이 개입되어 있기에 이러한 문제에 대한 논의에 세심한 주의가 필요하다고 본다. 다시 말하면 환경운동이든 생태운동이든 간에 양쪽 모두는 그것들에 대한 역사적 반성과 더불어 사회, 문화, 경제를 포함하는 여러 분야에서의 조망과 함께 어울려져야 할 것이다.

* 주어진 텍스트를 요약하여 쓰고, 자신이 쓴 글을 간명하게 나타내는 개요도를 그려보자.

과학과 기술과 공학

일반적으로 우리가 살고 있는 시대, 즉 21세기를 과학기술의 시대라고 한다. 그만큼 과학기술이라는 말이 우리의 생활과 삶을 영위하는 과정에서 알게 모르게 우리들의 생활에 깊숙이 간여하여 그 비중이 높아진다는 의미로 해석되지만, 다른 한편으로 우리가 생각하는 방식이나 자연과 사회를 바라보는 관점에까지 과학기술이 매우 깊고 폭 넓은 영향을 주고 있다는 뜻으로 이해되기도 한다. 그렇기에 오늘날 과학기술로부터 자유로울 수 있는 사람은 아무도 없다. 이처럼 과학이 중요한 의미를 갖기 때문에 자연스럽게 과학, 또는 과학적이라는 말은 상당한 권위를 갖게 되었다. 그러나 그 과정에서 과학과 기술이라는 말들과 관련된 여러 가지 잘못된 생각들이 나타나고 있다는 것도 주목할 만한 일이다.

실제로 우리나라에서는 과학과 기술이라는 말이 뚜렷한 구별 없이 사용되고 있으며, 기술이 곧 과학이라고 믿는 경향이 나타날 뿐만 아니라 그런 믿음을 토대로 정책이 수립되기도 한다. 겉으로는 과학발전이 중요하다면서 국가지원 예산을 늘린 후 실제로는 기술개발사업을 지원하는 경우가 한두 가지가 아니다. 또 지나치게 앞서가는 기술발달로 문화발전에 역효과가 있다고 비판하면서 기술을 탓하지 않고 과학이 너무 발전하기 때문이라고 하기도 한다. 그렇기에 과학기술부 정책지원의 대부분은 기술에 치우쳤고 과학지원은 미흡하다.

우리는 과학, 기술 그리고 공학을 구별해야 한다. 단적으로 말해서 과학이란 "무엇을 만드는지" 모르면서도 "무엇인가 새로운 것을 알아내는 것"이다. 그러나 여전히 "어떻게 만드는가"는 모르는 상태에 있다면, "어떻게 만드는가"는 기술이라고 할 수 있다. 게다가 똑같은 자연현상을 보는 시각에 따라서 학(學)이나 술(術)이 될 수 있다. 밤하늘의 별을 다루는 학(學)은 천문학이고 술(術)은 점성술이다. 이렇게 자연과 사물(事物)의 이치(理致)를 깨닫고 터득하면 생활에 쓸모 있는 "무엇을 만드는" ' 연구를 할 수 있다. 이것이 바로 공학이다.

좀 더 구체적으로 과학과 기술 그리고 공학을 구별하여 정의를 하자면, 과학은 자연세계에서 보편적 진리나 법칙의 발견을 목적으로 하는 체계적 지식이라고 할 수 있다. 과학을 뜻하는 영어 단어 science는 지식이라는 뜻의 라틴어 scientia에서 왔으며, 이는 '안다'(I know)는 뜻의 접두사 scio-에서 나왔다. 이는 또다시 '분별하다' 혹은 '구분하다'라는 뜻의 인도-유럽 어근에서 나왔다. 좁은 의미로는 과학은 모두 자연과학을 뜻한다. 즉, 과학은 어떤 가정 위에서 일정한 인식목적과 합리적인 방법에 의해 세워진 광범위한 체계적 지식을 가리키는 동시에 자연연구의 방법과 거기에서 얻어진 과학지식이 축적되어 온 까닭에 자연과학과 같은 뜻으로 쓰인다. 그리고 과학은 경험적 사실을 토대로 하여 성립되기에 경험과학이기도 하다. 1800년대에 자연 과학(natural science)이라는 명칭은 고대부터 확고히 자리 잡고 있던 자연 철학(natural philosophy)이라는 명칭을 대체하게 되었다. 자연과학은 점차 물리학과 생물학 등의 현재 존재하는 분야들로 세분화되었다.

'과학'이 객관적이고 합리적인 방법으로 자연, 인간, 사회의 현상을 탐구하는 학문이라고 규정되어 질 수 있다면, '기술'은 실질적 유용성과 실현 과정을 중시하여 자연, 인조물, 서비스를 변형하거나 생산하는 활동 또는 수단을 일컫는다. 즉, 어떤 것을 만들거나 어떤 일을 하는 데 필요한 기법에 대한 체계적 연구인 것이다. 영어의 테크놀로지(technology)는 '기예'(art)나 '기능'(craft) 또는 솜씨를 뜻하는 그리스어 '테크네'(techne)와 '말'이나 '담화'를 뜻하는 '로고스'(logos)가 합해져서 만들어진 것이다. 기술은 과학과는 달리 자연을 통제하고 이용하고자 하는 분명한 목적을 가지고 출발하였다. 기술은 "물리적인 환경을 소재로 인간의 생존과 평안을 위해서 무엇인가를 만드는 행위", "인간의 생존과 평화를 위해서 물질적인 대상을 만드는 사람들의 총체" 등으로 정의되어 왔다. 생존을 목적으로 하는 기능적 행위라는 측면에서 기술의 기원은 생존 본능으로부터 찾아볼 수 있다. 인간이 손을 사용하여 도구를 만들고 도구를 이용하여 목적을 달성하는 행위로 기술의 범위를 한정할 필요가 있다. 따라서 기술이란 "인류의 생존 및 복지증진을 위해 환경을 제어하는 물리적 수단"이라고 정의할 수 있겠다.

그러나 기술(technology)은 시행착오와 같은 단순한 경험들에 의해 개발되고, 이론이 아닌 어떤 비법과 숙련을 통해서만 전수되는 기술(technique)과는 구별된다. 기술(technique)은 과학이 없어도 인류의 탄생과 함께 생존을 위해서 존재하였으며, 따라서 과학이 없이도 존재한다. 그러나 이 기술(technology)이라는 개념은 '기술에 관한 이론 체계로서의 학'이란 의미에서 단순한 경험 축적에 의해 개발되는 기술(technique)과 구별되며, 동시에 현대의 자연과학과 마찬가지로 거대한 이론적 지식체계를 가지고 있다는 의미로 사용되고 있다. 이 개념은 동시에 자연과학의 이론과 방법을 이용하여 어떤 제품을 생산하는 것만을 의미하는 '공학(engineering)'과도 구별된다.

공학(engineering)의 어원은 라틴어의 인게니움(ingenium), 즉 발명 또는 천재의 소산을 뜻한다. 엔지니어(engineer)란 17세기의 화포장인들로서, 교묘한 무기를 발명하고 이것을 다루는 사람들을 가리켰고, 오늘날의 공학(engineering) 및 공학자(engineer)로 발전하였다. 어원에서 보듯이 공학이라는 용어는 초기에는 군사적인 용어로 사용되었으나, 산업 혁명 이후 발달하기 시작한 비군사적인 민간 활동이 금세기 들어 비약적인 발전을 보이면서 토목, 기계, 화학, 전기 등 모든 분야에서 광범위하게 쓰이게 되었다. 과학이 자연현상을 탐구하여 밝혀내는 과정이라고 한다면, 공학은 문제 해결 방안을 탐구하는 과정이라고 설명할 수 있다. 그래서 사냥을 좀 더 잘 하기 위해 활과 화살을 만든 사람도, 곡식을 담아둘 곳이 필요해 토기를 구워낸 사람도 엄연한 '공학자' 다. 인간이 일상의 불편함을 덜고 삶 속에서 부닥치는 문제를 해결하기 위해 고민하고 연구한 결과, 때로 삶 자체를 변화시키고 세상을 뒤바꿀 정도로 놀라운 일이 벌어졌다. 공학이란 과학적 지식과 기술적 수단, 그리고 인간의 지성과 감성을 총동원하여 가장 경제적인 방법으로 현실 사회가 요구하는 문제를 해결하는 종합학문이라고 정의할 수 있다. 그렇기에 공학은 과학과 기술을 적용(Apply)하는 것이며, 현실 문제를 해결하는 데 그 의의가 있다. 공학은 과학적 지식이나 기술적 수단을 총동원하여 인간이 직면하고 있는 현실적인 문제를 실제로 풀어 나가는 종합 학문으로서 문제 해결의 최종단계라고 할 수 있다. 따라서 공학은 실제적이고 능률적이며 동시에 경제적이어야 한다. 결국 '공학' 이란 '과학' 적 지식과 '기술' 적 수단, 그리고 인간의 지성과 감성을 총동원하여 가장 경제적인 방법으로 현실 사회가 요구하는 문제를 해결하는 종합학문이라고 말할 수 있겠다.

그럼에도 불구하고 오늘날 과학과 기술의 구분은 대단히 애매해져가고 있다. 그에 따라 과학과 기술을 구분한다는 발상법 자체가 유치한 것으로 평가되곤 하는데, 그럼에도 불구하고 과학과 기술은 이념으로서 그리고 지식 유형으로 분명히 구분될 수 있다. 그 구별의 원리적 근거는 본질적으로 추상적인 아이디어와 그것의 현실적 구현 사이의 간격이다. 아이디어는 상상의 공간에서 관념적으로 만들어지는 것인 반면, 아이디어를 현실 속에서 실현하는 일은 현실의 실질적인 메커니즘에 대한 이해와 조작 능력을 추가적으로 필요로 하기 때문이다. 공학적 응용을 위해서는 예컨대 나무에 대하여, 돌에 대하여, 쇠에 대하여, 바람에 대하여 실제로 알아야 한다. 이러한 관점에서 보면 과학과 기술의 여러 가지 차이들이 새삼 뚜렷이 보이게 된다. 과학은 아이디어를 결과물로서 내놓으며, 기술은 인공물을 내놓는다. 기술이 원래부터 현실에 거주하려는 인간의 본능적인 욕구와 관련된 수단으로 존재한다면, 과학은 세계의 체계적/이론적 이해라는 대단히 추성적인 욕구의 표현이다. 기술이 본능과 상식의 연장선상에 있다면, 과학은 특별한 문화적 산물이라고 보아야 한다.

* 주어진 텍스트를 참조하여 새로운 글을 쓰고, 자신이 쓴 글을 간명하게 나타내는 개요도를 그려보자.

과학기술의 이해의 중요성

한 조사에 의하면 미국인의 95퍼센트가 '과학 문맹'이며 70퍼센트는 과학적 방법에 대한 이해가 부족하다고 한다. 정의하기에 따라 다르겠지만 과학 문맹이란 과학에 관한 최소한의 상식도 부족하다는 뜻일 것이다. 한국의 상황도 크게 다르지 않을 것으로 보인다. 정보기술의 선진성을 자랑하는 한국인들을 과학 문맹이라고 몰아붙인다면 서운할지도 모르지만, 인터넷이나 컴퓨터를 잘 활용할 줄 아는 것과 과학 자체를 아는 것을 혼돈해서는 안 된다. 오늘날 세상의 수많은 사람들이 자연을 통해 주어지는 혜택을 향유하고 있지만 여전히 자연의 혜택을 모르고 있듯, 현대 과학기술문명의 혜택을 향유하고 누린다고 해서 그것이 곧 과학을 안다고 할 수는 없다. 이런 사실을 두고 볼 때, 현대인들이 우리들의 선조에 비해서 더 '과학적인' 사고방식과 행동양식을 지녔다고 속단하는 것도 조심스러운 일이다.

"과학, 그거 좀 모르면 어때? 그거 몰라도 이렇게 잘만 살고 있구먼."이라고 생각할 수도 있다. 문제는 현대 사회에서 과학이 차지하는 위치가 그렇게 간단하지 않다는 데 있다. 오늘날 과학은 더 이상 과학자들만의 유희거리가 아니라 현대 사회의 문화와 정치, 경제, 심지어 종교의 영역에 이르기 까지 매우 큰 영향력을 끼치는 '실체'이자 '힘'으로 자리 잡고 있다는 것을 부정하기 어렵다. 예를 들어 우리는 한 도시를 한 방에 날릴 수 있는 폭탄을 만들고 있고, 마음만 먹으면 노아의 홍수에 비견할 만한 재해 혹은 그 이상의 범지구적 재앙을 만들어 낼 수도 있다. 오늘날 우리는 일식, 월식, 혜성과 목성이 충돌하는 날짜와 위치를 귀신같이 정확히 계산해 내고, 인공위성을 통해 '태초에 있었던 빛'을 탐사하며, 유럽과 한국을 10시간이면 오갈 수 있고, 인류를 괴롭혀 온 수 많은 질병의 문제를 해결했고, 지금 이 순간에도 유전자 조작을 통해 만들어진 음식물들을 먹고 있으며, 전에는 신의 섭리에 속한 문제였던 출산을 피임과 인공수정을 통해 임의대로 통제하고, 우리의 마음에 들지 않는다고 해서 얼굴모양까지 서슴없이 바꾸며, 동물 복제에 이어 이제는 인간까지 복제하려고 나서고 있다.

그러나 다른 한편으로 과학문명의 발전은 무엇보다 천박한 경제논리에 영합하여 브레이크가 고장 난 트럭처럼 돌진하고 있다. 맨발로 다니던 아프리카인들이 신발 회사에서 공짜로 선물한 신발을 생각 없이 신고 다니다가 더 이상 맨 발로 생활할 수 없어 이제는 돈을 주고 계속 신발을 사 신어야 했다는 일화처럼, 과학문명이 주는 혜택의 세례를 분별없이 받아온 인류는 이제는 더 이상 옛날로 되돌아갈 길을 찾을 수 없게 되어버렸다. 싫든 좋든 이제 인류는 과학 문명이라는, 매우 유용하지만 동시에 전에는 인류가 한번도 경험해 보지 못한 매우 무겁고 위험한 짐을 짊어지고 가지 않을 수 없게 되었다. 자본주의에 종속되었으며 대중의 만족할 줄 모르는 탐욕에 시달리는 과학문명은, 누군가가 나서서 제동을 걸지 않으면 나 몰라라 하고 끊임없이 새로운 '상품'을 수단과 방법을 가리지 않고 '시장'에 내놓기 위해 혈안이 될 것이다. 상황이 이러하다면, 칼자루를 쥐고 있다는 기득권층, 즉 이 세상의 정치, 경제를 움직이는 사람들과 일반 대중에게 올바른 과학 지식을 심어주는 것은 인류의 생존을 위해서라도 매우 중요한 일이 되었고, 이는 현대 과학자들의 매우 중요한 책무이기도 하다.

실제로 1995년 영국 옥스퍼드 대학교는 『이기적 유전자』, 『눈먼 시계공』 등의 저자로 유명한 리처드 도킨스(Richard Dawkins)를 "과학의 대중적 이해"(Public Understanding of Science)라는 교과의 책임교수로 임명했다. 옥스퍼드 대학의 이러한 조치는 과학이 주도하는 세계를 일반대중이 이해할 수 있어야 하고, 그렇게 하도록 하는 역할은 과학의 주체인 과학자들에 의해 선도적으로 수행해야만 한다는 필요성과 당위성에서 출발한다.

이러한 과학의 대중적 이해는 과학기술의 미래를 이끌어갈 가장 중요한 추동력이 될 것이다. 과학을 대중적으로 확산하기 위해 필수적으로 여겨졌던 것이 "과학 쉽게 하기", 즉 "쉬운 과학"이라는 패러다임이다. 이는 과학을 이해하는 것이 비과학자인 일반대중에게는 어렵기 때문에 좀 더 친숙한 용어와 어법으로 생활 속의 예를 찾아 친절하게 설명해 줘야 한다는 논리이다.

그럼에도 불구하고 과학은 여전히 어딘지 모르게 낯설다. 과학기술이 '과학저널지즘' 이나 '과학문화' 라는 신조어를 통해 일반대중에 친근감을 갖고 다가간다 하더라도 대중에게는 여전히 어려운 것이다. 어떤 이들은 중고등학교 시절의 물리 화학 시간을 생각하면 과학에 대해 생각조차 하기 싫을 것이다. 뿐만 아니라 과학에 좀 흥미를 갖고 취미를 붙여보려고 노력하는 사람에게조차 과학은 가까이 하기에는 너무나 멀리 있다. 왜 그럴까?

가장 큰 원인의 하나는 과학의 언어가 일반 대중의 언어와 다르다는 것, 특히 물리학을 비롯한 많은 과학 분야가 종종 '수학' 이라는 언어를 사용한다는 것이다. 예를 들어 어떤 역사학자가 광해군이나 연산군에 대해 논한다고 해서 현대의 교양인들이 그의 말에 곧이 곧 대로 동의하는 일은 거의 없다. 조선 역사에 관한 책은 굳이 전문가가 아니라도 누구나가 읽을 수 있으며 더군다나 TV에서는 매일 생생하게 사극 드라마를 통한 시청각 교육을 제공하고 있기 때문에 역사학자들만큼의 통찰력은 없더라도 자기 나름대로의 논리와 의견을 제시하는데 아무도 어려움을 느끼지 못한다. 인문학, 사회학, 종교 등의 각 분야에는 이른바 '대중 전문가' 들이 넘쳐나고 있다. 그러나 과학에 오면 사정이 달라진다. 일반대중들이 현란한 수식이 난무하는 양자역학이나 상대성이론을 동원한 과학 논문을 이해한다는 것은 거의 불가능한 일이 되어버렸다. 오늘날의 수학은 서양 중세시대의 라틴어나 동양 전근대의 한문처럼 특별한 사람만이 소통할 수 있는 특별한 수단이 되어버린 것이다.

그러나 과학한다는 것은 실제로 그렇게 어려운 것이 아니다. '혹시나' 라는 질문을 던질 수 있는 사람이라면 누구나 과학할 수 있다. 이 '혹시나' 는 모든 것에 대한 회의를 의미할 뿐 아니라 동시에 새로운 가능성에 대해 항상 열려 있음을 뜻한다. 그렇기에 10퍼센트의 여백에 해당하는 '혹시나' 가 없으면 과학함도 있을 수 없는 것이다.

또한 과학함은 '겸손' 의 중요성을 깨닫게 해 준다. 과학자들은 언제나 '변화' 에 대비한다. 토마스 쿤이 '과학혁명' 이라고 일컬은 패러다임의 변화를 현장에서 몸으로 체험해온 과학자들은 현재의 정론이 10년 뒤에는 부정확한 것으로 판명되는 일들에 매우 익숙해져 있다. 인공위성과 전자 기술의 발전으로 전에는 없었던 새로운 관측결과를 끊임없이 얻고 있는 천문학 분야에서는 더더욱 이론적 가설들이 변화무쌍하게 진화한다. 그렇기에 과학자들은 끊임없이 '혹시나' 라는 질문을 던진다. 지금 이 순간에도 몇몇 과학자들은 아인슈타인의 일반 상대성이론에 '혹시나' 틀린 점은 없을까 하여 이에 관한 증거를 찾고 있는지도 모른다. 그러므로 과학자들은 아무리 자신의 모델이 성공적이라 해도 사용하는 어법이 매우 절제 있고 겸손하다. 예를 들면 말하자면, 과학의 전문적 논문에서 즐겨 사용하는 단어가 있다면 'suggest' 혹은

'propose'이다. 예를 들어 "Our results suggest that…"이라는 식이다. 누구도 함부로 "바로 이것이다."라고 말하지 않는다. 더욱 중요한 사실은 "이것이 진리다."라고 말하지 않고 매우 조심스럽게 suggest하는 것조차도 매우 충분한 과학적 근거 위에서 해야만 한다는 점이다.

* 주어진 텍스트를 요약해 보자.
** 위의 글에서 보완하거나 비판할 점을 찾아보자.
*** 위의 내용을 포함하는 새로운 글을 완성해 보자.
**** 자신이 쓴 글을 간명하게 나타내는 개요도를 그려보자.

"과학문화"란 무엇인가?

엄밀하게 따져보면 '과학'과 '기술'은 다른 말이지만, 우리는 그냥 붙여서 '과학기술'이라고 부르고 사용하고 있다. 역사적으로 보면 근대 이전에는 기술이 과학보다 우선시 되었으며, 과학과는 별개의 것이었다. 그래서 그 당시에는 과학에 대한 지식이 그리 많지 않은 사람도 다양한 기술을 이용할 수 있었으며, 과학은 단지 일부 학자들의 전유물이었다. 그러나 17세기경의 과학혁명을 통해 세계는 사변과 직관의 대상에서 측정과 조작의 대상이 되어 버렸으며, 그로 말미암아 자연에 대한 기술적 활용의 무한한 가능성이 열리게 되었다. 게다가 '과학'과 '기술'은 서로에게 충분히 필요한 상호소통의 길이 열리고, 계급적 성격에서 벗어나 마치 한 몸으로 합체를 이루게 되었다. 이제 '과학'은 '기술'을 통하여 우리의 삶 전반에 깊숙이 침투하게 되었다. 겉으로 보면 과학의 발견이 기술 발전의 필수조건이 되면서 과학이 기술 발전을 인도하는 것처럼 보이지만, 여전히 우리의 현실적인 삶에 영향을 주는 것은 '과학'이 아닌 '기술'이라고 볼 수 있다.

이러한 '과학'과 '기술'의 만남이 필연적으로 보였던 것처럼, 비교적 역사적으로는 짧지만 우리는 지난 몇 년간 '과학문화'라는 새로운 개념을 만나게 되었다. 게다가 '문화'라는 개념을 접미어로 붙여 복합어를 만들기를 좋아하는 사회적 분위기와 정부나 민간단체가 앞장서서 '과학'과 '문화'를 붙여서 '과학문화'라는 새로운 개념을 만들어냈지만, 이제 우리에게는 전혀 낯설지 않다. 그러나 '과학'과 '문화'는 서로 연관이 없는 것처럼 보일 수도 있다. 왜냐하면 과학이 수학적이거나 기계적으로 일정한 정형적인 틀의 기반 위에 있다면, 이에 비해 문화는 마치 물처럼 어떤 모양의 그릇에 담아도 그 모습을 자유롭게 변형할 수 있는 비정형적인 것이기 때문이다. 그러나 현대를 살아가는 우리에게 '과학기술'을 빼버리고 설명할 수 있는 분야란 거의 존재하지 않는다고 보아도 무난하다. 다시 말하면, '과학기술'이 오늘날의 문화, 사회, 경제발전에 지대한 영향을 끼쳤기에 '과학'과 '문화'는 서로 뗄 수 없는 관계를 맺으며 발전해 왔다는 것이다.

게다가 '과학'과 '문화'의 만남을 통해 과학만능주의나 과학주의적 편향을 극복하는 계기를 마련하게 되었고 인류 문명에 대한 '과학기술'의 가이드라인과 자연과학을 활용하는 올바른 가치관을 확립하는데 기여하였다고 볼 수 있다. 즉, '과학기술'이 발전함에 따라 자연에 대한 인간의 변형이나 조작 능력이 커지면서 인류에게 자연과학적 지식을 활용하는 데 있어서 올바른 가치관을 확립하는 일이 그 어느 때보다도 강조되고 있다는 것이다. 그리고 지구 전체를 뒤덮고 있는 환경문제 및 생명윤리문제 등 우리 주변에는 '과학기술'의 급속한 발전에 따른 여러 가지 사회적 문제가 부상하고 있기에 인류문명에게 올바른 가이드라인이 필요하며, 결국 '과학문화'에 대한 관심과 연구가 인류에 의해 활용되는 자연과학에 대한 올바른 가치관을 확립하는 데 기여할 것이다.

'과학문화'란 그 개념이 매우 추상적이지만, 한마디로 '사회구성원이 공유하는 과학기술적인 가치관, 신념체계, 태도, 행동양식 등의 복합체'라고 정의될 수 있다. 그것을 구성하고 있는 정신적 요소는 합리, 효율, 창의 그리고 혁신이다. 더욱이 좀 더 구체적으로 '과학문화'를 정의해보면, '과학문화'란 과학기술 발전을 위한 정신적, 문화적 토대로서 우리들의 삶의 양식에 깊숙이 관여하고 있는 '과학기술'과 관련된 가치의 총집합체라고 할 수 있다.

따라서 '과학문화'는 '과학기술'의 장기적 발전의 원동력이며, '과학기술'이 인류 문명 발전에 기여하기 위한 올바른 지침 역할을 하는 필수적 요소이다. 또한 '과학문화'는 물질적, 정신적 차원에서 과학기술 발전과 인류의 복지 및 삶을 연결시킬 수 있는 매개영역인 것이다. 게다가 '과학문화'에 대한 관심은 이제 단순한 과학대중화 차원을 넘어서 과학기술에 바탕을 둔 혁신주도형 사회 건설에 기여할 수 있다. 이러한 사회를 건설하기 위해서는 '과학과 사회의 대화(dialogue) 및 혁신적 사고'가 필수적이며, 이의 구체적인 정신적 기반은 '창의성(creativity)'이 될 것이다. 심지어는 '과학문화'는 자연과학과 인문학을 잇는 다리 역할을 하여 '과학기술'과 사회의 관계의 원활한 소통과 관련된 사회문제 해결과 종합적인 대책 수립에 기여한다.

그러나 현재 국내 과학기술계는 주로 각 분야의 지극히 전문적이고 단편적인 지식에만 관심을 가질 뿐, 자연과학이나 공학의 역사 혹은 이와 관련된 사상에 대한 연구 및 교육이 충분히 이루어지지 않고 있다. 때문에 우리나라 과학기술자들은 사물을 바라보는 전반적인 관점을 습득하는 데 큰 어려움을 느끼고 있으며, 실제로 그들이 사회에서 활동하는 모습을 보아도 매우제한적인 분야에 머물고 있는 형편이다. 외국의 과학기술자들은 과학 분야에서 업적을 쌓은 뒤 사회지도급 인사가 되어 정치, 사회의 모든 분야에서 활발하게 활동하는 것을 흔히 볼 수 있다. 하지만 우리나라의 과학기술자들에게는 이런 모습을 찾아보기가 상당히 힘들다. 과학기술자들 역시 사회에 대한 책임의식이 매우 박약한 실정이며, 21세기의 지식기반 사회에서 중요성을 더해갈 학제 간 연구를 할 때에도 많은 한계점을 보이고 있다. 이런 문제점을 극복하기 위해서는 과학기술자들에게 과학 전반을 종합적으로 바라보고, 과학과 사회를 총체적으로 이해할 수 있는 과학문화적 토대를 마련하는 일이 필수적일 것이다.

실제로 우리는 '과학과 기술의 시대'에 살고 있음에도 불구하고 많은 사람들이 현대의 과학과 기술에 대해서 아무런 관심이 없거나, 심지어는 극도의 거부감을 가지고 있는 것이 사실이다. 최근에 극심하게 나타나고 있는 '이공계 기피'도 그런 맥락에서 보아야만 할 것이다. 그렇다고 우리의 현실이 그렇게 암울한 것만은 아니다. 인문학자들에 의한 '과학문화'에 대한 진지한 담론이 시작되고 있는 것이 그 증거다. 선진국의 과학대중화 운동과 비교해 볼 때 우리나라 과학대중화운동은 아직도 많은 문제점을 내포하고 있다. 우리나라에서는 과학기술이 기타의 사회문화와 유기적 연결이 결여돼 과학기술이 법률, 관습, 사유 및 행동양식 등 다른 사회적인 요소와 따로 놀고 있다. 국민들의 과학마인드도 결여되어 있을 뿐 아니라 과학기술자의 사회적 책임의식도 결여되어 있다.

그러므로 우리나라에서도 과학기술의 지속적 발전을 보장하기 위해서는 국민문화로서의 과학문화가 창달되어야 한다. '과학문화'는 청소년중심 과학진흥사업에서 탈피해 사회지도층, 기성세대를 포함한 남녀노소 모두가 공유하는 문화가 되어야 한다. '과학문화'는 과학기술발전을 위한 올바른 가이드로서 과학만능주의나 반과학주의의 편향을 극복하고 올바른 과학마인드를 함양하는데 기여해야 한다.

결국 '과학문화'에 대한 역사적 관점의 연구는 '과학기술'의 발전 과정에 대한 올바른 이해를 통해서 '과학기술'의 역사에 대한 올바른 인식을 할 수 있게 하고, 결과적으로 미래의 바람직한 과학 발전 방향을 찾을 수 있다. 그리고 '과학문화'에 대한 철학적이고 윤리적인 연구는 과학기술 발전의 산물을 논리적으로 재구성하여 과학적 사고의 본질을 규명하고 과학을 생활화하고 대중화는 데 기여할 수 있다. 또한 '과학문화'에 대한 사회적 연구는 과학기술의 사회적 책임이 더욱 중요해진 상황에서 과학의 사회적 성격에 대한 충분한 이해를 통해 과학기술자로서 사회에 대한 책임 의식을 분명히 하고, 과학기술로 인해 야기된 여러 문제를 해결하는 데 기여할 것이다. 나아가 '과학문화'에 대한 깊이 있는 연구를 통해 얻어진 결과를 교육에 적절히 활용하여 실천하면 '과학문화'의 저변 확대에 기여할 수 있을 것이다.

* 주어진 텍스트를 요약해 보자.
** 위의 글에서 보완하거나 비판할 점을 찾아보자.
*** 위의 내용을 포함하는 새로운 글을 완성해 보자.
**** 자신이 쓴 글을 간명하게 나타내는 개요도를 그려보자.

예술 · 미디어

미술은 원래 미술이 아니었다

미술은 사람들의 **시점의 변화**에서 시작되었다. 그런 의미에서 고대의 동굴벽화나 이집트의 피라미드 등에서 보여지는 훌륭한 그림이나 조각들은 엄밀히 말하면 미술이라고 할 수 없다. 그러한 그림이나 조각들은 15세기에 이르러서야 오늘날 우리가 미술(Art)이라고 하는 의미를 지니게 된다. 그렇다고 그림이나 조각이 그 무렵부터 **예술작품으로서 그 가치**를 인정받았다는 말은 아니다. 어떤 측면에서는 그 가치가 오히려 떨어졌다고 할 수 있을 것이다.

르네상스 이전의 미술은 **섬기기(serve)위한 우상**이라고 보는 것이 더 정확하다. 영혼을 지닌 우상(idol)말이다. 그 우상은 하나의 이미지(image)를 지니고 있는데 이 이미지 속에서 현대의 우리들은 예술적 감수성을 느끼지만 옛 사람들은 **영혼(anima)**을 보았던 것 같다. 이 '아니마(영혼)'는 단순한 그림이나 조각을 살아있는 것으로 만들었으며 두려운 존재로 만들었다.

그런데 처음부터 조각이나 그림이 우상(偶像), 즉 신(神)이 된 것은 아니다. 조각이나 그림이 신적인 권위를 획득하기 위해서는 일정한 절차를 밟아야만 했던 것이다. 그 절차란 돌조각에 영혼을 불어넣는 일을 말하며, 그러한 일을 하는 사람은 사제가 되는 것이다. **사물(object)**에 혼을 불어 넣는 일 그것은 마술(magic)과 같은 일이다. 그런 일은 아무나 하는 것이 아니라 이미지를 잘 드러내는 특별한 **기술(techne)**을 지닌 사람만이 할 수 있는 것이다. 이들은 현대적 개념으로는 미술가 혹은 예술가들이지만 당시에는 예술가 이상의 지위를 지닌 제사장 혹은 족장, 왕이 되는 것이다.

특별한 지위를 지닌 이 미술가들은 종족의 풍요로운 번영을 위해 매번 주술의식을 거행해야만 했으며 이러한 주술행위의 산물이 바로 오늘날까지 남아 있는 옛 미술품들인 것이다. 그런데 이런 주술행위는 종족의 번영과 풍요만을 가져다주는 것이 아니라 주술사 혹은 통치자가 된 예술가들의 지위를 보장해주는 장치이다. 예를 들면 풍년을 기원하는 하는 조각품(빌렌도르프의 비너스 같은)을 제작하고 그 조각에다 영혼을 불어넣어 풍요의 신으로 만들어 풍년을 기원하는 의식(serve)을 행했을 때, 그 해 풍년이 들면 이 주술사는 효험 있는 통치자가 될 것이며 집단에서 반드시 필요하고 중요한 사람이므로 가장 높은 지위를 부여해 줄 것이다. 그러나 그런 주술행위가 소용없이 흉년이 들었다면 효험 없는 이 주술사는 더 이상 필요한 존재가 아니며 곧 집단에서 제거될 것이다. 때문에 주술사는 본인을 위해서라도 효험 있는 그림과 조각의 제작을 위해 많은 노력을 기울여야 했으며 그런 노력은 현재까지도 태고의 신비를 고스란히 간직한 훌륭한 미술품으로 우리 곁에 남아있는 것이다.

섬기기 위한 미술은 오늘날 우리가 감상하는 미술과 거리가 멀다. 그저 바라보고 즐거움을 느끼거나 감정을 나누는 그런 대상이 아니라 하나의 신으로서 존재하는 우상이다. 그것은 쉽게 바라볼 수도 만질 수도 없는 두려운 대상이다. 그림과 조각 속에 영혼이 있는 한 그것은 미술이 될 수 없는 것이다.

15세기경이 되어서야 사람들은 자연을 **관찰(observation)**하기 시작했다. 관찰하기 위해서는 맨 먼저 우상 속에서 영혼을 빼내어야 하였다. 이렇게 우상에서 영혼을 분리해 내자 우상은 조각이고 그림이 되었다. 그 조각과 그림의 조형적인 요소가 아름다운지 어떤지를 그제서야 보게 된 것이다.

* 다음에 나오는 낱말의 의미를 이해하고 주어진 텍스트를 다

시 읽어 보자.

시점의 변화 : 시점; 'view+point' ; 보는 위치가 변했다는 의미이다. 그것은 감상자인지 섬기는 자인지의 문제와 직결되는 것이다.

예술작품의 가치 : 우상이었을 때의 가치는 감상 혹은 유희의 대상으로서의 가치보다 높지만 그것을 예술작품이라고 할 수 없기에 예술작품으로서의 가치는 오히려 낮다고 볼 수 있다.

영혼(anima) : 사물의 영혼을 숭배하는 행위를 'animism' 이라고 한다.

기술 : technē, ars; 아름다움과 상관없이 효율성 혹은 합목적성 등의 가치에 따른 기술을 의미한다.

섬기는 행위(serve)와 관찰하는 행위(observe) : 우상을 섬기다가 관찰을 하기 위해서는 주체를 신에서 나에게로 옮겨야 한다.(시점의 변화); 그렇게 되면 우상(조각품)을 관찰 할 수 있으며 우상은 나라고 하는 주체(subject) 대하여 상대적으로 객체(object)가 된다. 관찰을 위해서는 사물(우상)을 나 자신으로부터 내 던져야만 한다. 이는 object가 ob(against)+ ject(iacio, to throw)라는 말로 이루어진 단어라는 사실에서 유추할 수 있다. 여기에서 반대편으로 던져진 객체를 관찰하는 이는 다름 아닌 주체(subject; sub(beneath)+ject(iacio, to throw))인 것이다.

※ 참고사항 : 서양과 달리 동양에서는 사물(자연)을 대상화 시키지 못했다. 따라서 동양에서는 미술사조들이 서양에 비해 다양하게 등장하지 않았다.

'몰아일체(沒我一體)', '감정이입(感情移入)', '동화(同化)' 등 동양의 예술을 설명할 때 주로 등장하는 단어들은 위에서 설명한 관찰과는 거리가 멀다. 자연과 일체가 되고 자연 자체인 인간이 자연을 관찰하는 일은 불가능한 일이다.

비너스와 44사이즈

먼저 빌렌도르프의 비너스,

1908년 오스트리아 빌렌도르프 지방에서 구석기시대의 것으로 추정되는 조각상 하나가 발견 되었다. 유명한 빌렌도르프의 비너스이다. 인류 최조의 누드조각이라는 점을 감안하면 무척 흥분되는 사건이었을 테지만 사실 그 조각은 볼품없이 신체가 과장 되어진 뚱뚱한 몸매를 소유하고 있다. 그런데 이름을 비너스라고 붙인 것을 보면 서구인들의 넌센스는 대단한 것 같다. 현대인의 시선으로 보면 도무지 성적인 매력을 찾아 볼 수 없는 이 조각에 어떻게 미의 여신인 비너스를 비견 할 수 있단 말인가? 구석기인들은 과연 이 조각을 무슨 용도로 만들었으며, 과연 현대인들이 붙인 이름처럼 이 조각에 단순한 애정을 뛰어넘는 성애적 느낌, 즉 에로티시즘을 느낄 수 있었을까? 이를 구석기 시대의 '에로틱미술'[64]이라 할 수 있을까. 그러나 분명한 것은 이 조각상에 비너스라는 이름을 붙였을 때에는

64) 에로틱미술이란 사랑, 연애, 성애(性愛)등 본능적인 사랑을 묘사한 미술작품을 일컫는 말로 1960년대에 들어와서 미술의 본격적인 주제로 부각되었다. 예술표현에서 에로티시즘은 자연스럽게 성애를 드러내는 것이다.

단순한 넌센스 그 이상의 의미가 있을 것이다.

성(性)이라고 하는 것은 본능적이고 개인적인 것이지만 모든 사람에게 공통적인 삶의 요소이다. 그런 까닭에 시대와 사회적 조건에 따라 성윤리와 풍습이 다르게 나타나는 성은 시대상을 반영하는 문화형태의 하나이다. 인간의 본능인 성(性)이라는 주제는 고대로부터 현대에 이르기까지 끊임없이 사람들에게 회자되어 왔다. 이러한 에로티시즘은 인간 고유의 복잡한 성적 활동이며 쾌락을 동반하는 것이지만, 동물의 성적 활동은 주기적 양상을 지닌 생식의 수단에 불과하기에 동물의 그것과는 분명히 다른 측면이 있으며 그런 의미에서 '포르노그라피'[65]와도 구별된다. 에로티시즘이란 사회에 따라 그리고 시대에 따라 변하는 문화적 개념임과 동시에 불변하는 인류 보편적 속성이다. 이 점을 유의해서 이 비너스 상을 살펴보면 우리는 구석기인의 미감을 감지 할 수 있다.

흔히들 동서양을 막론하고 미의 대명사로 비너스를 꼽는다. 비너스는 미의 상징이자 사랑의 여신으로서 주로 누드로 표현되어진다. 그런 측면에서 더욱 의미심장한 최초의 여인누드상인 "빌렌도르프의 비너스"는 기원전 약 2만2천년경의 것으로, 재질은 석회암이고 높이가 약 13.5cm정도이다. 지나친 과장과 생략으로 표현된 이 조각상에는 여성의 특징이 현저하게 강조되어 있는데, 가슴과 배 부위를 풍만하게 그리고 성기는 기형적으로 볼록하게 표현한 반면 얼굴이나 손, 다리의 경우는 간결하게 처리하고 있다. 또한 머리의 경우 머리카락만을 표현하고 있을 뿐 얼굴의 세부적인 묘사는 없다. 그것은 얼굴의 미모에 초점이 맞춰진 것이 아니라 다산과 풍요로 대변되는 에로티시즘을 상징적 이미지로 형상화했기 때문이다. 인류를 생산하는 기능을 충실하게 갖춘 이 비너

65) 포르노그라피의 이미지는 노골적이며 단지 목적에 대한 수단이라고 할 수 있으며, 성적 행위 자체에 초점을 맞춘 것을 의미한다.

스상은 동 시대의 성적 미감을 잘 함축하고 있는 뛰어난 예술품이다. 특히 배꼽의 표현에서 우리는 구석기인의 지혜와 예술적 감각을 엿볼 수 있는데, 배꼽은 생명의 근원이다. 바로 이 생명의 근원을 인위적으로 만들지 않고 원석의 자연 상태를 그대로 활용하고 있는 것이다.

인간이 아닌 대자연의 섭리에 의해서 창조된 절대미감, 이를 조각한 예술가의 에로티시즘을 누가 뭐라 하겠나? 이 뚱뚱한 여인 누드조각은 누가 뭐래도 비너스이다.

그리고, 밀로의 비너스

속옷 광고 부동의 표지모델 비너스. 물론 빌렌도르프의 비너스를 말하는 것은 아니다. 사랑과 미의 여신인 비너스는 그리스 신화에 나오는 아프로디테의 영어식 표기이다. 아프로디테(Approdite)란 본래 거품이란 의미의 아프로스(appros)에서 유래한 말인데, 이 말에 바로 탄생의 비밀이 담겨져 있다. 하늘의 신인 우라노스와 대지의 여신인 가이아 사이에는 여러 자식들이 있었는데, 이들이 성장하자 두려움을 느낀 우라노스는 자식들을 대지 밑에다 가둬 버린다. 이에 반발한 자식들 중 하나인 크로노스가 밤에 우라노스의 방에 들어가 남근을 잘라 바다에 던져 버리고 서양 최초의 신족(神族)인 티탄족의 왕이 된다. 잘려 버려진 우라노스의 남근은 바다를 전전하다가 흰 거품을 내기 시작했는데 그곳에서 아름다운 처녀, 즉 아프로디테(비너스)가 탄생되었다고 한다.

비너스는 본래 불의 신인 헤파이스토스하고 결혼을 했으나 헤파이스토스가 너무 못생기고 절름발이여서 바람을 많이 피우게 되는데, 비너스와 가장 많은 염문을 뿌린 이가 바로 전쟁의 신인 아레스(로마에서는 마르스라고 불리움)이다. 비너스의 자식들은 다섯 명이나 되는데 사랑의 신인 에로스도 그 자식중의 하나이다. 그밖에 비너스의 연인으로는 제우스의 전령인 헤르메스, 바다의 신인 포세이돈, 미소년 아도니스 등이 있다. 비너스는 대단히 바람기 많고 자유분방한 애정행각을 즐겼던 여신으로 요즘의 윤리관으로 보면 정숙치 못한 평을 들을 것이다. 심지어 신들의 왕인 제우스조차도 비너스에게 반했다고 하니 그 끼가 눈에 선하다. 기품과 자신에 찬 아름다움을 지닌 제우스의 부인 헤라, 이지적인 용모와 지혜를 지닌 아테나, 요염하고 아름다운 자태를 지닌 아프로디테는 그리스의 대표적인 세 여신이다. 이들 중 아프로디테, 즉 비너스는 미의 여신으로서 그 관능적인 자태가 뭇 남성들의 마음을 설레게 하는 에로티시즘의 표상이다.

그런데 주목할 만한 것은 그리스에서 남신상은 주로 완전한 나체로 묘사되지만 여신상은 한결같이 옷을 걸친 모습이다. 당시 올림픽 경기에 참가하는 건강한 육체의 남성상을 떠 올려 보라. 그리고 가감 없는 남근까지. 반면에 여신상인 〈밀로의 비너스〉는 하반신을 옷으로 가리고 있는데, 차라리 전라보다 더 감각적이고 자극적이다. 허벅지와 다리의 윤곽이 은근히 드러나지만, 하늘거리는 얇은 천으로 부끄러운듯 살포시 가려 걸친 그 모양세가 묘한 상상력을 불러일으킨다.

밀로토스(Milotos) 지방에서 발견된 밀로의 비너스는 얼굴의 묘사에서는 고전기의 우아함을, 신체의 균형 있는 비례와 머리의 표현에는 헬레니즘기의 감미로운 여운을 풍기고 있다. 이 비너스상은 그리스 조각상에서 보여주는 이상미가 그대로 반영되어 있다. 8등신, 그리고 배꼽을 중심으로 상반신과 하반신은 각각 0.382와 0.618로 나뉘는 미의 법칙(황금비례)[66]을 준수하고 있다. 뿐만 아니라, 신을 형상화했지만 인간의 욕망이 고스란히 드러난다. 고귀하고 우아한 모습을 보여주고 있지만 곡선의 몸매에서는 확실히 인간의 본능을 자극하는 관능적 요소가 진하게 묻어 있는 것이다.

그러나 이상과 현실은 거리가 멀다 했던가? 이 8등신 미녀에게서 느껴지는 에로티시즘을 그대로 현실로 가져온다면 우리에게는 좀 용납하기 힘든 아름다움을 맞닥뜨리게 될 것이다. 키가 204센티미터 정도는 족히 넘는 이 우람한 여인네를 누가 쉽사리 사랑할 수 있겠는가.(최홍만, 그라면 또 모를까)

지금 우리의 비너스는? 44사이즈? 에로티시즘!

지금 대한민국 여성들의 화두는 단연코 숫자 44이다. 섹시한 표정과 잘록한 허리, 그리고 큼직한 힙을 자랑하던 마릴린 먼로도, 만인의 연인이었던 오드리 헵번 조차도 어림없는, 아마도 말라깽이 삐삐라면 가능한 사이즈의 옷이 무엇 때문에 열풍일까. 시대가 변하니 미의 기준도 바뀌었을까.

앞서 우리가 말했던 두 비너스 역시 외형적으로는 분명 다른 미의 기준이 있었다.[67] 그러나 두 비너스는 여전히 미의 여신이었고, 여전히 인간의 성애와 관련한 에로티시즘을 담고 있다. 그것은 동시대의 정신이 담겨져 있기에 결코 천박하거나 통속적이라

---

66) 소위 말하는 캐논(canon)을 의미한다.

67) 실제로 고전기 미의 기준이었던 7등신(폴리클레이토스)은 헤레니즘을 거치면서 8등신(뤼시프스)으로 조절된 사례가 있다.

고 치부할 수 없는 아름다움 그 자체였다. 빌렌도르프의 비너스에게서 보여지는 과장되어있는 성기에서 풍요와 다산, 그리고 그것을 가능하게 해주는 성애를, 그리고 밀로의 비너스에서 보여지는 살짝 비튼 몸매(사실, S라인의 원조는 비너스였던 것)에서 관능적인 사랑과 미의 정제됨을 발견할 수 있었다. 이 두 에로티시즘에는 공통점이 있는데 그것은 바로 성애의 표현이며, 대상이라는 점이다. 하나는 자연의 모습을 그대로 드러내고, 오히려 과장하여 보여줌으로써 강조하고 있으며, 또 다른 하나는 치밀한 계산 하에 쉽게 흐트러뜨리지 못할 미의 규준을 형상화 하면서도 인간의 성애적 욕망을 드러내었다. 빌렌도르프의 비너스에서 과감한 성기는 밀로의 비너스에게서는 다소 큰 골반으로 이어진다고 할 수 있겠다. 시대가 바뀌고 공간이 바뀌어도 인간이 지닌 미의 원형 한켠에 성애를 매개로 하는 인간본능이 자리잡고 있음을 시사하는 것이다.

44사이즈 열풍에는 그러한 아름다움이 없다. 작은 가슴과 아이를 출산하지 않은 여성의 좁은 골반. 그것은 인류가 지금껏 아름답다고 했던 것, 오래된 빌렌도르프의 비너스는 차치하고도 미의 여신으로서 아름다운 여체를 대변하는, 그래서 부동의 여성 속옷 모델이 된 밀로의 비너스와는 너무도 다른 모습인 것이다. 관능미 없는 여성들이 44사이즈 옷을 입고 거리를 활보하는 시대에 자칫 44사이즈가 우리시대를 대변하는 미의 캐논이 될까 염려스럽다. 지금껏 우리는 아름다움을 단순한 시각적인 것에 국한하지 않았다. 그것이 비록 시각적이라 할 때, 그래서 비례를 중요시하고, 몸매에 정성을 들였을 때, 조차도 외적인 아름다움에 사랑의 감정이 더해지고, 정신과 영혼의 만족과 동시에 인류생존 및 보전의 본능적 쾌락이 혼융되어있는 에로티시즘을 표방한 것이다.

* 각 문단의 요지를 한 문장으로 표현해 보자.

** 각 문단의 요지들이 일정한 맥락에 따라 이어지는지 생각해 보자.

*** 위에서 만든 글과 주어진 텍스트의 맥락이 일치하는지 생각해 보자.

라오콘의 절규

영화 〈트로이〉에는 시대의 두 영웅 아킬레스(브레드 피트 분)와 헥토르(에릭 바나 분)의 세기적 전투씬이 주요장면으로 묘사되고 있다. 그리스신화에 의하면 이 전쟁은 신들의 사소한 질투와 음모 즉 세 여신(헤라, 아테나, 아프로디테)의 미에 대한 경쟁에서 시작된다. 이 경쟁에서 이기고자 한 아프로디테가 판결권을 가진 트로이 왕자 파리스에게 그 댓가로 이미 결혼한 스파르타의 왕비인 헬레나와의 사랑을 약속한 것이다. 미의 게임에서 이긴 이는 다름아닌 비너스, 즉 아프로디테이고 나머지 두 여신은 여전히 시기와 질투에 사로잡혀 있게 된 것이다. 이루어질 수 없는 두 사람의 사랑은 결국 국가 간의 전쟁으로 번져 나가게 되었다. 신들의 사소한 질투심에 의해 인간들은 피비릿내 나는 전쟁을 겪게 되었던 것이다.

트로이 전쟁은 결국 그리스(스파르타)의 승리로 끝이 나지만 그 끝은 영화 〈트로이〉의 클라이맥스였던 아킬레스가 헥토르를 이긴 그 싸움이 아니라 트로이목마에 의해서이다. 지략가 오디세우스의 계획에 의해 거대한 목마가 트로이 성내로 들여지게 되고 한 밤중 그 목마 속의 그리스군사들에 의해 트로이는 멸망당하고 만 것이다. 이 과정에 목마를 성으로 들이기 위해 성벽을 허물었던 트로이인들의 어리석음이나 여신들의 질투심에 놀아난 인간들의 하찮음이 이 신화의 숨은 배경이 된다. 그러므로 신화는 필연적으로 어리석은 인간들(트로이인)의 패배로 이어지는 것이다. 이상이 그 유명한 호메로스[68]의 위대한 서사시 『일리아스』의 내용이다. 신화의 나라 그리스의 트로이 정복기는 이렇게 신에 의해 어리석은 인간들이 놀아난 내용으로 꾸며져 있는 것이다.

그러나 헬레니즘기를 거치면서 로마시대로 오면 이 신화는 베르길리우스[69]에 의해 다른 버전으로 재구성된다. 그 중심에 라오콘이 있는 것이다. 앞선 시대의 신화는 이제 로마의 역사가 된다. 트로이는 로마의 전신이다. 바로 아우구스투스왕가의 탄생지인 것이다. 트로이왕족인 아이네이아스가 이탈리아로 탈출하여 세운 나라가 바로 로마이다. 그러므로 로마에 의해 그리스가 정복되는 것은 로마인들의 복수극이 되는 것이다. 호메로스의 서사시에서 인간은 무능했으나 베르길리우스의 트로이人인 라오콘은 끝내 신들의 탐욕(그리스)에 저항하며 몸부림 쳤던 것이다. 그는 트로이 목마가 들어오는 날 사람들에게 경고하였으며, 이를 못마땅히 여긴 아테나여신(그리스편의 배후를 봐주던 여신, 美의 대결에서 아프로디테에게 진 여신)이 보낸 두 마리 큰 뱀에 의해 살해당했다. 그러나 라오콘의 희생은 트로이 부활의 불씨를 남겼으며 아이네이아스에 의해 로마로 재탄생한 것이다.

1506년 1월 14일 콜로세움 근처 포도밭에서 한 농부에 의해 발견되어진 이 조각상은 헬레니즘 미술의 대표작이며(대리석, 높이 2.42m, 바티칸 미술관) 기원전 1세기 중엽 로도스 섬의 세 조각가 하게산드로스(Hagesandros), 아테노도로스(Athenodoros), 폴리도로스(Polydoros)에 의해 제작된 것으로 알려져 있다.

한편, 미술사학자 빈켈만(J.J.Winckelmann, 1717~1768)은 베르길리우스가 『아에네이스』에서 "라오콘이 별에까지 들릴 정도로 무섭게 부르짖었다."고 한 부분을 비판하며 다음과 같이 썼다.

---

68) Homeros, BC 8세기경의 대표적인 구술시인

69) Vergilius, BC 70-19, 아우구스투스시대의 시인, 대표작인 『아이네이스』는 로마건국에 대한 찬양들로 가득하다.

"그리스 걸작들의 일반적이며 탁월한 특징은 표현에서의 고귀한 단순과 고요한 위대이다. 바다표면이 사납게 날뛰어도 그 심해는 항상 평온한 것처럼, 그리스 조상들은 휘몰아치는 격정 속에서의 침착함을 잃지 않는 위대한 영혼을 나타낸다. 이러한 영혼은 격렬한 고통 속에 있는 〈라오콘 군상〉의 얼굴에 묘사되어 있다. 그 고통은 얼굴뿐만 아니라 육체의 모든 근육과 힘줄에도 나타나 있어서 우리들은 얼굴이나 육체의 다른 부분을 보지 않고 고통으로 움추리는 하복부를 보는 것만으로도 이러한 고통을 느낄 수 있다. 그러나 얼굴이나 전체 자세에서는 전혀 고통에 찬 격정이 드러나 있지 않다. 베르길리우스의 작품에서는 라오콘이 지른 비명과 같은 그런 비명은 지르지 않는다. 그 열린 입은 비명을 허용하지 않기 때문이다. 사돌레토가 묘사한 것처럼 그것은 오히려 괴로워서 호흡이 곤란한 신음이다. 육체의 고통과 영혼의 위대함은 조상 전체의 구조를 통하여 동일한 강도로 분배되어 균형을 이루고 있다."[70]

---

70) J.J.Winckelmann, *Gedanken über die Nachahmung der griechischen Werke in der Malerei und Bildhauerkunst*, 1755, 민주식 역, 『그리스 미술 모방론』, 이론과 실천, 1995, p.74

일반적으로 그리스로마시대 미술의 양식적 특징을 격정에 차있으나 고요하고 조용한 미술, 즉 고전적인 미술로 표현한다. 이는 사실 빈켈만의 견해로서, 이러한 생각으로 라오콘을 보면 고통과 격정에 차있으나 그 고통을 속으로 감내하는 고요함이 라오콘의 얼굴에 드러나 보이는 것으로 해석할 수 있는 것이다. 빈켈만의 견해를 빌어 해석하면 라오콘은 신의 조정과 간섭에 의해 고통으로 몸서리치는 인간을 넘어서는 인간의 의지를 드러내는 것으로 볼 수 있다. 작품 속 죽어가는 두 아들과 함께 단 위에 있는 라오콘은 제사장이었다. 그는 제단에서 부정한 짓을 하여 두 아들을 얻은 것이다. 그러므로 고통스러우나 지지 않으려는 저항의식이 소리쳐 고통을 표현하지는 않았을 것이라는 것이다. 이를 로마식으로 다시 해석하자면, 그리스에 대한 비판과 저항의식이 담겨져 있는 것으로 볼 수 있다. 라오콘은 절규와 함께 죽음을 맞이했을까 아니면 온몸의 핏줄이 터지고 근육이 튀어 나올듯한 고통을 신음소리 하나로 참아가며 죽음을 맞이했을까?

* 각 문단의 요지를 한 문장으로 표현해 보자.

** 각 문단의 요지들이 일정한 맥락에 따라 이어지는지 생각해 보자.

*** 위에서 만든 글과 주어진 텍스트의 맥락이 일치하는지 생각해 보자.

왕이 갖지 못한 초상화를 가진 평민

〈그림 1〉 맨가우레 왕 피라미드

이집트 미술의 특징은 영원성이다. 그래서 무덤을 만들어도 거대한 돌무덤, 즉 피라미드를 만들어 영원히 남아있게끔 했다. 피라미드는 거대할 뿐만 아니라 단단한 돌덩이인 화강암을 사용하여 쌓은 구조물이다. 이 또한 영원성을 드러내는 특성이 나타난 것이다. 피라미드 안에 안치되어 있는 미이라 역시 썩지 않고 오래 보존하기 위한 방법을 사용하였음을 익히 알고 있을 것이다. 그리고 관의 겉에는 망자의 모습을 조각하여 장식했는데, 후일 영혼이 되돌아왔을 때 관에 조각된 것을 보고 자신의 관임을 알아채고 본인의 몸을 찾아 들어온다고 믿었다.[71] 그런데 관에 조각된 망자의 모습은 그다지 사실적이지 않다. 뭔가 정제되고 다듬어진 형태이며 들여다보면 볼수록 인간이라기보다는 신비로운 영원성을 느끼게 될 것이다. 죽음의 관문을 통과하여 영원히 살게 될 왕이나 왕자의 모습은 생전의 실제적 모습을 넘어 영원히 살게 될 신의 모습으로 표현되어야 했던 것이다.

영원성을 추구하던 고대 이집트인들은 생전의 유한한 모습을

71) 그들의 말로 조각가는 '영원히 살아있게끔 하는 자' 라는 의미가 있다.

〈그림2〉 투탕카멘 왕

〈그림3〉 서기관

〈그림4〉 영정초상

지양[72]하고 신적인 모습으로 재생하여 영원히 살고자 하는 그들의 욕망을 드러내었다. 그러나 이런 영원성이 모두에게 적용되는 것은 아니었던 모양이다. 〈그림 3〉과 〈그림 4〉를 보면 굉장히 사실적으로 표현되어졌음을 알 수 있다. 지금도 이집트의 수도 카이로에 가면 이렇게 생긴 사람이 길을 가고 있을 것 같은 느낌이 들 정도이다. 영원성을 추구하여 영원한 것의 구현으로서 현실을 뛰어넘는 신성을 드리운 〈그림 2〉와는 완전히 다른 양상을 보이는 것이다. 같은 시대임에도 불구하고 이렇게 다른 표현 방식이 존재할 수 있는가? 사실적인 그림이나 조각과 사실적이지 않은 그림이나 조각이 함께 존재한다는 사실은 고대 미술을 연구하는 이들에게 많은 고민을 안겨주고 있다.

그런데 영원성을 반영하여 추상된 조각이나 그림으로 표현되어진 대상은 하나같이 왕이나 왕자, 왕비임을 쉽게 알 수 있는 반면에 사실적으로 표현되어진 대상은 평민이나 하급관리임을 짐작할 수 있다. 귀족이나 왕족들은 죽음을 통해 신적인 반열에 들게 되고, 그들의 영혼은 영혼으로서만 존재하는 것이 아니라 망자의 육체와 다시 결합하여 영원히 살게 된다는 것을 믿었던 것이다. 그

72) '없애고 높여 가진다'는 의미로서 인간에서 신으로 지양된다는 뜻으로 사용되었다.

러나 이 영원성은 안타깝게도 차별이 있었다. 평민이나 하급관리, 노예 등은 영원히 살 수 있는 사람들이 아니었기에 유한한 재료로 유한한 모습(현재적 모습)을 사실적으로 표현하였던 것이다. 〈그림 3〉과 〈그림 4〉의 모델들은 유한한 존재들이며 그렇게 살다가 이 세상을 떠났다는 것을 기념하는 정도의 표현물들이다. 점토(그림 3)나 목판(그림 4)은 곧 깨어지거나 썩어 없어질 것이기에 그만큼의 존재가치를 갖는 것이다.

영원히 살고자 하는 욕망은 왕이나 귀족, 평민, 노예 모두에게 있는 것이겠지만 그런 욕망을 드러내는 것이 허락되지 않은 이들에게 주어진 것은 아이러니하게도 너무나도 사실적이며 멋진 초상화이다. 그렇기 때문에 우리는 몇 대 왕조이고 이름이 무엇이며 또 무슨 일을 했는지 분명히 알고 있는 투탕카멘왕[73]의 얼굴 생김이 어떠했는지 그 실제의 모습은 알 수 없지만[74] 대략 BC 2,500년 즈음 이 땅을 먼저 살다가 간 이름 없는 서기관이나 평민 중 한 사람의 모습은 기억하게 되었다. 왕이기에 영원히 살고자 했으며 당연히 그럴 수 있으리라고 믿었지만, 정작 후대에 생생하게 그 모습을 보여주는 이는 따로 있으니 애초의 의도를 완전히 벗어난 셈이다. “높아지고자 하는 자는 낮아지고 자기를 낮추는 자는 도리어 높아진다”는 격언이 적용되는 장면이다.

* 각 문단의 요지를 한 문장으로 표현해 보자.

** 각 문단의 요지들이 일정한 맥락에 따라 이어지는지 생각해 보자.

*** 위에서 만든 글과 주어진 텍스트의 맥락이 일치하는지 생각해 보자.

---

73) 고대 이집트의 18대 왕조 12대 왕이며 테베 출생이다.

74) 투탕카멘왕의 마스크는 꽤 유명하지만 그 마스크는 왕의 실제 모습이 아니라 영원성과 신성을 담아낸 조각가의 솜씨가 드리워진 작품이다. 여기서 조각가의 솜씨는 있는 모습을 그대로 표현해내는 기술이 아니라 사람의 모습에서 신적인 모습을 들여다 볼 수 있도록 변형하는 기술이다.

악마를 그린 수도사

콘스탄티누스 대제가 313년에 기독교를 국교로 공인한 후, 중세 유럽사회는 급속도로 기독교화 되기 시작했으며 성경의 이념이 사회 전반에 영향을 미치기 시작하였다. 특히 구약에 나오는 율례들을 지켜 행하는 것이 신앙의 중요한 잣대가 되었다. 성경의 율례, 그 중에서도 모세가 하나님으로부터 직접 건네받은 십계는 신앙인들이 반드시 지켜야 하는 믿음의 표지가 되었으며 성직자들은 이러한 표지를 본보기로 보여주는 일에 힘써야만 했다.

흔히 중세를 암흑기라는 말로 통칭한다. 미술사에 있어서 이 말은 암흑기 동안에 눈에 띠는 예술적인 발전이나 예술사조가 등장하지 않았던 것을 설명하는 것이다. 그런 의미에서 많은 역사학자들이 중세 유럽을 암흑기로 규정하는 주된 원인 중 하나로 기독교를 들고 있는 것이 사실이다. 예를 들어 기독교의 경전인 성경의 십계 중 제 1계명인 '나(하나님) 외에 아무 형상이든지 만들지 말며 그것들을 섬기지 말라'는 율례가 있다. 중세인들은 과거에 만들어진 우상들(조각 등)을 파괴하는 등 이 율례를 지키기 위한 일들을 감행하였으며 이러한 일들로 인해 서양의 길고 긴 암흑기가 시작된 것이다. 서양의 중세는 1,000여년이라는 긴 세월이다. 이 긴 세월 동안 고대 벽화를 그리고 그리스 로마 신전을 만들었으며 아름다운 여신을 조각했던 예술가의 후예들은 무엇을 했는가.

중세의 한 수도원에서 종일토록 성경을 필사하는 일을 하고 있던 한 수도사의 조상은 과거 벽화를 멋지게 그리던 훌륭한 화가이다. 그런 조상을 두었던 탓에 이 수도사는 성경을 필사하는 일에 남다른 재주를 보였으며 수도원장으로부터 두터운 신임을 얻고 있다. 자연히 그는 여러 수도사들 중에서도 높은 지위를 부여받았다. 그는 성경을 필사하면서 하나님의 말씀인 성경을 더욱 빛나게 만들기 위해 글자 한자 한자에 심혈을 기울였으며 누가 보더라도 아름답고 거룩한 말씀으로 보이게 하기 위해 글자를 장식하기 시작하였다. 그가 필사한 성경은 다른 수도사가 필사한 성경보다 시각적으로 훨씬 아름답고 화려하다. 수도원장은 그가 필사한 성경을 교황에게 선물할 수도 있다. 하나님의 말씀을 아름답게 꾸미는 것, 그것은 어떤 형상을 그리는 것이 아니다. 그래서 우상화 되지도 않고 숭배될 염려가 없으니 환영할 만한 일이 되었다. 이 수도사의 성경 장식은 유행처럼 퍼져 나갔으며 거의 대부분의 성경 필사에 빠짐없이 등장하게 되었다.

그러나 현전하는 필사본의 장식을 자세히 살펴보면 거룩한 성경말씀을 감싸고 있는 것은 다름 아닌 뱀이나 용 등 성경에 사탄이나 악마로 묘사되고 있는 형상들임을 알 수 있다. 아주 세밀하게 그림을 그릴 수 있었던 예술가의 후예인 수도사의 '끼'가 나이 들어 시력이 나빠진 수도원장을 속였으며 하나님의 말씀을 기만하고 있는 것이다. 나아가 그는 십계를 거역하는 장본인이 되었다. 형상금지의 율법을 그 누구보다도 철저하게 지켜야 하는 수도원에서 만들어진 이 형상은 '암흑기'라는 말을 무색케 할 정도로 창조적이고 기이하다. 공식적인 화가나 조각가는 없었지만 분명 조각가, 화가의 재능을 지닌 사람은 여전히 존재했으며 본능적으로 자신의 주체할 수 없었던 끼를 발산하고 있었던 것이다.

스스로 타락한 이 수도사는 신앙과 창조적 욕구 사이에서 갈등하고 말씀을 거역한 것에 대한 죄책감에 괴로워하였을 것이다. 그의 이 갈등과 죄책감은 후일 르네상스와 종교개혁이라는 새로운

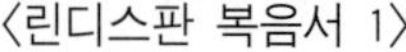
〈린디스판 복음서 1〉

〈린디스판 복음서 2〉

돌파구의 단초를 제공했을 수도 있다. 따라서 중세를 '암흑기'로 규정하는 역사학자들의 합의는 일부 수정되어야 한다. 만일 수도원장에게 돋보기가 있었다면 성경 필사자가 그려놓은 갖가지 형상들을 발견할 수 있었을 것이다. 그와 마찬가지로 중세라는 역사의 한 가운데를 돋보기로 들여다본다면 암흑기라는 말로 단정 짓기가 쉽지 않을 것이다. 그 속에는 수많은 사상과 이념의 갈등들이 혼재해 있었다. 이러한 갈등과 분쟁 속에 새로움을 갈구하고 욕망하는 개인이 사회 혹은 공동체에 맞부딪혀 살아가고 있었던 것이다. 이상을 종합하여 보면 중세를 아무 것도 없다는 의미로서의 '암흑기'보다는 혼돈 혹은 혼란 가운데에 있는 어지러운 양상인 카오스를 뜻하는 '암흑기'로 보는 것이 타당하다. 이 암흑기의 혼란스러운 양상은 르네상스와 종교개혁이라는 돌파구를 통해 새로운 시대를 그 스스로 열었던 것이다.

* 이 글의 근본적인 물음과 답이 무엇인지 생각해 보자.
** 이 답이 나올 수 있는 근거를 찾아보자.

세계의 명화 〈모나리자〉에 대한 비판적 검토

레오나르도 다 빈치는 1452년 4월 15일 이탈리아 피렌체에서 멀지 않은 안치아노에서 사생아로 태어났다. 그러한 환경 탓에 그는 늘 산과 들을 자유롭게 돌아다니면서 자연과 동물들을 관찰하며 자연과 사물을 세밀히 연구하고 기록하는 과학적, 예술적 습관을 가지게 되었다. 14살 되던 해 피렌체의 유명한 화가에게서 도제 수업을 받던 중 레오나르도 다 빈치의 재능을 보고 스승이 아예 그림 그리기를 포기했다는 에피소드는 그의 탁월한 재능을 입증해주는 단적인 예이다. 뿐만 아니라 일명 '거울 쓰기'[75]로 기록된 그의 노트는 예사롭지 않은 그의 재능과 끼를 보여준다. 특히 인체에 대한 궁금증은 남몰래 목숨을 걸고 해부를 감행하게까지 하였던 것이다.

학자, 기술자, 발명가, 작가, 미술이론가인 레오나르도 다 빈치는 르네상스 고전기를 열었던 사람들 중의 한 사람이었다. 그러나

75) 레오나르도 다 빈치의 노트를 보면 좌우가 뒤 바뀌어 기록된 글들을 볼 수 있다.

정작 그가 남긴 회화는 〈최후의 만찬〉과 〈모나리자〉를 포함한 20여점에 지나지 않는다. 그가 생각하는 회화는 수학적인 원근법과 자연연구에 있기 때문에 하나의 과학으로 간주되었다. 따라서 회화는 일종의 학문으로 간주되면서 감각기관 중 가장 확실한 것으로 여겨지는 눈에 의존하여, 기하학적 원리(원근법)에 따른 방법에 의해 제작되어져야 했다. 그렇게 해서 제작된 작품은 자연을 완전하게 재현해 준다는 점과 특별한 진리를 넓게 포괄한다는 것으로서 학문적인 의의가 있다는 것이다.

많은 미술사가들은 그의 회화작품 특히 〈모나리자〉에 주목한다. 모나리자의 미소 속에 천재화가인 레오나르도 다 빈치만의 특별한 기법이 있을 것으로 믿었으며, 그 기법을 '스푸마토'(sfumato)[76]라 명명하였다. 그리고 '스푸마토' 기법의 비밀을 알아내기 위해 많은 노력을 기울이고 있다. 아래의 글을 보자.

"모나리자는 갓 둘째 아들을 낳은 산모였다."

"원래 모나리자는 출산 후 흰색 투명가운을 입고 있었다."

"지금은 긴 머리를 늘어뜨린 모습이지만 원래 머리 모양은 한 갈래로 묶은 쪽진 머리였다."

'신비의 미소'로 유명한 레오나르도 다 빈치의 명작 '모나리자'(사진)에 대해 최신 적외선 및 3차원 기술 분석 결과, 새롭게 밝혀진 사실이다.

27일 뉴욕타임스(NYT), 로이터통신 등 주요 외신들은 프랑스 루브르박물관 산하 연구보존센터와 캐나다 과학자들이 최신 과학 기술을 적용해 조사를 실시한 결과, 이같이 사실이 밝혀졌다고 전했다. 현재 모나리자 작품 속 주인공은 검은 옷을 입고 있지만 이번 조사 결과, 원래는 얇은 천으로 만든 투명한 옷을 입고 있었다는 것. 프랑스 루브르박물관 산하 연구보존센터의 브루노 모탱 큐레이터는 "16세기 당시 이탈리아에서

76) 일종의 공기원근법. 대상과 대상의 경계를 흐리게 표현함으로써 윤곽선이 없이 다음 대상으로 넘어가는 방법으로 안개 낀 배경에 사물이 떠오르는 것과 같이 보이는 기법을 말한다.

이런 투명한 옷을 입는 사람들은 임신부나 임산부들이었다"며 "이는 모나리자가 당시 출산 직후였다는 사실을 나타내는 것"이라고 밝혔다. 16세기에 레오나르도 다 빈치가 그린 작품으로 파리 루브르 미술관에 소장돼 있는 모나리자의 작품 속 주인공은 1479년 피렌체에서 태어난 리자 게라르디니로 알려져 있다. 또 이미지가 흐릿하기는 하지만 원래 모나리자의 머리모양은 지금과 달리 쪽진 머리에 모자를 쓰고 있었다는 사실도 드러났다. 이같은 발견으로 당시 르네상스 시대에 여자들이 머리카락을 풀어 헤치고 있는 것은 품위 없는 것으로 여겨졌다는 점을 감안할 때 모나리자 속 주인공의 사회적 지위가 낮을 것이라는 의아함도 해결됐다. 모라니자하면 제일 먼저 생각나는 그윽한 '신비의 미소'도 알려진 것처럼 '평온한' 모습만은 아니다는 지적도 제기됐다. 이번 조사 결과 새롭게 밝혀진 사실에 따르면 작품 속 주인공의 손 모양이 편안한 자세가 아니라 주먹을 꼭 쥐고 있다는 것. 모탱은 "의자에서 일어나려고 하는 자세를 그리려다 다 빈치가 마지막 순간에 마음을 바꾼 게 아닌가 생각된다"고 말했다. 레오나르도 다 빈치가 16세기에 제작한 모나리자는 그간 보존 문제로 세정 작업 및 광택제 사용이 불가피해 제작 당시에 비해서 손상됐다. 작품 제작 이후 500년의 시간이 흐르면서 쌓인 먼지도 문제였다. 이번 연구를 실시한 캐나다 국립연구협회(NRC)의 존 테일러 미술 작품 복원 전문가는 "과학적 분석으로 모나리자에 대해 우리가 알고 있었던 것 이상의 것을 발견하게 됐다"고 말했다. 또 "3차원 레이저 카메라 기술을 이용해 모나리자를 분석한 결과, 우려와는 달리 작품 보존 상태가 상당히 양호한 것으로 나타났다"고 덧붙였다. 목판이 상당히 휘어져있지만 아직 그림 보존 상태는 양호하며 그림이 목판에 잘 밀착돼 있다는 분석이다. 이번 분석으로 그간 가장 큰 논쟁거리였던 다 빈치 특유의 스푸마토 화법의 비밀을 밝히는데 한 걸음 더 다가서게 됐다. NRC의 존 테일러는 "모나리자는 매우 미세한 붓칠을 이용해 그려 경계를 흐릿하게 하는 스푸마토 기법을 썼다"며 "앞으로 디지털 분석 기술이 더 발전되면 더욱 구체적인 사실들을 밝혀낼 수 있을 것"이라고 말했다. 1980년대 이래 루브르 박물관과 손을 잡고 작품을 연구해 온 캐나다 국립연구협회는 모나리자의 신비를 규명하기 위해 2004년부터 특수 적외선 촬영과 3차원 영상기술을 동원, 분석

작업을 벌여왔다. [머니투데이 박희진기자]

그런데 레오나르도 다 빈치의 〈모나리자〉는 현재적 의미에서 볼 때 결코 회화적이지 못하다. 원래 '회화적'(pictorial)이란 용어는 스위스 미술사학자인 하인리히 뵐플린[77]이 신고전주의 회화와 구별되는 바로크 회화의 시각적 특성을 지칭하기 위해 사용했다. 뵐플린의 견해로는 전자의 조각적인 선 위주의 표현방식은 만져보고 싶은 마음을 일으키게 되는 데 반해, 후자의 자유롭고 제스처적인 물감처리, 즉 회화적 성격은 보는 이의 관심을 화려한 시각적 효과에 집중시킨다고 했다. '회화적'의 반대는 '조각적'이 아니라 '선적(線的)'이다. 선적이라는 용어는 이제는 거의 사용되지 않지만 회화적이란 용어는 자유롭거나, 빠르거나, 불규칙하거나, 두텁거나, 울퉁불퉁하거나, 화려하거나, 표현주의적이거나, 아니면 그 외 다른 방법으로 필치에 관심을 모으게 하는 물감처리 방식을 말한다.

레오나르도 다 빈치의 몇 점 안되는 그림들 대부분은 이런 의미에서 확실히 회화적이지 않다. 사실적이며 과학적이긴 하지만 예술의 조형적 의미에서 회화의 구성요소를 갖추고 있지는 않다는 말이다. 또한 화가의 손길, 그의 붓 터치를 현대 과학으로 규명하려는 시도 자체에 문제가 있다. 회화론을 모르는 과학자가 현미경으로 〈모나리자〉를 관찰하여 밑그림 혹은 수정 전의 그림을 복원하는 작업을 통해 그림 속 모델의 신분이나 정황을 유추해 내는 것은 예술과 아무런 상관이 없다.

또한 앞서 레오나르도 다 빈치가 예술, 그림을 과학화했다는

77) 하인리히 뵐플린(Heinrich Wőfflin, 1864.6.21~1945.7.19, 스위스)은 미술사적 분류 작업에 좀더 확고한 토대를 마련하고자 『미술사의 기초개념』이라는 책을 썼다. 또한 각 시대별로 미술이 어떠한 형식적 가능성을 전제로 하고 있었던가를 생각해야 한다고 주장하며 미술에 대해 가치판단에 의한 분류가 아닌 양식에 의거한 분류를 하고자 애썼다.

것을 되짚어 생각해 보면 화가라는 신분 보다는 과학자, 학자이기를 원했던 것을 알 수 있을 것이다.[78] 과학자 레오나르도 다 빈치의 그림은 일반적인 화가가 대상의 인상이나 자신의 감정을 표현하는 것과 다른 방식이었으며, 그의 스케치는 하나의 도면이었고 이론을 검증하거나 예증하는 도구였던 것이다. 그런 의미에서 후대의 미술사가들이 전혀 회화적이지 않은 〈모나리자〉에 '스푸마토라'는 기법을 들먹여가며 그 모델의 미소에 마치 무엇인가 있는 것처럼 여기는 것은 예술론, 그 중에서도 회화론을 스스로 무너뜨리는 결과를 초래한다.

따라서 우리는 레오나르도 다 빈치가 진정한 의미에서 화가 혹은 예술가가 아니라는 점과 그의 그림 역시 예술적(회화적)이지 않다는 점을 알 수 있다. 그리고 많은 미술사가들이 기대하고 주목하고 있는 '스푸마토' 기법 역시 존재하지 않을 수도 있다. 과학적인 방법으로 예술을 분석하는 일은 서로 아귀가 맞지 않은 일이다. 예단컨대 과학과 광학기술이 아무리 발전하고 진전되더라도 스푸마토 기법은 밝혀질 수 없을 것이다. 왜냐하면 레오나르도 다 빈치가 사실처럼 보이게 하기 위해 붓 자국(터치)을 없애버렸기 때문이다. 붓 자국이 남아있지 않은 레오나르도 다 빈치의 그림은 현대 디자인 기법 중 'gradate'[79] 기법과도 같은 것이다. 그것은 확실히 회화와는 거리가 멀다. 그러나 물론 사실적(寫實的)이긴 하다.

* 이 글의 근본적인 물음과 답이 무엇인지 생각해 보자.

** 이 답이 나올 수 있는 근거를 찾아보자.

---

78) 르네상스의 화가들은 신분상승을 위해 회화를 하나의 학문영역으로 규명하려는 노력을 하였으며, 그러한 노력의 일환으로 원근법 등 과학적 방법을 회화에 적용하였다.

79) gradate: 색 등을 차츰 변화 시키거나 흐리게 하여 사물의 깊이나 공간을 자연스럽게 표현하는 기법으로 사실적인 묘사를 위해 주로 쓰이는 기법이다.

낭만주의의 두 얼굴

르네상스 이후 서양의 미술을 이어받은 사조는 단연 바로크이다. 바로크 시기의 미술은 다분히 장식적이며 화려한 특징을 지닌다. 그러한 바로크기 미술에 대한 반동으로서 낭만주의 미술이 등장했는데 낭만주의 시대를 풍미했던 국가는 다름 아닌 프랑스이다. 고대미술을 그리스와 로마가 주도했고 이를 이어받아 이탈리아를 중심으로 르네상스 운동이 일어났으며 유럽을 중심으로 바로크와 고전주의 미술 양식이 등장했고 프랑스를 중심으로 하는 낭만주의가 그 뒤를 이었다. 이때부터 프랑스는 문화의 중심지가 되기 시작했다.

〈그림 1〉

프랑스 낭만주의는 스스로 태양왕이라고 칭했던 루이 14세가 치리했던 절대왕정에서 그 절정을 이루었는데 루이 14세는 오늘날 프랑스가 유행의 중심이 되게 하는 장본인이 된 셈이다. 당시 그의 생활에서 이러한 것을 쉽게 발견할 수 있다. 〈그림 1〉에 등장하는 루이 14세는 강력한 전제군주 였음에도 불구하고 자신의 왕권을 상징하는 왕관을 한쪽 옆에 벗어 두었다. 그는 자신이 심혈을 기울인 헤어 스타일이 왕관보다 더 중요하다고 생각한 것이다. 더군다나 그는 빨간색 굽과 리본으로 장식되어있는 제법 굽 높은 구두를 신고 있으며 하얀색 타이즈를 입고 있다. 재미있는 것은 이것이 최근 우리나라에서 유행했던 '레깅스 패션' 혹은 '스키니'와 너무나도 닮아있다는 것이다. 그래서 유행은 돌고 돈다는 말이 있는가 보다. 그의 얼굴을 보면 볼 살이 쳐져 있어서 이미 노년임을 알 수 있으나 가발로 장식하고 타이즈를 입음으로써 탄력 있는 각선미를 자랑하고 있다. 그는 아마 늙어 왜소해진 몸매를 소유하고 있었을 것이지만 그러한 자신의 콤플렉스를 두터운 망토와 화려한 장식으로 가리고 있다. 부해 보이는 그의 겉 모습은 사실 전부 다 과장하고 꾸며낸 것이다. 속에 있는 진실을 살짝 가림으로써 태양왕이라는 절대군주의 화려한 면을 부각시키고자 했던 의도가 고스란히 남아있는 장면이다.

〈그림 2〉

이렇듯 낭만주의는 사물의 내면 혹은 그것이 지시하는 다른 측면을 강조할 수 있는 장점이 있다. 루이 14세는 이러한 점을 정치적으로도 활용하였는데 국가의 강력한 통치에 반기를 들 수 있는 국민적 관심을 다른 곳으로 돌리기 위하여 일종의 문화정책을 펼쳤던 것이다. 그의 문화정책은 베르사이유 궁에서 빈번히 열렸던 가든파티 등으로 확인 할 수 있다. 당시 베르사이유 궁은 거의 매일 파티가 열렸으며 이 파티의 행렬은 끊이지 않았다고 한다. 국민들은 파티에 초대받기를 기다리며 정치적인 문제에 대한 관심을 점차 잊어버리게 되었다. 이러한 낭만주의는 대상의 의미를 여러 가지로 해석하거나, 보이는 그대로가 아닌 다른 것으로도 받아들일 수 있는 여지를 남겨주는 특징이 있다.

그런데 〈그림 2〉에 등장하는 인물은 과장하거나 꾸민 흔적이 전혀 없다. 그 배경이 오히려 생략됐음을 짐작할 수 있다. 〈그림 1〉에서 루이 14세는 스스로 과장 되어졌었으나 〈그림 2〉는 그 역방향의 방식을 취한다. 정치인 마라의 죽음을 바라보는 화가는 꾸미거나 장식하지 않고서 담담히 그의 죽음을 기리고 있는 것이다. 그림에서 볼 수 있는 옷을 입은 대상과 옷을 벗은 대상의 차이는 바꾸어 말해 화려해보이지만 초라함을 은폐시키는 것과 초라한 주검이지만 청렴하고 존경받는 정치인의 정신을 기리는 것으로 대비된다고 할 수 있다.

이처럼 낭만주의는 두 가지의 방향으로 전개되었으며 두 가지의 관점으로 설명할 수 있다. 이러한 낭만주의의 두 얼굴은 그 다음 전개되는 사실주의라는 사조에 영향을 미쳐 외적 사실에 내적 사실을 더해주는 방법적 시도를 가능하게 했던 것이다.

* 주어진 텍스트의 내용을 요약해 보자.

새로운 사실주의, 인상주의

(부제 : 사진처럼 그릴 것인가? 사진보다 잘 그릴 것인가?)

서양 미술사 중에서도 인상주의 미술 만큼 대중들의 사랑을 받은 미술도 없을 것이다. 널리 알려져 있는 마네, 모네, 르누아르, 고갱, 고흐 등은 두 말할 나위없는 인상주의의 거장들이다. 이들의 작품은 그 사조를 일컫는 말 그대로 너무나도 인상적으로 다가오는 것도 사실이다. 인상주의자는 사진이라고 하는 새로운 매체의 등장에 적잖이 당황한 화가들이 사진과는 다른 방식으로 대상을 표현하고자 하는 의도에서 출발했다.

사진은 빛으로 그림을 그리는 장치인 카메라를 통해 얻어지는 결과물이다. 즉, 빛과 광학필름의 노출, 그리고 화학반응에 의한 대상의 재현방식을 취하고 있는 기계장치인 것이다. 그러한 사진의 그리기 방식에는 사람의 인위적인 과정이 개입될 여지가 없다. 다만 빛을 렌즈와 조리개를 통해 조절하거나 화학약품으로 인화하는 과정에서 그 선명도를 조절하는 등 극도로 수동적인 개입만이 허용될 뿐이다.

이러한 사진의 등장은 화가들이 더 이상 있는 그대로를 재현하는 일에 애 쓸 필요가 없다는 것을 보여주는 예가 되어버렸다. 그로 인해 인상주의자들은 사진이 할 수 없는 것에 관심을 갖기 시작했으며, 그 관심은 아이러니하게도 사진의 재료인 빛에 집중되었다. 그들은 '빛으로'가 아니라 '빛을' 그리고자 했던 것이다. 그들의 노력으로 우리는 19세기 후반 그들이 다니던 길, 창가에서 내려다보이는 거리, 건물 등을 생생하게 볼 수 있게 되었다. 지금도 남아 있는 파리의 건물과 거리들을 새삼 19세기의 눈으로 볼 수 있다는 것은 얼마나 흥미 있는 일인가?

사진은 빛으로 대상(건물이나 인물, 풍경 등)을 드러내어 주지만, 이 시기의 회화는 건물이나 인물 등에게서 반사된 빛을 그린 것이다. 빛은 형체가 없으며 하나의 색으로 규정되지도 않는다. 그것은 질감이나 부피를 직접적으로 갖지 않기에 우리는 간접적으로 대상에 부딪혀 반사된 것으로 그 빛의 공간적 형태를 가늠할 뿐이다. 따라서 빛을 그리는 화가들은 실제 사물의 정확한 질량과 부피 등을 나타내는 것에서 자유로울 수 있었다. 이러한 예술가들의 자유는 인상주의를 필두로 다양한 미술의 흐름을 전개하게 되는 계기로 작용하였다.

<그림1> 모네, <카푸신 거리>, 1873년, 캔버스에 유채, 캔자스 시티, 넬슨 어킨스 미술관

〈그림2〉 카이유보트, 〈파리, 비오는 날〉, 1877년, 캔버스에 유채, 212.2×276.2 cm 시카고, 아트 인스티튜트

그런데 초창기 인상주의자들의 작품을 보면 사실주의적이라고 해도 될 만큼 생생한 화면을 제공한다. 인상주의 화가들은 무미건조한 사진보다 오히려 더 생경한 그림을 그려낸 것이다. 그런데 이러한 인상주의자들의 그림은 가까이에서 보면 거친 붓자국과 덜 마무리된 색면들이 존재하는 것도 사실이다. 그것은 그들이 빛을 그리려고 했기 때문에 대상을 직접 마주 대하고 그 대상에서 오는 인상의 순간을 포착하여 그대로 드러내고자하는 의도에서 그림을 그렸던 탓이다. 이렇게 해서 마감이 덜 되어 세밀하거나 꼼꼼하지 않은 인상주의 특유의 화풍이 완성된 것이다. 가까이에서 보면 거칠고 과감한 붓자국으로 인해 대상의 질감이 제대로 표현되지 못한 것 같으나 일정한 거리를 두고 보면 〈그림 1〉, 〈그림 2〉와 같이 사진이 주는 생동감 이상의 사실성을 발견할 수 있

다.

인상주의 화가들의 그림을 두고 사진과 같다고 하는 이는 아무도 없다. 그러나 아래 그림들을 보면 분명 사진 그 이상으로 사실감 있는 것 또한 부인할 수 없다. 이를 통해 보면 인상주의와 사실주의의 경계는 '멀리서 보는 것' 과 '가까이서 보는 것' 의 차이일 뿐이다. 이 두 사조는 '빛을' 그린 것과 '빛으로' 그린 것의 방법적 차이에서 출발 하였지만 결과적으로는 '생생하거나 사실적' 이라는 거의 같은 의미의 결론에 도달했던 것이다.

빛의 무정형성이 화가의 자유로움을 낳았으며 이 자유로움은 무정형성 그 자체를 그리기에 결과물도 비정형적이다. 이것은 인상주의 화풍에 대한 하나의 정당성을 부여할 수 있는 근거가 될 것이다. 사진은 '빛으로' 그리기에 그러한 자유로움을 누릴 수가 없다. 빛을 활용하기 위해 특별한 기계적 장치가 있어야 하고 그 기계적 장치는 일정한 법칙에 따라 렌즈와 조리개를 통해 필름에 담아내고, 이를 인화지에 옮겨내는 것이다. 결국 대상을 마주 대하고 그 속에 드리워진 '빛을' 즉시 담아내는 화가의 방식은 '사진처럼 그리는 것' 이상의 의미를 담고 있는 것이다.

* 주어진 텍스트의 내용을 요약하여 써보자.

미학적인 그림

인상주의는 대상의 본질이나 형상이 아니라, 어느 한 순간의 인상을 착상하여 표현하는 예술 사조를 일컫는 말이다. 이 말 속에서 인상주의 화풍의 특징을 잘 드러내는 말이 있다면 그것은 '대상'이라는 단어와 '한 순간의 인상'이라는 문장일 것이다. 무엇을 그릴 것인지 대상이 구체적이고 명확하지 않고 그 대상의 본질이나 고유한 성질이 아닌 매 순간 변화하고 뒤바뀌는 양상 그 자체를 그리고자 하는 시도를 설명하는 말인 것이다. 이러한 시도는 결국 사물자체 보다는 사물주변 혹은 사물에 깃들여 있는 빛에 주목하게 만든다. 즉 인상주의자들은 대상(사물, 모델) 대신에 그 대상을 통해 비쳐지는 빛을 그리려고 시도 한 것이다.

〈그림1〉

〈그림 2〉

당시에는 빛을 파동 혹은 입자로 보는 견해가 있었다. 빛을 파동으로 보는 입장의 대표적인 화가는 모네이다. 〈그림 1〉을 보면 멈춰져 있는 하나의 평면이지만 그 속에 색채(빛)의 역동적인 흐름을 볼 수 있다. 또 다른 작품인 〈그림 2〉는 〈그림 1〉과 같은 대상을 그린 것이다. 그러나 그 인상은 전혀 다른 형과 색으로 그려졌다. 이처럼 빛이 파동을 지니며 변화무쌍하게 퍼져 나아가는 그 순간순간에 리얼리티(진실)가 있다고 믿은 모네는 인상주의를 대표하는 화가임에 틀림없다.

빛을 작은 입자 알갱이로 보는 견해를 지닌 화가는 다름 아닌 쇠라이다. 그는 빛을 그리는 방법으로 점묘법을 고안했다. 색을 섞으면 섞을수록 명도와 채도가 떨어지는 것을 발견했으며, 반면에 빛에 빛을 더하면 더할수록 밝아지는 원리를 알게 되었던 것이다.(〈표 1〉 참조) 이 발견은 그로 하여금 알갱이인 빛을 그리는 최선의 방법을 점묘법이라고 결론짓게 했으며 자연스레 색들을 섞어 사용하지 않았다. 쇠라의 이런 방법은 굉장히 과학적인 접근법이다. 그는 대상 자체에 관심 있는 것이 아니라 대상이 우리에게 인식되어지는 과정 자체에 관심이 있었던 것이다. 사물이 우리

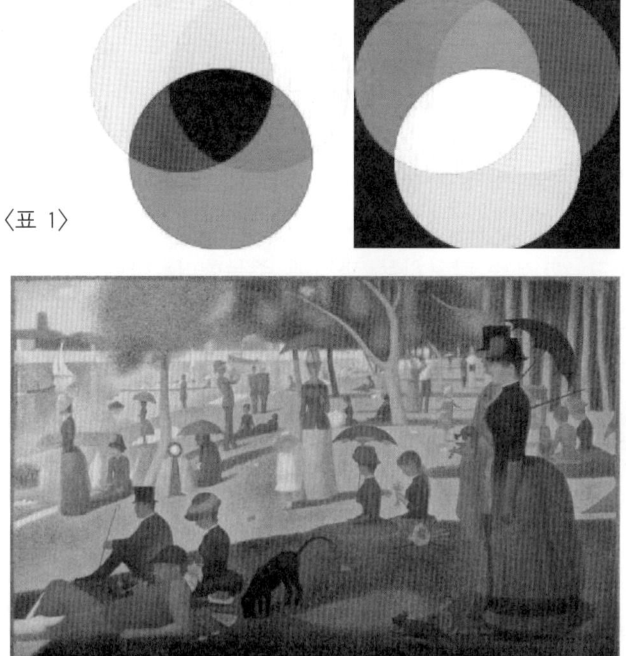

〈표 1〉

〈그림 3〉

에게 인지되고 인식되기 위해서는 그 대상이 우리의 시신경을 먼저 자극해야만 하고 우리의 시신경을 자극하는 최소 단위를 빛 알갱이로 보고 있었던 것이다. 그래서 쇠라의 작품은 〈그림 3〉과 같이 밝은 빛의 느낌을 주기에는 훌륭하지만 그 대상의 외현을 사실적으로 표현하는 일에는 뭔가 부족한 점이 있다. 왜냐하면 그는 사물 자체에 대한 관심보다는 빛의 속성 자체에 주목했기 때문이다. 감정이나 감성 없이 빛의 속성에만 주목한 쇠라의 그림은 바움가르텐이 정의한 '미학', 즉 '감성에 대한 인식의 학'[80]으로

80) aesthetics는 aesthesis(feeling)과 -ics(science)가 합쳐진 말이며 이를 영어로 번역하면 'science of beauty' 이다.

부터 어긋나 있다. 그러나 한편으로 미학이 감성을 다루며 감성을 인지하는 과정(인식)을 다루는 학문분야이므로 그 인식의 과정을 다루는 점에 있어서는 쇠라의 작품제작 방식과 닮아있다고 할 수 있을 것이다.

미학의 정의에서 가장 중요한 단어가 있다면 그것은 '감성'이 될 것이다. 바움가르텐은 학문연구의 대상을 '감성'으로 분명하게 제시하고, 그것을 탐구하는 과정에 주목했다. 반면 쇠라는 그림의 등장인물 혹은 사물의 특별한 의미를 두지는 않는다. 그는 빛 자체에 주목한 것이다. 이는 쇠라의 작품이 미학적이 않다는 것을 의미할 수도 있다. 어쩌면 그는 화가이기 보다는 물리학자였기를 더 갈망했을 수도 있다.

표현주의는 처음부터 대상 없이 자신의 감성을 끄집어내어 화폭에 표현하는 방식으로 구체적인 형이나 색을 염두에 두지 않는 경향이 있다. 표현주의는 그 대상이 명확하다. 그것은 다름 아닌 감성이며 내면의 감수성을 의미하는 것이다. 그런 측면에서는 쇠라의 신인상주의 화풍 보다는 표현주의 화풍이 미학에 보다 근접해 있다고 할 수 있을 것이다.

* 주어진 텍스트에 대해 비판할 점을 찾아 보자.

** 위에서 찾은 내용을 활용하여 자신의 입장을 글로 표현해 보자.

impressionism과 expressionism, 안으로? 밖으로!!

인상주의는 인식 주체의 외부에서 내부로 들어오는 인상을 드러내는 표현양식을 일컫는 말이다. 이러한 인상주의는 전통적으로 초기인상주의와 후기인상주의로 분류되어 왔다. 초기인상주의자들은 마네를 필두로 모네, 르누아르 등의 화가들로 잘 알려져 있다. 그런데 인상주의자들의 화풍은 각각 독특한 방식으로 전개되어 하나의 양식을 만들지는 않았다. 특히 마네는 스스로 인상주의자들과 함께 분류되는 것을 원치 않았다고 한다. 비교적 부유한 편이었던 마네는 다른 가난한 화가들이 생계를 고민하며 작품을 팔기 위해 노력 했던 것과 달리 자신만의 독특하고 자유로운 작품세계를 개척할 수 있었던 것이다. 마네의 그림 〈올랭피아〉, 〈풀밭의 점심식사〉 등은 그런 점에서 자유롭고 획기적이며 사회적인 반향을 불러 일으켰다. 이 덕분에 그의 주변에는 늘 재기 넘치는 젊은 예술가들이 넘쳐났던 것이다.

초기 인상주의자들은 말 그대로 인상적인 사회적 반향을 불러일으키는 데 성공했으며, 그 중심에 마네가 있었다. 그러나 마네는 종래의 방식인 신화적 재현 혹은 도덕적으로 아름다운 것을 그려내는 일을 거부하고 이를 현실화 했다는 점에서 일반적인 의미로서 인상적인 활동을 한 것이지만 미술사가들이 붙인 이름 'impressionism'의 언어적 의미를 좇으면 결코 그를 인상주의자라고 할 수 없다.

영어 단어 'impress'는 외부로부터 어떤 것이 들어옴을 의미한다. 외부의 인상은 그것을 대하는 인간이 어떤 형태로든 처리하거

〈그림1〉 자화상, 고흐, 1887년

〈그림2〉 자화상, 고흐, 1889년

〈그림3〉 자화상, 고흐, 1889년

〈그림4〉 황색 그리스도가 있는 자화상, 폴 고갱, 1890년

나 변화시킬 수 있는 것이 아니다. 그것이 그 자체로서 있는 그대로 인식 주체로 들어올 뿐인 것이다. 그런 의미에서 인상주의자들의 표현은 사실적이라고도 할 수 있을 것이다. 이러한 사실을 염두에 두고 후기 인상주의로 분류되는 고흐나 고갱의 작품을 살펴보면 우리는 좀 다른 양상의 접근방법을 발견하게 된다. 그들은 외부의 인상이 아닌 자신의 감정을 드러내는 일에 더욱 열의를 가지고 작업해 왔음이 틀림없다. 고흐의 〈자화상〉 시리즈나 고갱의 〈자화상〉들을 보면 그림의 대상이 이미 외부가 아니라 자신이며 연작들을 통해 각기 다르게 드러나는 내부의 감정들을 표출시키고 있다.

표현이라는 영어 단어는 'express'이다. 이 단어는 표현주의라

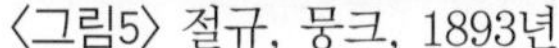
〈그림5〉 절규, 뭉크, 1893년

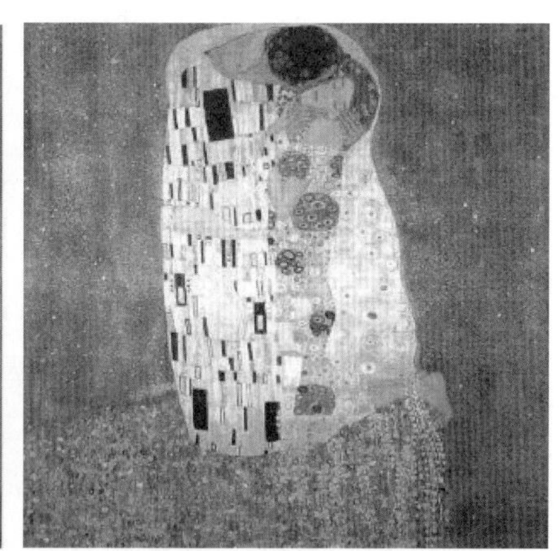
〈그림6〉 키스, 클림트, 1908년

는 또 하나의 미술사조를 규정짓는다. 앞서 살펴본 바와 같이 내면을 표현하고자 했던 고흐나 고갱은 초기인상주의에서 빗겨나 있는 마네와 마찬가지로 양식적으로는 인상주의자가 아니다. 우리는 직접 그들의 작품을 통해서 이러한 사실을 알 수 있다. 그러나 굳이 경험적인 양식을 들먹이지 않아도 앞서 살핀 미술사조의 명칭이 이를 증명해준다. 고흐나 고갱의 방법은 이미 뭉크나 클림트로 대변되는 표현주의자들의 작품과 많이 닮아있는 것이다. 그러므로 인상주의 시대의 대표작가인 고흐나 고갱은 표현주의자로 재분류되어야 할 필요가 있는 것이다.

* 주어진 텍스트에 대해 비판할 점을 찾아 보자.

** 위에서 찾은 내용을 활용하여 자신의 입장을 글로 표현해 보자.

서양미술의 발전과정과 사진의 발명

미술은 전통적으로 이미지(image)의 재현에 주력해 왔다. 이미지의 재현에 있어서 고대와 중세, 르네상스 등을 거치면서 신과 인간, 자연에 대한 가치변화에 따라 재현되어진 형태가 약간씩 다르게 나타났으며, 이를 예술사조라고 한다. 예술사조는 보는 이의 관점에 따라 약간씩 다르게 구분지어 지기도 하는데 본 지면에서는 크게 고대, 중세, 르네상스, 근대, 현대로 나누어 살피고자 한다. 특히, 근대 이후에 등장하는 사진이라는 매체가 미술에 끼친 영향에 주목하여 재현의 대상이 물질적 상(象, 이미지)에서 비물질적 상(想, 이미지)으로 옮겨가는 과정을 조명해 보고자 한다.

〈라스코 동굴벽화〉

고대의 예술품 중에는 B.C 15,000년경의 〈라스코 동굴벽화〉나 B.C 2,500~3,000년경의 〈앉아있는 서기관〉, 〈영정초상〉과 같이 아주 정밀하고도 사실적으로 묘사되어진 것들이 많은데 이는 그대로 닮게 그림(초상화)으로써 그 대상의 영혼을 담아낸다고 믿었기 때문이며, 그리스 로마시대의 작품들은 소위 말하는 황금비례를 통해 지극히 이상화

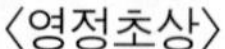
〈영정초상〉

〈앉아있는 서기관〉

된 형태의 신화적 재현을 이루어내고자 하였다. 따라서 조금은 비현실적이지만 아주 아름다운 〈밀로의 비너스〉(B.C 1,000년경)와 같은 형태를 만들어낼 수 있었으며[81], 신의 능력이나 자연의 것이 아니라 인간의 능력인 이성을 통해서 이상적인 아름다움의 전형을 찾을 수 있었다.(수를 통한 비례와 조화 등)

서양의 중세는 기독교의 득세로 말미암아 겉으로는 인간의 이성적인 노력을 억제하고 신의 은총을 강요하는 것처럼 보여 진다. 따라서 현대적 의미에서의 예술작품이라고 하는 작품은 찾아보기 힘들고, 신을 위한 제단화나 11세기의 〈성서보관함〉과 같은 공예를 비롯한 삽화본 정도의 명맥만을 유지한다. 그러나 1,000여년이라는 긴 세월을 기독교적 중세로 간주하기에는 인간의 창조적 능력과 감각이 넘쳐나는 것이 사실이다.[82]

그리스 로마시대의 이성적인 세상을 꿈꾸는 르네상스 시대에 이르러서는 예술가들로 하여금 다시 현실의 재현에 앞장서게끔

81) 그렇지 않은 상징적인 작품으로서 B.C 15,000년경의 〈빌렌도르프의 비너스〉와 같은 작품들도 있긴 하다.

82) 중세의 1,000년은 기독교적인 배경 이외에도 십자군원정과 같은 각종전쟁과 흑사병에 의한 인구의 급격한 변화, 그로 인한 거주지 이동, 그리고 여러 문명의 충돌과 흡수가 빈번했던 시기이므로 하나의 특성으로 단정 짓기가 쉽지 않다.

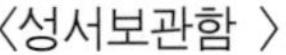

〈밀로의 비너스〉

하였다. 그러나 신을 대상으로 인간의 이성을 사용하였던 그리스 로마시대와 달리 르네상스 사람들은 철저히 인간을 위해 이성을 사용하기 시작했다. 따라서 인간의 주변에 둘러 있는 자연에 대한 관찰과 실험이 만연하였고, 눈에 띠는 성과도 이룩하였다. 특히, 원근법의 발견은 3차원의 세계를 2차원적인 공간에 재현하는 법을 알려주었다. 직선이 사선이 되고, 원이 타원이 되는 원리를 알게 됨으로써 보다 사실적인 이미지의 재현이 가능하여진 것이다.[83] 이미지의 재현에 있어서 보다 사실에 근접하고 있었던 것이다.

그러나 근대에 이르러 발명된 사진은 과학적이고 이성적인 화가들을 일면 당황하게 만들었다. 사진의 순간포착력은 화가의 빠른 붓놀림을 일순간 무력화 시켜버렸던 것이다.[84] 사진은 무엇보다 현실을 가장 현실적이게 표현해준다. 전혀 거짓이 없고, 이상화하지도 않는다. 있는 그대로를 드러내 보여주는 사진의 진실성 앞에 회화는 어떤 진실성을 보여줄 것인가?

83) 1425년 作 마사치오의 〈삼위일체〉를 보라.
84) 1815년 作 제리코의 〈경마〉와 경마사진을 비교해 보라.

〈해돋이〉

〈국회의사당〉

마네와 같은 초기 인상주의 화가들은 사진의 주요 속성 중 하나인 빛에 주목했었다.[85] 그러나 빛의 순간적인 인상을 착상하여 표현하는 것과 사진과는 어떻게 다른가? 따라서 인상주의자들은 모네의 작품 〈해돋이〉, 〈국회의사당〉 등에서 보여지는 바와 같은 빛이 가하는 형태의 왜곡(착시현상)을 발견하기에 이르렀으며, 대상에서 받은 인상을 내면적인 처리과정을 통하여 드러내는 방식을 찾아내기에 이른다.[86] 이렇게 해서 표현되어지는 방식은 대상의 단순한 왜곡이 아니라 예술가의 감정과 감각적 인상이 더해져 예술의 한 형식[87]을 이룩한다. 그것은 피카소의 1937년 작 〈게르니카〉와 같이 사진이 표현할 수 없는 또 하나의 진실성을 드러낸다.

에스파냐 게르니카라는 마을에 대한 독일군의 폭격을 시각화한

85) 예를 들면, 1868년 作 〈발코니의 에두아르〉.

86) 1890년 作 고갱의 〈황색 그리스도〉와 고흐의 〈자화상〉 시리즈, 1883년 作, 1887년 作을 보라.

87) 이 후 회화는 추상화로의 길로 접어든다. 대상으로부터 출발하는 인상주의와 인간의 내부로부터 출발하는 표현주의, 입체파, 추상표현주의, 팝아트, 옵아트 등으로 발전하며 점차 공간의 재현에서 시간의 재현으로 나아가는 길목에서 대상으로서의 주제와 수단으로서의 소재가 점차 사라져 행위예술로 표현되어지기도 한다.

〈게르니카〉

이 작품은 시간과 공간을 초월한 구성이 돋보이는 작품이다. 사진이 순간적으로 지나쳐 버리는 시간을 잡아내는 것과 비교해 이미 지나쳐 버렸거나 다가올 미래를 하나의 화면에 현재적인 모습으로 재구성해 낼 수 있는 가능성이 미술에 있음을 잘 보여 주는 예이다.

▶ 참고도판

〈그림〉 경마

〈사진〉 경마1

〈사진〉 경마2

* 들라크루아의 〈그림〉 '경마'는 별 문제 없는 것으로 여겨졌으나, 사진이 등장한 후 〈사진〉과 같이 실제 말이 달리는 모습과는 다른 것으로 확인 됐다.

화재현장에서 한 구조대원이 아이에게 긴급하게 인공호흡을 시도하며 빠져나오는 모습

911 테러 이후 구조대원의 죽음을 애도하는 장면

* 주어진 텍스트의 결론을 전제로 하는 새로운 글을 써보자.

주 제 : 피카소의 작품 〈게르니카〉와 전쟁, 테러의 참사를 담은 사진(퓰리처상 수상작)을 비교, 분석하고 진실의 전달과 관련한 재현방식의 차이와 효과를 논술하라.

제시어 : 진리, 사실, 진실, 재현

오른손과 왼손이 헷갈린 천재화가 이야기

조선시대 최고의 화가 김홍도 하면 떠오르는 것은 익살과 해학이 넘치는 풍속화일 것이다. 그런데 사실, 김홍도는 굉장히 사실적인 그림도 잘 그렸던 화가였다. 수염 한 올, 한 올이 세세히 묘사되어 있는 초상화, 실제 풍경을 직접 대하고 그린 진경산수화, 그리고 국가의 행사 등을 후대에 남기고 기념하기 위한 기록화 등… 그러던 그가 대뜸 조선시대의 일상을 담기 시작했다. 그의 풍속화는 신윤복과 자주 비교되어 신윤복이 양반들의 일상과 삶을 담아냈다면 김홍도는 평민들의 일상을 담았다고들 한다.

그러나 김홍도의 그림을 제대로 살펴보면 평민과 양반이 함께 어우러져 있어서 얼핏 보면 누가 양반이고 누가 주인인지 모를 정도이다. 많이 알려진 〈씨름도〉를 보면 누가 양반이고 누가 평민인지 알기가 쉽지 않다. 또 다른 그의 그림에서는 양반의 모습이

평민보다 더 해학적이어서 보는 일로 하여금 속이 후련하게까지 하는 것을 느낄 수 있는데, 우물에서 아낙들에게 물을 얻어 들이키는 그림의 장면을 보면 조선시대 양반의 모습이라고는 도저히 상상이 되지 않는다. 가슴이 다 드러나게 옷을 풀어헤친 게 어지간히 덥고 목이 탔던 모양이다. 이쯤 되면 김홍도의 타고난 끼가 눈에 보일 법도 한데 그의 이런 끼는 조금 엉뚱한 곳에서 숨은그림 찾기 하듯 숨어 있다. 그것을 하나하나 찾는 재미도 제법 쏠쏠하다.

그림 〈씨름도 부분〉을 자세히 보면 중앙의 씨름 선수들이 아마 그쪽으로 넘어지려고 하는 순간임을 알 수 있다. 깜짝 놀라 뒤로 팔을 짚는 모습인데 오른손과 왼손이 뒤바뀐 것을 눈치 챌 수 있을 것이다. 앞에서도 말했지만 김홍도는 사실적인 그림을 정말 잘 그리는 화가였으며, 점 하나로 수 십가지 얼굴표정을 표현 할 수 있는 위대한 화가임을 어느 누구도 부인하지 못할 것이다. 그런 그가 실수를 한 걸까? 실수는 한번이면 족한 법인데 다른 작품들에도 반복적으로 나타나는 것을 보면 분명 실수는 아닌 것 같다. 〈활쏘기〉라는 그림을 보면 몸통이 아예 뒤바뀐 것을 알 수 있다. 상체는 왼손잡이 자세인데 하체의 자세는 오른손잡이… 자세히 보면 굉장히 어색한 이 그림을 어떻게 설명할 수 있을까? 과연

그의 실수라고 단언할 수 있을까? 영화 〈취화선〉에 보면 조선시대 화단에 불었던 '모사' 열풍에서 진품을 구별하기 위한 방법으로 화가들이 그림 속에 자신만이 알아 볼 수 있는 장치(?)를 마련해 놓는 모습들을 볼 수 있는데 김홍도도 그런 의도로 그림 속의 오른쪽 왼쪽을 바꾸어 놓았는지 모를 일이다.

여기서 잠깐 고대 이집트로 시간과 공간여행을 해보아야 할 것 같다. 이집트 피라미드 등에 자주 등장하는 미술들을 살펴보면 그 모습이 왠지 어색한 것을 알 수 있을 것인데 이를 '정면성의 원리'라고들 한다. 고대 이집트인들은 영원성과 완전성을 추구하였다. 그런 그들의 생각들은 고스란히 그들의 문화, 특히 미술품 속에 반영되어 있는 것을 알 수 있다. 우선 그들이 사용하였던 재료는 아주 오랫동안 변하지 않는 대리석이다. 그리고 그림이나 조각의 모양을 보면 팔과 다리는 옆으로, 몸통은 정면으로, 그리고 얼굴은 다시 옆으로 표현된 것을 알 수 있을 것이다. 이는 가장 완전한 사람의 모습을 나타내고자 하는 마음이 담겨져 있어 그런 것이다. 어떤 문명보다도 과학적이고 정확한 것을 추구하던 이집트인들이기에 왜곡되어진 이 형상들을 일컬어 잘못되었다고 말하는 이는 아무도 없으며 '정면성의 원리' 라는 말로 이를 보완해주고 있는 것이다.

이런 원리를 천재화가였던 김홍도가 사용한 것은 아닐까? 김홍도의 예술적인 기질은 있는 것을 그대로 드러내는 것을 넘어서서 자유로움을 추구하고 있다. 이런 자유로움은 드러나 있는 '사실(寫實)' 을 그대로 반영하는 것에 그치지 않고 익살과 해학으로 또 다른 '사실(事實)' 을 드러내어 감상자의 입장에서 새로운 해석을 가능하도록 안내한다. 그것은 과학적 진리 내지는 사실과 다른 예술적인 사실, 진리에 대한 가능성을 열어 두는 것을 의미한다. 여기에 김홍도의 예술적인 기질이 드러나 있는 것이다. 그런 까닭에 그의 작품에서 발견되어지는 현실과 다른 부분들을 실수 혹은 잘못이 아니라 천재성의 발현이라 말할 수 있다.

* 주어진 텍스트의 결론을 전제로 하는 새로운 글을 써보자.

인위적인 것과 자연적인 것-예술

예술의 반대말은 무엇일지에 대해 고민해 본 사람은 무엇이 예술이고 무엇이 예술이 아닌지를 먼저 고민해야 한다는 사실을 깨달았을 것이다. 이 말은 우선 인간이 하는 행위 혹은 그 행위의 결과와 그렇지 않은 것을 구분해야만 한다는 것을 알려준다. 왜냐하면 누가 무엇을 어떻게 하느냐의 문제이기 때문이다. 여기에서 '누가'는 일단 '인간'이 되어야 함에 일반적으로 동의할 수 있을 것이다. 그리고 난 후 '무엇'에 해당하는 대상과 '어떻게'에 해당하는 방법을 찾아 예술을 정의 내린 다음, 그것들의 반대되는 것을 찾아내면 예술의 반대되는 말을 찾아낼 수 있을지도 모를 일이다.

예술은 인간(사람)이 가장 기본적으로 혹은 최초로 마주 대하는 '자연'에서 그 대상을 찾거나 소재를 찾아 특별한 방법이나 기법을 활용하여 '기술적'으로 재현(representation)하거나 변형(transformation)하여 표현해 낸 것을 의미한다. 즉 자연(nature)과 그 자연에 속해있는 사물(object)이 예술의 주된 대상이고 주된 재료가 된다. 그런데 과연 예술의 대상은 자연물 뿐일지에 대해 의문을 가질 수 있을 것이다. 예술의 대상이 자연물이라면 인간이 자연물 아닌 것을 대상으로 하거나 소재로 삼아 무엇인가를 표현(제작)해 낼 때 이를 예술의 반대로 말 할 수 있지 않을까.

자연이 아닌 대상이 과연 존재할까. 이미 자연 속에 살고 있으며 자연의 일부인 인간에게 사물로서 자연 이외의 것을 찾기란 불가능한 일일 것이다. 따라서 예술과 예술 아닌 것을 구분 짓기 위한 방법으로 그 대상을 논의하는 일은 무의미한 일일 것이므로 방법적인 측면을 살펴볼 필요가 있다.

인간이 자연을 재현하거나 변형하여 표현(제작)해 낸 것을 예술이라고 할 때 재현과 변형 이외의 다른 방식은 있을 수 없다. 다만 자연을 자연 그대로 둘 것인지 그것을 대상으로 삼을 뿐 아니라 그것을 가지고 어떻게 할 것인지의 문제만 남는다. 자연을 그대로 두는 것은 사실 인간이 어떻게 하는 행위도 아니다. 그것은 제작하거나 표현하는 것도 아니다. 자연(自然)이 그러하듯이 스스로 그렇게 되어 있는 것에 다름 아니므로 인간의 행위와 구별된다. 이런 점에서 한자말 '인위적(人爲的)'이라는 말과 '자연적(自然的)'이라는 말의 차이는 시사하는 바가 크다.

결국 '무엇'을 '어떻게' 할 것인지의 문제에 앞서 누가 하느냐가 예술과 비예술을 구분 짓게 한다는 것을 알 수 있다. 행위의 주체가 자연 그 자체인지 아니면 인간인지에 따라 '예술'과 '자연 그대로'가 구별된다. 그러므로 예술이 아닌 행위는 인간의 행위(人爲的)가 아닌 것으로 요약된다. 그런데 여기서 우리는 또 다른 중요한 문제에 부딪히게 된다. 인간이 하는 모든 행위와 그에 따른 결과물들은 모두다 예술인가의 문제이다. 예를 들면 조각가의 의자 와 목수가 만든 의자의 경우, 전자는 예술로 후자는 상품(예술 아닌 것)으로 인식되어 지는데 이러한 현상은 인간이 제작한 것이라도 예술이 아닐 수 있음을 드러내어 준다.

처음 예술이라는 말이 사용되었을 때 예술은 조각가의 의자와 목수의 의자 둘 다를 의미 했었다. 이는 예술이라는 단어의 어원 속에 현대영어의 'technic'을 함의하고 있음을 볼 때 확인 할 수 있다. 결국 의자를 만드는 기술(art)은 두 가지의 방법이 있는데 하나는 사물의 용도나 목적을 자연에 부합하도록 그 법칙대로 제작하는 재현(합목적적인 representation)의 방식이며, 또 다른 하나는 의자의 합목적성에서 벗어나 제작자의 자유의지에 따라 인위적으로 표현하는 방식이다. 이 인위적인 방식은 자연적인 방식에 대비되는 말이며 이것이 현대적 의미로서의 예술(fine arts)이 되었다.

현대에 이르러(보다 엄밀히 말하면 근대 이후) 예술은 기술, 공예, 과학 등과 구별되는 것으로 그 쓰임이 한정되었는데 위에서 논의한 사항들로 미루어볼 때 자연을 대상으로 하고 자연을 소재로 삼으며 자연을 이용하는 한 인간이 하는 모든 행위는 예술이라고 말할 수 있다. 현대에 이르러 인간들이 만들어 낸 모든 사물들에 디자인이 중요한 요소가 되고, 상품의 가치를 디자인과 더불어 장인의 숙련된 손기술에서 찾는 현상(명품선호)은 지금까지의 논의를 종합해볼 때 쉽게 설명되어질 것이다.

예술 아닌 것과 예술인 것의 차이는 자연(사물)을 그대로 두느냐 아니냐에서 찾을 수 있겠으나 근본적으로 자연을 어떤 방식으로든지 활용하는 인간이 하는 모든 행위는 예술행위라고 할 수 있을 것이다.

* 주어진 텍스트를 요약하여 쓰고, 자신이 쓴 글을 간명하게 나타내는 개요도를 그려보자.

루브르에 있는 미술품

루브르 박물관은 세계최대의 박물관이다. 이러한 루브르는 소장품 수만 해도 무려 250,000여점에 이른다. 루브르 박물관에 있는 역사적 유물들은 인류의 역사와 사회현상, 환경 등과 맞물려 그 가치를 인정받고 있는 것이다. 그런데 루브르 박물관은 역사적 유물전시관으로 이름이 알려져 있기보다는 미술전시관으로 그 명성이 더 많이 알려져 있다. 루브르는 분명 박물관이다. 그런데 왜 우리는 루브르에서 고대의 조각상을 보고 유물을 보았다고 말하지 않고 고대 미술품을 보았다고 말하고 있을까. 박물관에 소장되어있는 역사적 유물들이 미술품이 된 시기는 언제이며 그 이유가 무엇인지 살펴볼 필요가 있다.

우선 예술은 고대에 자연과 대비되는 개념인 기술(혹은 공예)의 개념으로 사용되어진 용어이다. 그 흔적은 지금까지도 남아 있어서 고급한 기술, 법칙, 학문 등을 의미하는 영어단어 arts로 사용되어진다.(예를 들면 Science of arts) 그 때의 예술은 분명한 목적이 있었고 기능이 있었다. 단순히 보고 즐기거나 감상하기 위한 제작이 아니라 삶의 일부로서 혹은 생활의 도구로서 제작되어진 산물이었다. 그런 점에서 인류에게 아무런 선택권도 없이 자연히 있는 대상인 자연과 구별되는 것이다. 그런 예술은 당대에 유용하게 사용되어진 것임에 틀림없다. 다시 말해 쓸모없는 예술(공예)은 예술(기술)이 아니라는 의미이다.

루브르에 있는 수많은 그림들과 조각상들은 그것이 걸려 있는 벽이나 놓여 있는 공간에서 분명 어떠한 기능을 하고 있었음에 틀림없다. 그런데 그러한 기능들이 원래의 장소에서 박물관 전시실로 옮겨지면서 현대적 의미인 예술(art)로 바뀐 것이다. 현대적 의미에서의 예술은 유용하게 사용되는 의미를 지녔던 과거의 예술과 다른 의미를 지니고 있다. 근대를 지나면서 형성되어진 순수예술, 즉 실생활에서 도구적으로 사용되거나 활용되지 않아도 그 자체가 주는 미적인 감흥이나 체험 자체에 그 가치를 두는 예술로 변경되었다. 그래서 우리는 루브르 박물관에서 본 그림이나 조각을 유물로 보지 않고 예술작품으로 보는 것이다. 단순히 시간이 지나고 장소가 바뀌었다고 해서 유물이 예술품이 된 것이 아니다. 고대에 인간의 행위와 자연의 산물이 대비되었다면 근대에는 인간의 행위가 저급한 기술(공예)과 고급한 기술(예술)로 대비된다. 이러한 관점의 변화가 박물관에서 미술 혹은 예술을 보게 하는 것으로 요약된다.

과거에는 분명히 공예품(craft)이었던 것을 현대인이 감상하면서 예술품(art)으로 분류하며 보는 것에 아무런 문제가 없을까. 여기에는 유물이냐 예술이냐의 문제라기보다는 그것의 제작자를 장인으로 분류할지 예술가로 분류할지의 문제가 우선한다. 우리는 〈최후의 만찬〉을 그렸던 레오나르도 다빈치를 아무런 의심도 없이 예술가로 여기고 있다. 그러나 그것은 자신의 의지가 아닌 계약에 의해 의뢰자의 지시대로 제작한 것임이 분명하다. 그렇다면 레오나르도 다빈치는 분명히 훌륭한 공예가 혹은 기술자였다고 보아야 할 것이고, 그런 측면에서 그의 작품은 자연에 반하거나 순수하고 고급한 기술인 예술로 보기에 무리가 있다고도 할 수 있다. 이러한 논점을 따르면 적어도 근대 이후 순수예술에 대한 개념체계가 형성된 이후에 제작되어진 예술품이라야 현대적 의미에서 예술로 인정될 수 있다는 결론을 내릴 수 있는 것이다.

박물관 혹은 유물전시관에 있는 유물들을 현대적인 미감을 가지고 해석해야 할 지 아니면 당대의 시선으로 바라보아야 할 지 결정하기란 쉽지 않다. 그러나 한 가지 우리가 유추해볼 수 있는 것은 예술(순수예술)이라는 의미체계의 형성은 18세기를 지나면서 이루어졌으며 그 이후 등장하는 예술가들은 의뢰자의 지시 혹은 계약에 의존하지 않고 스스로의 창작욕구에 의해 예술품을 제작했다는 것이다.

* 주어진 텍스트를 요약하여 쓰고, 자신이 쓴 글을 간명하게 나타내는 개요도를 그려보자.

순수예술과 미술품 경매

우리는 Art가 테크닉을 함의하고 있음을 알고 있다. 따라서 과거에 미술은 생활에 편리한 도구를 생산하거나 제작하는 솜씨를 의미하는 말이었으며 실생활에 유용하게 쓰이는 만큼의 가치를 부여할 수 있었다. 예를 들면 좋은 책상이나 의자는 그것을 사용하는 사람의 체형에 맞거나 쓰이는 용도에 맞아야 하며 튼튼하고 안정감 있게 제작되어야 하고, 물잔은 물을 담아두거나 마시기에 편리한 모양으로 제작 되어야 하며, 칼의 날은 물건을 베기 좋게 날이 잘 서있어야 하고 그 손잡이는 손에 쥐기 편한 모양을 하고 있어야 한다는 것이다. 이러한 조건들이 성립할 때 그 물건은 제 가치를 인정받게 된다. 이러한 것들은 실생활에서 그 가치를 측정하는 데 별 어려움이 없었으며, 따라서 그것을 제작하는 제작자(예술가)의 솜씨를 인정할 수 있었다. 그들에게는 '장인'이라는 특별한 명칭이 따라 붙었으며, 그들이 각 분야에서 발휘하는 솜씨는 점차 희소성을 띄게 되어 그들이 제작한 물건(작품)들의 가치가 점차 상승하게 되었다. 이러한 현상은 시장경제의 원리에 따라 수공업 사회에서 예술가들이 경제생활을 여유 있게 할 수 있도록 보장해 주었다.

그런데 산업혁명을 통한 공업사회로의 이행은 솜씨 있는 제작자들의 경제생활을 위협했다. 특별히 공예 분야가 그러했는데, 앞서 예로 들었던 물건들의 대량생산이 이루어짐으로써 그들이 오랫동안 숙련하고 연마한 솜씨가 대량생산과 값싼 노동력 앞에서 평가절하 되어 버렸던 것이다.

이는 Art가 오랜 기간 지니고 있던 의미인 테크닉이 예술에서 멀어져갈 수밖에 없는 사회적인 요인으로 볼 수 있다. 그런 덕분에 Art는 'fine arts'라는 새로운 이름을 갖게 되었다. fine arts는 실생활의 유용성과 상관없이 그 자체로 괜찮은 인간들의 소산이다. 별로 쓸모는 없으나 그것을 마주하는 자들에게 즐거움을 주거나 감성적 동조를 유발케 하여 카타르시스를 경험하게 하는 아주 특별한 물건이다. 여기에는 유용한 물건을 만들 때 발휘되는 솜씨와는 좀 다른 방식의 솜씨가 필요하다. 오랜 기간 사람들은 그것을 감성이라고 믿어왔으며 그래서 19세기 미학자 바움가르텐은 미학을 "감성적 인식의 학"이라고 정의내린바 있다. 영혼이 없는 캔버스에 정서를 불어넣어 서로 소통하게 하는 기가 막힌 솜씨를 논리적으로 설명하고자 하는 것이 미학이다.

그런데 서로 어울리지 않은 예술과 미학, 그리고 유용한 공예품 간의 줄다리기 속에 법칙이 있는 기술인 arts와 특별한 법칙 없이 자유롭게 솜씨를 드러내는 Art가 어느날 섞여버렸다. 현대인들에게 예술은 유용성과 감성적 소통을 동시에 충족시키는 것이다. 최근 디자인 영역에서 유행한 단어인 '감성 트렌드'는 유용한 제품에 예술적 감수성을 덧입힌 마케팅 전략 하에 등장한 신조어이다. 영화 〈The Art of War〉는 원래 〈An arts of war〉라고 표기해야 한다. 고대에 용병술, 건축술, 점성술 등에 테크니컬하고 전문적인 arts라는 말이 들어가 있었던 것을 상기해 보면 그러한 이유를 잘 알 것이다. 그런데 Art라는 말을 씀으로써 여러 가지 유용한 법칙들 중 하나인 전쟁에 해당하는 영역(사실 이 분야는 싸움에서 이기기 위한 방법을 이성적이고 논리적으로 드러내야 하는 목적이 있다.)을 도덕적 판단에 까지 끌어 올리려는 의도를 내포 시켰다. 이 '도덕적 판단'은 칸트의 『판단력비판』에 근거를 두고 있는 말이며, 플라톤의 최고선으로서의 이데아인 '미'에 이르는 미학적 용어이다.

희소성의 가치와 완성도, 그리고 장인의 솜씨가 어우러진 특별한 상품에 Art라는 의미가 부여되고 있다. 이는 최근 일고 있는 '명품'에 대한 선호와 무관하지 않다. 대중들의 이러한 관심은 기이한 현상으로 전이되기도 했는데 그것이 바로 미술품 경매시장의 호황이다. 미술품 즉 Art는 정신적이고 감성적인 것이므로 원래 그 가치를 측정할 수가 없음을 함의하고 있는 것이다. 플라톤이 의도한 대로 보편적인 미가 있어서 예술가의 솜씨에 '캐논'이 존재한다고 할지라도 작품을 바라보고 받아들이는 개인의 감수성과 미적 경험들이 다양하고 각기 다르기 때문에 더 더욱 그 가치를 교환가치인 화폐로 책정할 수가 없다. 이를 진단하기 위해 지금까지 Art와 arts의 상관관계를 기술한 것이다. Art라는 도덕적 가치 판단에 arts라는 특별한 솜씨가 더해졌을 때 이를 fine arts라고 한다면 그 반대의 경우, 즉 arts(상품)의 생산과 공급 마케팅을 위해 활용되어진 Art는 'fine'하지 않은 arts일 것이다. 여기에서 더 나아가 우리는 대중문화를 고급하거나 건전한 것과 저급하거나 퇴폐적인 것으로 구분 지을 수도 있는 가능성이 있다. 현대의 문화현상에 대한 이러한 논리를 찾고 진단하는 것은 플라톤이 주장한바, 정의로운 사회(살기 좋은 사회, 최고선의 실현)의 구현을 위해 꼭 필요한 일이다.

* 주어진 텍스트를 비판하는 입장에서 자신의 글을 구성하고, 그 내용을 간명하게 나타내는 개요도를 그려보자.

예술작품과 경매

훌륭한 예술작품은 시대를 넘나들며 관람자와 마주한다. 수많은 예술가들이 남긴 작품은 작가의 손을 떠나 세계인의 눈앞에 다양한 방식과 다양한 미적경험으로 해석되어지며, 감동을 전한다. 이러한 설명은 작품과 예술가의 관계를 이해할 수 있게 함과 동시에 작품과 관람자의 관계까지 이해할 수 있도록 해주는 것이다. 작품과 예술가, 작품과 관람자 사이의 소통은 곧 예술가와 관람자의 소통에까지 나아갈 수 있다. 결과적으로 작품을 매개로하여 예술가와 관람자가 연결되는 것으로 해석 가능하다. 그 연결의 방식인 소통은 오래전 철학자 아리스토텔레스의 모방(미메시스)에 이은 카타르시스 이론에서도 엿볼 수 있는 내용이다.

그런데 우리가 미술관이나 박물관에서 경험할 수 있는 것들을 이러한 소통을 적용하여 설명하려면 상황이 좀 난처해진다. 각각의 경험자료가 다르기 때문에 최초 예술가가 자신의 '어떤 감정'을 이입시켜놓은 작품에서 그 '어떤 감정'을 발견 못할 가능성이 있기 때문이다. 오히려 관람자가 개별적으로 경험했던 감정이 그 작품을 통해서 '또 다른 감정'으로 촉발되는 일이 현상적으로 발견되어진다. 따라서 예술가, 작품, 관람자로 이어지는 소통의 연장선은 동일하다고 볼 수 없다.

다시 되돌아가 예술가가 작품에 자신의 감정 혹은 메시지를 담아 제작하는 과정에 주목해 보자. 예술가의 '어떤 감정'은 작품제작의 전 과정에 관여한다. 그 감정은 작품을 디자인하고 제작하게 하며, 예술가는 끝내 그 결과물로서 작품을 남기게 된다. 여기에서 우리는 작품이라는 것의 두 가지 가능성을 발견할 수 있다. 하나는 작품의 '제작과정' 이고 나머지 하나는 '결과물' 이다. 예술가의 감수성이 있는 그대로 반영 된다면 그것은 예술가의 감성과 이성에 의한 제작과정(디자인)일 것이다. 그것이 유한하고 구체적이며, 개별적인 것으로 만들어졌을 때는 이미 만든이(예술가)의 손과 정신을 떠나 있는 새로운 개체인 것이다.

이를 예술계에서는 오랫동안 '오브제(object)' 라고 불러왔다. 이 객체로서의 예술작품은 세상에 놓여지는 순간 작가를 등지고 관람자를 향하고 있다. 예술가의 감정 혹은 정신이 일부 담겨진 이 작품은 '또 다른 감정' 들(관람자)과 마주하며 변화되는 이미지를 제공한다. 이러한 관객과의 만남은 각기 다른 해석과 다른 가치를 낳게 된다.

이러한 다양한 해석 가능성과 다양한 가치로 인해 예술작품이 다수의 관람자와 소통할 수 있는 것이다. 이러한 현상은 현대예술로 올수록 더욱 뚜렷이 드러나는데 훌륭한 예술 작품일수록 하나의 이미지에서 다양한 이미지를 마주할 수 있도록 한다. 간혹 다양한 이미지를 작품 스스로 보여주기 위해 노력하는 인위적인 예술작품이 있기도 하지만 예술작품과 관람자의 소통방식은 관람자의 미적 경험에 의존할 수밖에 없는 구조로 되어 있으므로 자연의 방식으로 놓이는 것이 좋은 예술작품의 예라 할 수 있겠다. 이것이 자연에서 모방을 거듭하여 예술작품으로, 그리고 진리에 나아가게 했던 아리스토텔레스의 모방론이다. 이러한 모방은 관람자에게 감상이라는 모방을 통하여 제 각각의 카타르시스를 느끼게 함으로써 삶의 지혜와 진리를 깨닫게 한다.

최근 미술품경매가 호황을 누리고 있다. 위의 논의를 통해 우리는 예술작품을 하나의 가치로 측정할 수 없음을 알 수 있었는데, 경매의 경우는 수요와 공급의 가치가 서로 맞아떨어져서 그 가격이 실물화폐로 측정되는 경우이므로 논란의 여지가 크다.

예술작품은 하나의 소통의 통로로서 그 시대와 역사 속에서 대중들에게 미적소통을 통해 카타르시스를 전해주는 인류의 소중한 산물이다. 조각가 로댕은 유언으로 자신의 작품을 파리시에 귀속시켰으며, 우리나라의 근대화가 박수근의 작품은 그의 아들에 의해 공공기관에 기증된 사례가 있다. 이러한 경우처럼 시대와 지역을 초월하여 소통의 통로가 되는 예술작품은 어느 특정한 개인의 재산으로 소장되기 보다는 대중이 마주할 수 있도록 해야 한다. 앞서 살펴본 대로 예술작품이 예술가 개인의 손을 떠나 불특정 다수인 관람자를 만났을 때 그 의미가 새로워지고 확장되어 측정할 수 없을 만큼의 가치를 지니게 되는 것이다. 이로 미루어 볼 때 경매나 미술품 시장의 호황은 예술작품을 하나의 상품으로 전락시키는 결정적인 요인이 된다고 볼 수 있다. 이러한 상품화는 예술을 예술 아니게끔 하는 현상이므로 진정한 예술의 가치인 소통의 의미를 되새겨야 할 것이다.

* 주어진 텍스트를 비판하는 입장에서 자신의 글을 구성하고, 그 내용을 간명하게 나타내는 개요도를 그려보자.

미메시스와 패러디

미메시스(mimesis)란 원래 그리스 말 (μίμησις) '이미테이션' (라 imitatio, 영imitation, 독Nachahmüng, 模倣)이라는 말로 더 잘 알려져 있다. 이미테이션(모방)은 원래의 것(orignal)이 존재함을 원칙으로 하고 있다. 그리고 그 원작을 따라 유사한 것을 만들어내는 행위를 뜻한다. 이 이론은 예술사에서 '모방의 모방' 이라는 말을 낳았으며 르네상스 이 후 '매너리즘' 미술의 주요 테마가 되기도 했다. 예술품을 그대로 모방하는 경우와 달리 자연 혹은 실제로 존재하는 대상을 모방하기도 하는 데, 객관적인 사물의 외형만을 모방하는 것 외에도 사물의 내재적인 모습을 표현하는 것에까지 확장 가능한 개념이다. 여기에서 우리는 캐리커쳐[88] 등의 독특한 양식에 대한 예술적 정당성을 부여할 수 있는 것이다. 그러므로 미메시스, 즉 모방이란 대상을 그대로 베껴낸다는 의미가 아님을 알 수 있다. 여기에서 우리는 또 하나의 현대적인 용어 '패러디' 에 대해 짚고 넘어갈 필요가 있다.

패러디(parody)라는 말의 어원은 그리스어 'paradia' 이다. 'para' 는 '반대하다' 라는 뜻이지만, '이외에' 라는 뜻도 포함돼 있다. 옥스포드 영어사전은 패러디를 이렇게 정의한다. "산문이나 운문에서 한 작가나 혹은 한 부류의 작가들을 우습게 보이려는 사고방식으로, 특히 우습고 부적절한 주제에 이들을 적용시키면서 모방하는 사고나 구절의 전환으로 이루어진 구성. 원작에 다소 밀접하게 근거를 두고 모

88) 대상의 특정 모습만을 강조하고 나머지는 생략하는 등 대상의 특징을 도드라지게 표현하는 기법을 말한다.

방하는 것이지만 우스꽝스런 효과를 산출하기 위해 전환된 모방." 여기에서 우리는 앞서 언급했던 모방이라는 단어를 찾을 수 있는데 그것은 패러디와 미메시스가 서로 연관이 있음을 입증하는 것이다. 다만 옥스퍼드 사전이 '우스꽝스런 효과를 산출하기 위한'이라고 언급한 부분이 다를 뿐이다. 그러나 이 우스꽝스러운 패러디 역시 미메시스가 그대로 배껴내는 의미가 아닌 의미를 갖는 것과 같은 맥락에서 해석 가능하다.

특히 아리스토텔레스에게서 보여지는 미메시스는 사물을 있는 그대로의 상태보다 더 '이상적'으로 나타낼 수 있다고 주장했다.[89] 이 점은 플라톤과는 다소 다른 생각이었다.[90] 아리스토텔레스에게 있어서 미메시스는 개연성과 필연성의 법칙에 따라 보편적이며 필연적인 사물들의 특징을 드러내는 것이어야 하며, 또 그와 같은 사실을 드러낼 수 있어야만 하는 것이다. 결국 아리스토텔레스는 예술이 실재를 미메시스 한다는 생각과 동시에, 미메시스란 대상의 충실한 복사 내지는 복제 그 자체를 의미하지는 않은 것이 된다. 즉 그는 미메시스를 실재에 대한 자유로운 접근이라는 의미에서 예술가는 자기 나름의 방식으로 실재를 나타낼 수 있다는 '창조적 미메시스'[91] 개념을 확립시킨 것이다.

원본을 보고 그 중의 일부를 재 가공해 새로운 것을 만들었을 때, 혹은 원본의 진지함을 우스꽝스럽게 표현하여 색다른 묘미를 우리에게 제공할 때 우리는 원본이 주는 것 이상의 예술적 체험을 할 수 있다. 특히 현대 미술의 한 주류인 팝아트에서 사용되어지는 갖가지 패러디물들은 이미 예술의 한 장르로 선호되고 이해되는 것이 분명하다. 미메시스에는 패러디가 주는 효과를 이미 내포하고 있다. 그 어

89) 이점에 관하여 아리스토텔레스는 시인이 그린 것이 사실이 아니라는 지적에 이상상태를 그린 것이라고 답변할 수 있다고 했다.

90) 플라톤은 대상(자연)을 충실히 모방(베껴내는)하는 것에 초점을 맞추고 있다.

91) 예술가의 창조성을 이끌어내는 개념이다.

〈그림〉 각종 상표 패러디물

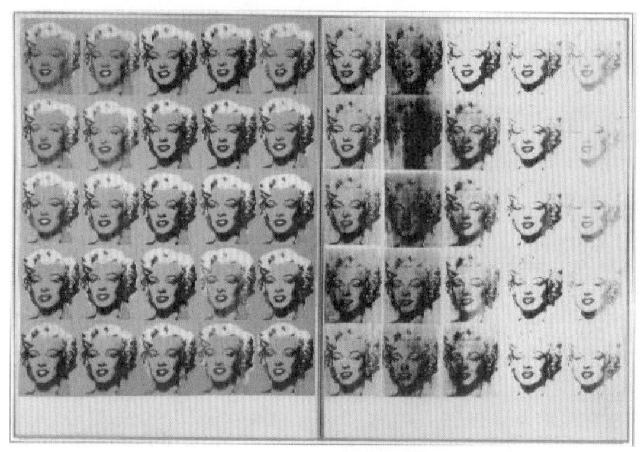

〈그림〉 앤디 워 홀, 마릴린 먼로, 1962년

원상의 의미가 그러하고, 그것을 해석했던 철학자의 생각이 그러했으며, 현실에 보여지는 실증적인 예(캐리커처, 팝아트 등)가 그러하다.

* 주어진 텍스트를 참조하여 새로운 글을 쓰고, 자신이 쓴 글을 간명하게 나타내는 개요도를 그려보자.

예술의 실종과 현대인

19세기 자연과학이 극도로 발전 되었을 때, 대량생산과 기계문명은 인간의 삶을 일순간 변화시켰다. 변화의 와중에 예술가들은 그들의 잃어버릴지도 모를 예술적인 기질을 놓지 않으려고 애를 썼으며, 일부 예술가들은 사진과 인쇄술의 대량복제에 밀려 새로운 일거리를 찾아야만 했다.[92]

사진이 대상으로부터 취해지는 외현을 그대로 보여주는 작업에 성공하였다면, 인상주의자들은 대상의 이미지[93]를 포착하여 드러내고자 하였다. 그러한 작업은 카메라 렌즈의 시각을 앞지르는 것이라는 믿음을 갖게 하기도 하였다. 더 나아가 표현주의자들은 대상을 완전히 제거하고 인간 내부의 감정 표현을 목적으로 하는 작품 활동을 전개한다. 이렇게 해서 전개되는 예술작품의 발전 양상은 대략 두 가지의 계보, 즉 대상의 인상에서 연유하는 인상주의(예를 들면, 고흐의 1889년 作 〈별이 빛나는 밤에〉)와 대상을 배제한 인간의 내적 감정에서 연유하는 표현주의의 형태(뭉크의 1893년 作 〈절규〉와 같은)를 보인다.

여기에 아인쉬타인의 상대성 이론 등 물질문명에 대한 회의론

---

92) 실제로 이 시기에는 극장용 포스터나 캐리커처 제작에 많은 예술가들이 종사하였다.
93) image, 겉으로 드러나는 모양 뿐 아니라 내적인 상(想)을 포괄하는 외래어

적 비판이 가해지면서 빛과 시간, 공간개념이 무너지게 된다.[94] 이러한 사회적 분위기에 예술계도 즉각 반응하여 미래주의 입체주의, 초현실주의 등의 화파가 등장하기도 한다. 예술가들의 관심이 점차 물질적 대상 자체에서부터 그 대상의 인상에로, 그리고 인상을 통해 표현해 내는 인간의 감정으로 옮겨지자 예술작품은 점점 추상화되어 우연적인 형상[95]을 창조하기도 하고, 혹은 극도로 계산된 구성[96]에로 나아가기도 했다.(잭슨 플록의 물감 뿌리기, 칸딘스키의 〈구성〉 시리즈, 몬드리안의 〈구성〉 시리즈)

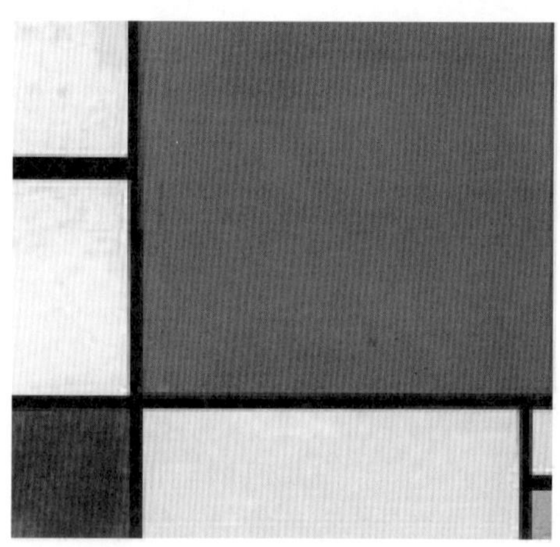

이러한 예술의 전개 양상은 어떠한 형태이든지 상(象)을 가진 예술작품의 부재에 까지 이르렀으며, 보다 진전된 하나의 예술 형태로서 행위예술이 등장하게 된다. 대상과 예술가의 감정을 抽象化[97] 시켜버리면 남는 것은 예술가의 몸짓에 다름 아니다. 예술가의 몸짓은 일반 극예술이나 무용처럼 어떤 정해진 규칙이나 제한이 없다. 화가가 캔버스에 물감을 바르는 행위 그 자체가 예술이다. 무엇을 그리거나 무엇을 표현하려는 것이 아

94) 절대적인 시간과 공간개념이 상대적인 것이라는 아인쉬타인의 상대성이론은 지식인들에게 커다란 혼란을 가중 시켰다.

95) 인상주의로부터 연유됨, 대상 혹은 재료의 우연한 성질을 이용하는 형태의 예술

96) 칸딘스키, 몬드리안으로 대표되는 구성

97) 추상이라는 단어는 에센스 국어사전에 의하면 '일정한 인식목표를 추구하기 위하여 여러 가지 표상이나 개념에서 특정한 특성이나 속성을 빼냄. 또는 그 빼낸 것을 사고의 대상으로 하는 정신 작용.' 이라고 정의 되어 있다.

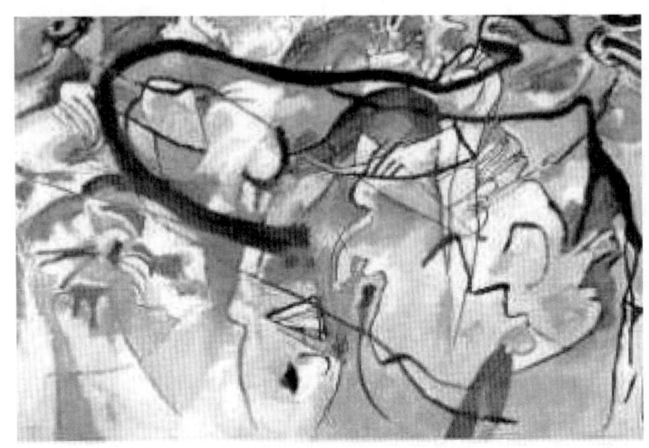

니라 화가의 행위 그 자체에 주목하게끔 하는 예술 장르가 바로 행위 예술인 것이다.

행위예술은 예술행위가 일어나는 시간이나 장소, 그리고 관객에 따라 우연적인 하나의 사건을 연출하게 된다. 이것은 전통적인 개념으로서 예술가, 작품, 관람자라고 하는 세 가지 구성요소 간의 경계를 모호하게 한다. 즉 행위예술은 일반적으로 예술가라 불리는 행위의 주도자와 주변 여건(시간과 공간, 분위기 등), 그리고 적극적인 참여자로서의 관객이 한데 어우러지는 형태의 예술이다.

이런 의미에서 종래의 관념으로서의 예술은 아서 단토[98]의 말처럼 이미 종말을 고했는지도 모르겠다. 과연 현대사회에서 예술은 더 이상 존재하지 않는 것인가? 시각화되거나 물질적이지 않은 예술작품, 그리고 예술가와 관람자의 구별이 모호한 가운데 하나의 공간 속에 연출되어진 그 무엇을 우리는 통틀어 예술이라고 한다. 이미 회화, 조작, 음악 등의 전통적인 영역을 무의미하게 하는 행위 자체에 우리는 예술이라는 이름을 갖다 붙이고 있는 것이다. 그렇다면 '스타일리

98) 미학자. 「예술의 종말, 이후」라는 저서에서 현대사회에서 고전적인 의미의 예술은 종말을 고했다고 주장

쉬'한 길거리 행인의 헤어스타일과 옷차림, 장신구의 적절한 코디 등은 무엇인가? 종래의 개념으로는 예술가가 아닌 대중들, 즉 현대인들이 추구하거나 만들어낸 트랜드(유행)와 대기업의 판촉활동 등은 예술이라고 할 수 있을까? 그것과 마르셀 뒤샹의 문제작 〈샘〉(1917년)이나 앤디 워홀의 〈브릴로 상자〉(1964)는 무엇이 다른가?

우리는 어떤 사람에게 예술가라 칭할 것인지와 그들에게서 창조의 특권을 발견 할 수 있는지를 고민해야만 한다. 아니면 예술이라는 단어를 이제 포기해야만 할지도 모를 일이다. 현대인에게 예술이라는 것이 주는 가치를 발견할 수 없다면 정말 예술은 더 이상 존재하지 않으며, 존재의 이유가 없는 것이 되고 만다.

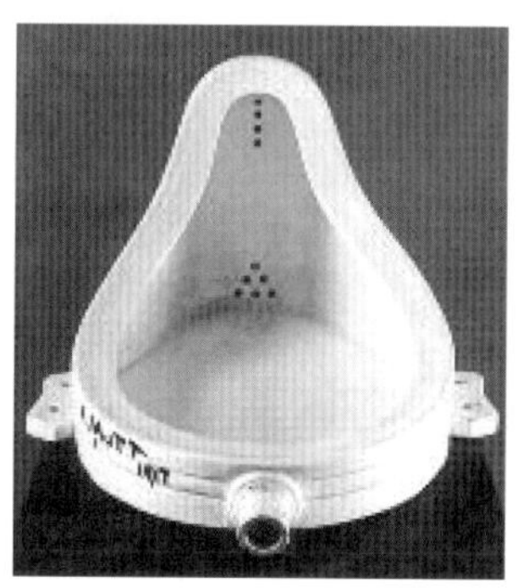

고대의 동굴벽화를 그린 이는 오늘날의 관점으로는 예술가로서 재능이 있어 보이지만 어쩌면 그들의 생존에 반드시 필요한 사냥과 관련하여서는 마치 현대의 샐러리맨이 아침 출근 전 넥타이를 골라 매는 것과 같은 일일 수도 있다. 예술적 행위와 일상적 행위가 구별되지 않는 시대라는 점에서 어쩌면 현대인은 역사의 출발점으로 다시 되돌아 왔는지도 모를 일이다.

* 주어진 텍스트를 참조하여 새로운 글을 쓰고, 자신이 쓴 글을 간명하게 나타내는 개요도를 그려보자.

미니멀리즘에서 발견하는 현대예술의 흐름

"그것은 비대상적이고, 비재현적이고, 비이미지적이고, 비표현주의적이고, 비주관적인 것이다." 애드 라인하르트, 1962년

미니멀리즘은 처음 미국에서 액션페인팅과 추상표현주의 양상에 대립되는 경향을 지칭하기 위해 사용되었다. 미니멀 아트는 표현적이거나 환영적인 모든 과장을 거부하는 미술 형태이다. 이 미술은 우연히 생기거나 단순한 기하학적 형태로 형성되며 똑같은 형태가 반복되는 특징을 지닌다. 미니멀리즘기의 작가들은 예술이 '기본적 조형어휘'만으로 구성될 수 있다는 믿음으로 감상자들이 어떤 애매함도 없이 단일한 전체적 인상을 갖도록 극단적인 시각적 단순성을 추구했다. 미니멀리즘은 극도의 축소화에 의해 특징지어진다. 미니멀리즘은 주관적이며 풍부한 디자이너의 감성을 고의로 억제하며 예술가의 미감을 최소한으로 줄이려 한다. 개인적 감성과 표현을 극도로 억제하며 순수하고 무표정한 형태언어를 취하는 것이다. 미니멀리즘의 시각적인 특성도 색깔의 절제이며, 따라서 표면처리 역시 대개 흑색이거나 단색의 거친 금속재질 등을 사용한다. 그러나 최소한의 장식과 미학으로 간결하게 처리되고 있는 이 미니멀 디자인들은 그 절제된 단아함 속에서 더욱 세련된 면모를 보이기도 한다. 이러한 면모는 오히려 팝아트를 선호했던 대중들의 관심을 끌게 되는 계기가 되기도 했다.

미니멀 아트는 1960년대 중반 미국을 중심으로 나타난 기하학적 추상회화 및 프라이머리 스트럭쳐(Primary Structure)[99) 등의

단순한 구조적 조소를 말한다. 최소한으로 단순화된 있는 그대로의 예술, 즉물주의(卽物主義)로 불린다.

자연에 존재하는 어떤 물건이건 거듭해서 나누다 보면 최종적으로는 더 이상 쪼개질 수 없는 결과에 이르게 되는데, 이러한 미니멀리즘은 인간 및 외계의 어떤 형태를 추상화해서 얻어낸 집약이라기보다는 세상의 어떠한 물건이라도 원소처럼 궁극적으로 남게 되는 본질적인 요소 또는 본질 개념에 대해 관심을 표명하고 이것을 개념적, 가설적으로 재현하여 제시해 보려는 시도이다. 이것은 결과적으로 예술의 대상을 형태나 색채 이외에 아무 것도 아닌 상태로 환원시키게 된다. 그러므로 예술행위는 대상이 그 자체 이외의 아무 것도 의미하지 않음을 증명하는 것이라고 할 수 있다.

따라서 회화나 조각의 방법적 구분은 무의미했으며 본질적인 요소가 무엇인지에 대한 의식적 탐구와 그것의 재현이 중요했다. 그로인해 이 시기에 탈장르화 된 예술들이 많이 등장하기도 했다. 그들이 찾아낸 기하학적인 조형적 요소와 미니멀리즘적 경향은 평면으로 드러내어 보여 지는 것으로는 부족했다. 그것은 사물의 본질로서 실존(實存)적 의미를 지니는 물체(object)[100]이기를 원했다.

그러나 이러한 미니멀리즘적 경향은 역설적이게도 사물로서의 예술작품을 사물 고유의 기능이나 목적과 상관없는 사물로 만들어 놓았으며, 극단적인 미니멀리즘적 선호는 존재하지 않은 물체나 대상을 표현하기에 이른다. 이 예술작품은 결국 극도의 추상주의를 다시 재현할 수 있는 가능성을 스스로 제시하는 것이다. 대

---

99) 프라이머리 스트럭처(Primary Structure): 최소한의 조형수단으로 제작되는 조각.

100) subject의 반대 개념으로서 주체를 작가에게서 대상으로 옮겨 설명하는 방식, 작가의 표현으로서의 추상개념을 넘어서는 작품에 대한 현대적 해석이다.

상의 객관성을 추구한 미니멀리즘이 다시금 주관성의 표현에 귀결되는 것은 당연한 일이다. 이렇게 이질적이지만 동시에 존재할 수 밖에 없는 현대 미술은 결국 탈장르화를 불러 일으켰으며, 국지적인 것들의 연합과 연계를 지향하는 포스트모더니즘으로의 이행을 낳았다.

극도의 상업주의와 대중성을 지향하던 팝아트와 극도의 순수예술을 지향하던 미니멀아트의 결합은 사실 미니멀리즘에서 기인한 구조적 귀결이다. 이러한 예로써 장인의 숙련된 솜씨를 기반으로 하는 명품에 대한 가치를 예술적 가치로 인정하는 현대의 세태를 들 수 있겠다. 또한 대중문화와 순수예술의 경계가 사라지는 현상 역시 미니멀리즘에서 출발하여 미니멀리즘으로 귀결되는 구조적 순환 속에서 설명되어질 수 있는 것이다.

* 주어진 텍스트를 요약해 보자.

** 위의 글에서 보완하거나 비판할 점을 찾아 보자.

*** 위의 내용을 포함하는 새로운 글을 완성해 보자.

**** 자신이 쓴 글을 간명하게 나타내는 개요도를 그려보자.

마초 열풍! 그 속에 CIA의 음모가 있다. 주문을 외자 비비디바비디부!

2009년 대한민국 대중문화의 코드 중 하나는 단연 '마초'이다. 원래 에스파냐어 'macho'에서 나온 말로 '수컷, 사나이'를 뜻한다. 대한민국의 마초열풍은 'machoism' 즉 '여자보다 우수하다고 믿는 남자의 행위, 사내다움, 남성성이라는 뜻이다.[101] 그런데 이 마초이즘은 초기 모더니티 문화에서 그 방향성을 찾을 수 있다.

모던 아트의 시작은 아방가르드 운동인데 유럽에서 시작된 아방가르드 운동은 그 명칭에서 알 수 있듯이 전위적이며 새로움을 창출하고자하는 일종의 정신운동이었다. 이러한 아방가르드의 자유, 새로움에 대한 욕구는 대중의식을 작용하게 하였으며 이후 보헤미안 운동으로 확산되기도 했으며, 나아가 미국의 히피운동에도 영향을 미치게 된 것이다. 이 정신은 모던아트의 특성으로서 구조주의로부터 차용한 네 가지의 구조적 특성인 'new', 'exception', 'deep', 'difficult'를 남겨 모던 아트의 방향성을 제시해 주었다. 이러한 방향성은 결국 엘리트에 의해 주도하는 문화의 당위성을 부여하였으며, 누가 먼저 시작하느냐하는 '오리지널리티'가 중요한 화두가 되었던 것이다. 오늘날 같은 거리에 원조 설렁탕집이 난무하는 이유이기도 하다. 그 맛이 중요한 것이 아니

101) 마초(macho)는 에스파냐어(語)로 남자를 뜻하고, 라틴아메리카에서는 성적 매력이 물씬 풍기는 남성을 의미한다. 남성적 기질을 지나치게 강조해 남자로 태어난 것이 마치 여자를 지배하기 위한 특권이라도 되는 듯이 행동하는 일련의 증상 또는 그러한 행태를 마초증후군이라고도 함.

라 어느 집이 진짜 최초인가가 중요한 이상한 현상이다. 내용이 중요한 것이 아니라는 식의 이러한 사고방식은 조금만 깊이 고심해보면 우리를 반성하게 하므로 얼마나 위험한 일인지 잘 알 수 있다.

20세기초 무솔리니, 나치, 구소련의 극단적인 아방가르드의 정치적 활용으로 인해 위태로운 유럽을 피해 미국 뉴욕에 모여든 젊은 예술가들에 의해 유지된 아방가르드 정신은 이 후 미국이 냉전체제에서의 비교우위, 상대적으로 역사가 짧은 자국의 정체성 확보를 위해 정치적으로 활용하면서 다시금 변질되었다. 이 과정에 CIA(중앙정보국)가 개입하여 대중문화의 코드를 조작한 것이다. 우리가 알고 있는 헐리우드 영화 〈람보〉 시리즈, 〈록키〉 시리즈 등 헐리우드식 영웅주의 영화의 제작전반에 관여한 것이다. 이 영화들에서 발견되어지는 '마초'는 세계를 구원하는 영웅이지만 아무나 될 수 있는 것이 아니라 미국이라는 나라에 몸담은 사람이기에 가능하다는 인식이 베어져 있다. 사실, 20세기 초 유럽에서 미국으로 이주한 예술가들을 받아들인 미국은 그들에게 고마운 나라이면서 자신의 모국을 버리고 미국을 자국으로 삼게 되었다. 영화배우 실베스터 스텔론, 아놀드 슈왈츠제네거 등은 외국에서 미국으로 이민한 미국민인 것이다. 이는 자유의 나라 미국이 그들을 받아들여 단일민족은 아니지만 이 것이 세계를 품을 수 있는 국가로서 세계를 위해 필연적인 미국의 세계 간섭을 설명하는 예인 것이다.

미국은 이 즈음에 파리에서의 문화주도권을 미국 뉴욕으로 옮기려는 계획을 수립했다. 바로 MoMA(Musium of Modern Art)의 설립이다. 'MoMA'의 초대 관장 록펠러는 전직 CIA요원이었으며, 'MoMA'의 자본은 CIA의 검은 돈이었던 것이다. 그들은 뉴욕으로 모여든 유럽의 예술가들을 불러 모았으며, 작품을 구매하고 전시를 열어준 것이다. 떠돌이이며 가난뱅이이던 그들은 자연히 미국에 우호적일 수 밖에 없으며, 자신들을 일약 슈퍼스타로 만들어준 미국에 감사할 수 밖에 없었다. 이 때의 최대 수혜자가 오늘날 팝아트의 대가로 알려진 잭슨폴록, 앤디워홀 등이다. 그들은 대중스타와 같은 예술가를 양산하였으며, 투박하지만 새롭고(NEW) 어려우며(DIFFICULT), 그 누구도 하지 않은(EXCEPTION) 예술을 할 수 있게 후원해 주었다. 물론 그 이면에 깊이 있는(DEEP) 정치적 전략이 있었던 것은 두말할 필요가 없다. 칼라텔레비젼의 보급으로 그들의 예술계는 전 세계에 방영되었으며, 이를 통해 미국이 지닌 문화권력이 보다 확고해질 수 있는 기반을 대중들 속에 심어 놓은 것이다. 이는 원래의 모더니즘이 지니고 있던 전위운동과 어긋나는 문화현상을 초래하였으나, 엘리트에 의해 주도된 대중문화는 이미 대중들의 저변에 깊이 자리 잡았다. 이것이 미국이 주도하는 전략적 모더니즘이다. 이러한 모더니티의 잘못된 적용에 대한 반발로서 포스트모던을 지향하는 예술가 그룹이 생겨났다. 그들의 세계관은 정치적으로 길들여진 엘리트 혹은 거대자본이 아닌 개인의 성찰과 반성에서 출발하므로 초창기 아방가르드 운동과 맥을 같이 한다고 볼 수 있다.

초기 모던 운동의 기본이 되었던 마르크스, 소쉬르, 프로이트 등 모던사상의 기본이론이 비판적으로 검토된 결과, 료타르, 롤랑바르트 등에 의한 새로운 미학적 사유가 등장한 것이다. 미술이 조형성에 근거한다는 점에서 과거의 모던예술은 별 문제 없어 보이지만 예술가, 예술작품, 관람자를 매개하는 점에서의 조형성은 가시적 재현 혹은 대중의 시선을 사로잡는 것으로만 한정되는 것에 만족하지 않는다. 따라서 조형언어의 시적발현을 추구하는 현대추상미술의 방향으로 재빨리 전개되어 개인의 성찰을 통한 세계의 인식을 예술을 통해 승화하려는 움직임을 만들게 되었다. 헤

겔의 예술의 발전과정에서 볼 수 있듯 예술의 최상위 과정인 시적 효과는 은유와 상징으로 해석되어지며 예술작품이 하나의 존재로서 세계와 맞닥뜨리는 것에 대한 당위성을 보장한다. 이것은 롤랑바르뜨 등 후기구조주의자들의 이론과도 일치하며 특수성을 띠면서도 보편적인 진리를 드리워주는 것으로서의 예술작품을 추구하게 된다.

예술이 초창기 종교와 결탁했을 때 지녔던 문제는 자연히 계급(정치)에 활용되는 모습으로 나타났으며, 이는 자본(돈)이라는 유한한 가치에 정신적인 예술의 가치가 책정되어지는 결과를 초래했는데, 이 과정을 모더니즘이 그대로 재현하게 되었으나 이를 반성하고자 포스트모던 예술이 현재 진행 중인 것이다. 또 다시 예술이 타락하지 않고 그 역할을 다하기 위해서는 이러한 요소들로부터 자유로워져야 하며 그러기 위해서는 그들(서양, 미국)이 저지른 잘못을 분명히 알아야한다.

마초, 이는 분명 대중문화의 코드이다. 그러나 소수의 엘리트(권력주도자)에 의해 정서적으로 세뇌된 대중문화의 코드인 것이다. 이러한 대중문화는 자연스럽지 못하기에 결국 새로운 반발작용이 생기게 마련이다. 예의 없고 버릇없으며, 자신의 이익을 최우선으로 여기며 멋스럽게 포장한 이중적인 남성미, 한편으로는 전쟁을 조장하고, 군수물자를 지원하며, 한편으로는 다민족국가로서의 자유와 창의성을 보여주고자 애쓰는 나쁜남자, 문화의 깊이나 저력이 없으며 역사가 짧은 미국이 반만년 역사의 찬란한 문화를 값싼 포장지로 덮어버리려 한다.

그러나 우리에게는 강직하고 우직한 마초들이 늘 있어왔다. 굳이 자신을 드러내려 하지 않았으나 민족의 역사를 주도해온 마초들이 있었다. 나라 잃은 설움에서 벗어나고자, 때로는 잘못된 정쟁을 바로잡고자, 또 때로는 이웃의 아픔을 함께 나누고자 애썼던 우리의 마초들을 되새김해야하는 시점이다. 대중문화는 원래 대중들에 의해 자연스레 형성되어 드러나는 것이다. 이를 누군가가 방향 지우려 한다면 그는 자신이 원하는 대로 억지로 물길을 내야 할 것이다. 그 과정에 누군가는 혜택을 받겠지만 누군가는 피해를 입게 된다. 이러한 문화의 형성과 발전은 자연스레 반발과 비판을 받게 마련이며 이를 되돌리기엔 너무나 많은 시간과 노력이 필요하다. 세계 문화의 지형도에 한국적 모더니즘, 포스트 모더니즘을 새겨야 할 시점이다. "생각대로 하면되고!, 비비디바비디부"라고 의미 없는 음표들을 주문처럼 중얼거려 억지로 세뇌시킬 것이 아니라 자신의 정체성을 바로 알고 우리 문화의 주도세력이 되어야 할 것이다. 그것이 두뇌를 가진 인간이고, 그것이 인간성을 놓치지 않을 방법인 것이다.

* 주어진 텍스트를 요약해 보자.
** 위의 글에서 보완하거나 비판할 점을 찾아 보자.
*** 위의 내용을 포함하는 새로운 글을 완성해 보자.
**** 자신이 쓴 글을 간명하게 나타내는 개요도를 그려보자.